臺灣歷史與文化 研究輯刊

十四編

第 5 冊

六堆客家婚姻禮俗變遷研究

陳晏榮 著

花木蘭文化事業有限公司

國家圖書館出版品預行編目資料

六堆客家婚姻禮俗變遷研究／陳晏榮 著 — 初版 — 新北市：
花木蘭文化事業有限公司，2018〔民107〕
目 4+216 面；19×26 公分
（臺灣歷史與文化研究輯刊 十四編；第 5 冊）
ISBN 978-986-485-588-9（精裝）
1. 婚姻習俗 2. 客家 3. 臺灣
733.08   107012689

臺灣歷史與文化研究輯刊
十四編 第 五 冊   ISBN：978-986-485-588-9

六堆客家婚姻禮俗變遷研究

作　　　者　陳晏榮
總 編 輯　杜潔祥
副總編輯　楊嘉樂
編　　　輯　許郁翎、王筑　美術編輯　陳逸婷
出　　　版　花木蘭文化事業有限公司
發 行 人　高小娟
聯絡地址　235 新北市中和區中安街七二號十三樓
　　　　　　電話：02-2923-1455／傳眞：02-2923-1452
網　　　址　http://www.huamulan.tw 信箱 hml810518@gmail.com
印　　　刷　普羅文化出版廣告事業
初　　　版　2018 年 9 月
全書字數　143417 字
定　　　價　十四編 16 冊（精裝）台幣 38,000 元
版權所有·請勿翻印

六堆客家婚姻禮俗變遷研究

陳晏榮　著

作者簡介

陳晏榮，民國 80 年生，中山大學中文所畢。是個土生土長的客家人，個性開朗略帶靦腆、節儉但不吝嗇。目前具備客語能力認證中高級證書，客語薪傳師與客華語口譯人才資格則分別在申請與培訓中，曾參與屏東地區的客語演講比賽。一直認為「客家」很貼近生活，直到出了社會，才發現客家不論在語言或是文化上的流失都相當快速。很希望能為自己的族群做點什麼，於是在就讀中文所後寫了一篇像客家所的論文。

提　　要

　　俗先於禮，禮本於俗，禮俗之所以存在且留存至今，在於體現了民間生活習慣中所具有的行為規範。自古以來，人們為了表達對於生命必經歷程——「生」與「死」的看重，以禮俗為基，衍生出完整的「儀式」作為面對生命來去時內心思想情感的表達方式。除此之外，向來被人們認為相當重要的另一個生命歷程，便要屬「婚姻」了。人的誕辰或葬禮，大多只處理了單一面向的事件，「婚姻」受到人們的重視在於其特別之處，能將不同面向的事件（建立家庭、繁衍後代）作連結。

　　六堆地作為臺灣最早形成的客庄聚落，該區域內實行的客家傳統禮俗應具有重要的文化價值。因此，本論文將研究方向與地區作結合，以「六堆客家婚姻禮俗」為題，從文化人類學的角度出發，先釐清客家族群對於禮俗的承襲脈絡，再採田野調查、質性研究的方式，將受訪對象分為民國 30 ～ 60 年代（第一時期）、民國 60 ～ 90 年代（第二時期）與民國 90 年代以後（第三時期），歸納出六堆客家婚姻禮俗的五個環節：講婚、過定、送日子、親迎與轉門，並以受訪資料與紙本文獻相互參照，藉此探究六堆客家婚姻禮俗的變遷概況與背後的象徵意涵。

目

次

第一章　緒　論

第一節　研究動機與目的

一、研究動機

　　萬物生命有其終點，不論花草林木、飛禽走獸，或從古代的帝王將相到今日的平凡百姓，都難以超脫這種循環。對自然界生物而言，物種大都以繁衍後代為第一要務，而人類除了物種的繁衍外，還會因為所處的地理環境或生活習慣的不同，發展出不同的生活方式和經驗，甚至形成某種思想體系，並在幾經演進後能使用語言文字記錄下來，代代相傳，逐漸形成自己族群的文化，如現存的建築古蹟、飲食料理、宗教信仰及風俗習慣等都屬於人類文化的範疇，同時也反應出各個族群自身的文化內涵。因此，「文化」可說是體現族群思想的重要表徵，也是人類集體社會生活中的產物。人類學家懷特（Leslie White）曾將「文化」作如下定義：

> 依靠著象徵化的過程……文化係由工具、裝備、器具、服裝、裝飾、
> 風俗習慣、制度、信念、儀式、遊戲、藝術作品、語言等等所構成。
> 〔註1〕

懷特認為，當人類學會運用象徵的能力，就是文化開始萌芽的時候。換句話說，當人類懂得藉由某一具體事物或事件，來傳達他們所要表達的抽象思想，並且能掌握與理解這些意義時，即是文化發展的開始。由此可見，文化源自

〔註 1〕　科塔克（Conrad Phillip Kottak）著，許雨村譯：《文化人類學》（臺北：麥格羅希爾，2009 年），頁 39〜40。

人類的生活經驗，也會隨著世代的交替與環境變遷，在衝擊與融合、流逝與創新中產生不同樣貌，而人類於多方面生活經驗的不斷累積，讓文化發展漸趨豐富，其中也包括了象徵或傳達人類生活思想的儀式、禮俗等。

一般常說：生、老、病、死是人生難以避免的，並用這句話來概括人類生命的歷程，但「老」與「病」卻不是必然，現實中便有許多剛出生即夭折，或是年少青壯猝死的例子，而這些例子就未必會經歷「老」與「病」的過程。但「生」與「死」，卻是每個生命體必定會經歷與面對的。當人類社會還處在原始的舊石器時代，尼安德塔人就有為去世的同伴舉行葬禮並挖坑掩埋的紀錄。〔註2〕隨著社會功能漸漸變得成熟，人們衍生出更完整的「禮俗」與「儀式」作為面對生命來去時內心思想情感的表達方式，由此可以看出人們對生與死的重視。除此之外，向來被人們認為相當重要的另一個生命歷程，便要屬「婚姻」了。

人的誕辰或葬禮，大多只處理了單一面向的事件——迎接新生兒或送往生者離開。而「婚姻」特別的地方在於能將不同面向的事件作連結，最大的功能便是讓繁衍後代一事透過「婚姻」與建立家庭連結起來。因此，「婚姻」也被認為是組成家庭的根據與基礎。有了後代的繁衍和家庭的建立，人類社會才有可能繼續蓬勃發展，生生不息。婚姻中男女雙方夫妻關係的確立，就是藉由婚禮程序、儀節的公開進而獲得社會上普遍的認可，同時也讓雙方家庭成為姻親。《禮記》中提及的「合兩姓之好」，〔註3〕點出了婚姻不單單只有男女彼此的愛情，更代表著兩姓家族間的橫向聯繫與往來互動。其所具有的多重功能和複雜性，沒有任何一種定義，能廣泛的適用於所有社會與情況。〔註4〕而婚禮過程中的習俗與所用的器物，則可能蘊藏著該族群對「婚姻」所要賦予的期許或特殊意義。

周公制「禮」以後，歷朝歷代大致依循，但受到朝代更迭造成的動盪、不同族群融合、遷徙等因素，使得「禮」的內容型態產生了變化，婚禮自然

〔註2〕 帕波（Svante Pääbo）著，鄧子衿譯：《尼安德塔人：尋找失落的基因組》（臺北：夏日出版，2015年），頁6。

〔註3〕 「昏禮者，將合兩姓之好，上以事宗廟，而下以繼後世也。故君子重之。」〔先秦〕《禮記》，王夢鷗註譯：《禮記今註今譯》（臺北：臺灣商務，1984年），頁964。

〔註4〕 科塔克（Conrad Phillip Kottak）著，許雨村譯：《文化人類學》（臺北：麥格羅希爾，2009年），頁348。

也受到了影響。即便如此，婚禮仍保留了最基本的進程：婚前禮、正婚禮與婚後禮，而婚禮的面貌大致又可從客家族群當中窺見些許痕跡。

　　客家族群遵循中國古禮的原因，可從羅香林《客家研究導論》中提到的說法中窺知一二。〔註5〕羅香林認為客家族群是晉代永嘉之亂後開始南遷至各地，屬於原中原地區士族的後裔，後世的客家族群也大多以中原士族後裔自詡。這是客家族群縱使歷經多次遷徙、與他族群共同生活後，為何還是保持著較為鮮明族群形象的原因之一。除此之外，也有可能與其多居於山地丘陵，與外界往來較不便利的原鄉生活背景，或是避難導致的保守性格相關。即便移居臺灣，經歷過日本統治時期總督府推行的「皇民化」運動；〔註6〕或是70年代後，經濟開始成長，留美學生漸漸增多，這些留學生回國後將西方文化（以美國為主）帶入臺灣，讓臺灣人開始接觸西方文化，並影響往後的生活習慣與器物使用等等原因，客家族群仍保持這份信念。例如「晴耕雨讀」這種重視教育與知識的精神，目前仍多深植在客家族群的觀念中，這點於美濃地區的客家族群尤其明顯。〔註7〕所以在臺灣眾多族群當中，一般認為客家族群對於中原地區的古禮，包含傳統婚姻禮俗的保存相對比較完整，也是此次研究者選定客家族群而非其他族群做為研究對象的原因之一。

　　透過資料的爬梳，不難發現近十年來對於客家文化的相關研究有興起的趨勢，〔註8〕客家研究的獨立性與主體性日漸受到重視，但研究者發現有幾項目前研究傾向上的問題：一、六堆客家族群的研究多著重於清代或清代以前的歷史方面，對於其他面向以及國民政府來臺後的相關研究較不多見。〔註9〕

〔註5〕　羅香林：《客家研究導論》（臺北：南天發行，1992年）。

〔註6〕　「日本統治臺灣，取法於法國統治阿爾及利亞的方式，最後目標在於使居民的風俗習慣、語言徹底同化於本國」。
　　　　王育德：《臺灣──苦悶的歷史》（臺北：自立晚報，1993年），頁114。

〔註7〕　鍾鐵民：〈晴耕雨讀美濃人〉，一文收錄於樹德科技大學客家文化研究暨推廣中心，網址：http://hakka.zzd.stu.edu.tw/content.php?id=10052，日期：2015／9／19。

〔註8〕　羅烈師：〈台灣地區二十年來客家博碩士論文簡述〉，一文收錄於客家委員會網站中的客家論文導讀，網址：http://www.hakka.gov.tw/ct.asp?xItem=7696&ctNode=1883&mp=1869，日期：2015／9／19。

〔註9〕　「我們可以發現過去有關的屏東研究多集中於歷史（特別是清代時期）方面的研究，對於當前屏東各個族群的社會與生活現狀的研究並不多見。」
　　　　曾彩金總編纂：〈客家生活調查〉，《六堆客家社會文化發展與變遷之研究　第七篇：社會篇》（屏東：屏東縣六堆文化研究學會，2001年），第八章，頁

二、六堆之中，右堆因其地理環境等因素，形成一處較爲獨立、保守的客家文化區塊，其中又以文化底蘊深厚的美濃（高雄市美濃區），成爲近年來受矚目的客家文化研究取材區域，其他地區則相形見絀、略顯短少。〔註10〕

　　研究者自幼生長在屏東縣長治鄉（六堆中的前堆），由於父母親雙方家庭皆是客家人，在耳濡目染下對客家文化產生了濃厚興趣，又因家中長輩觀念較爲保守，日常生活中還能接觸或聽聞許多傳統禮俗的行儀和規矩，從中觀察發現某些類型的禮俗或儀式有其一套的既定模式。十年前，親舅舅結婚前夕的「還神」儀式，更是啓發了研究者想研究客家婚姻禮俗的契機，同時對於客家婚姻禮俗的由來、源起、內涵等等，萌發深究的興趣，期盼能藉此次透過田野調查方式來探討六堆的客家婚姻禮俗及其所代表的文化意涵，進而了解六堆客家婚姻禮俗因時間遞嬗而產生的變遷與發展。

二、研究目的

　　基於以上研究動機，本研究將藉由文獻分析、參與觀察、深入訪談等田野調查的方式，從中探討六堆客家婚姻禮俗的變遷概況，企盼藉此研究達到以下目的：

（一）探討六堆客家婚姻禮俗、儀節與器物的由來，並了解不同地區、世代間的變遷概況。

　　本篇論文以六堆客家婚姻禮俗爲主，除呈現與古籍文獻所記載中原地區漢民族古代禮儀之間是否有所異同外，也同時比較六堆客家婚姻禮俗在各堆及不同世代間的差異，了解婚姻禮俗的變遷脈絡。

（二）探討六堆客家婚姻禮俗變遷原因與其影響。

　　客家族群雖於性格、習俗上較其他族群保守，但距離先祖來臺時日已久，六堆客家族群的分佈又橫跨高、屏兩縣，在婚姻禮俗上難免有所變化。希望藉由本次研究分析客家婚姻禮俗變遷的原因與其影響。

（三）探討六堆客家婚姻禮俗，進而還原客家先祖在婚姻禮俗中蘊藏的文化意涵，並爲六堆客家族群的文化留下紀錄。

201。

〔註10〕研究者以全國博碩士論文加值系統中研究客家文化爲主的論文做統計，以六堆或其他鄉鎮做爲研究相關的論文約有 200 篇，而單獨以美濃地區做爲研究相關的論文則有 170 篇左右。相較之下，美濃地區被研究的比例確實有較高的現象。

　　時代變遷快速，現代化思想潮流與社會環境的衝擊，使得年輕世代往往對自身族群的傳統禮俗逐漸淡忘與拋卻，或出現有其禮卻不知其意的狀況，進而影響客家族群思想觀念本質。而禮俗儀式的簡化、器物的消失，是否使得既有的文化淹沒於時間洪濤中而加速崩解？凡此種種，希望乘此次研究六堆客家婚俗的機會，將該地區的婚姻禮俗文化做一全面的統整分析，了解各堆婚姻禮俗及其歧異性，進而還原客家先祖在婚姻禮俗中蘊藏的文化意涵，同時爲己身客家族群文化留下紀錄，略盡棉薄。

第二節　研究區域

　　本論文研究主題爲「六堆客家婚姻禮俗變遷研究」，選定六堆地區做爲研究區域。以下將對六堆地區的得名、地理位置、聚落開墾與人口分佈等等作一概述。

一、六堆得名緣由

　　清康熙六十年（公元 1721 年），朱一貴事件爆發。漳州福佬人朱一貴以官府課徵稅糧過重招致不滿爲由，於高雄內門舉事。潮州福佬人杜君英帶領屏東內埔當地客家傭工響應，兩支民變軍一路攻入臺灣府城（今臺南市中西區），雙方卻因誰該稱王問題互不相讓，以致演變成內鬨。而後朱一貴以整肅軍紀爲由，聯合集團內閩籍將領圍剿杜君英，杜君英不敵，率眾北逃。〔註11〕

　　杜君英失敗出走後，朱一貴深怕曾經作爲杜君英部屬的客家族群會形成反動勢力，便派兵南下攻打屏東客庄，客家人爲求保護身家性命和得來不易的墾地，遂聯合現今高屏部分地區客家人組成名爲「七營」的民兵團練，〔註12〕於同年六月擊退朱一貴陣營。閩南、客家族群間的衝突情緒也因此事漸趨尖銳，而客家人考慮爲劍拔弩張的情勢做防備同時保衛自身生活領域，便決議將聯防組織繼續保存，並把巡查營人力縮編入其餘營中，且改營爲「堆」，〔註13〕以朝廷感念客家人平亂有功特敕興建的「忠義亭」作爲集結中心（圖1—1），〔註14〕內埔鄉天后宮爲集會所。〔註15〕此後，六堆遂成爲高屏地區客家

〔註11〕　邱彥貴、吳中杰：《台灣客家地圖》（臺北：貓頭鷹出版，2001 年），頁 74。
〔註12〕　七營分爲：前營、後營、左營、右營、中營、先鋒營與巡查營（後勤部隊）。
〔註13〕　「堆」取「隊」的近音，暗示六堆如同國家軍隊。同註 12。
〔註14〕　「清廷認爲六堆居民是守土義民，平亂有功，乃於康熙六十一年決定興建「忠義亭」，以祀戰役中不幸喪生的義民，表揚他們的忠勇義烈。」今屏東

人聚集地的代名詞。

圖1—1：六堆忠義亭

資料來源：研究者拍攝。

由上述可知，「六堆」並非行政區域，〔註16〕而是將橫跨高屏地區的客家庄劃分成六個區域的總稱，共分為前、後、左、右、中、先鋒等六個堆。各堆設置一名總理及監軍，並共同推舉正、副大總理各一名統領全區軍務，每堆管轄當地若干個聚落。現今各堆地區所在行政鄉鎮如下（圖1—2）：

（一）前堆：屏東縣長治鄉、麟洛鄉、屏東市田寮、九如鄉圳寮（今玉泉村）、鹽埔鄉七分仔（今洛陽村）

（二）後堆：屏東縣內埔鄉

（三）左堆：屏東縣佳冬鄉、新埤鄉

（四）右堆：高雄市美濃區、六龜區、杉林區、甲仙區部分、旗山區手巾寮（今廣富里）、屏東縣高樹鄉、里港鄉武洛（今茄苳村）

（五）中堆：屏東縣竹田鄉

縣竹田鄉西勢村龍門路99號，現名為「六堆忠義祠」。

馮清春：〈由六堆忠義祠史略談起〉，《六堆風雲120刊》，（屏東：六堆風雲雜誌社，2006年），頁14～17

〔註15〕鍾壬壽：《六堆客家鄉土誌》（屏東：長青出版社，1973年），頁85。今屏東縣內埔鄉內田村廣濟路111號，創建於清朝嘉慶八年（1803年）。

〔註16〕邱彥貴、吳中杰：《台灣客家地圖》（臺北：貓頭鷹出版，2001年），頁68。

（六）先鋒堆：屏東縣萬巒鄉

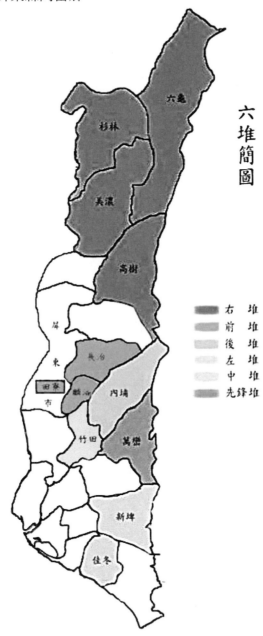

圖 1—2：六堆地區示意簡圖

資料來源：行政院客家委員會數位臺灣客家庄部落格（2004 年）〔註17〕

〔註17〕網址：http://archives.hakka.gov.tw/blog/t121081584/articleAction.do?method=doViewBlogArticle&articleId=Mjg2Njk=，日期：2015／9／19。

二、六堆地理位置

　　屏東平原位居南臺灣，是一形勢方正的地理區。現今屏東平原上的行政區域分屬高雄市與屏東縣管轄，六堆客家聚落即分布於此。

　　六堆地區的地理位置大致位於臺灣西南端，屏東平原的東半側，北與玉山山脈相隔，南接臺灣海峽，西鄰楠梓仙溪、高屏溪，東以潮州斷層與中央山脈南端大武山相隔。除屏東縣的佳冬鄉濱海之外，其餘鄉鎮大約座落在中央山脈西側的山麓地帶。以東經 120 度 30 為中心，自北緯約 21 度 25 至 21 度 22。〔註18〕縱向來看，最北為高雄市杉林區新庄村，最南則是屏東縣佳冬鄉賴家村；橫向來看，最東從屏東縣萬巒鄉成德村一帶起始，最西則到屏東市田寮一帶，整體呈現東西窄而南北狹長的長方形樣貌。

　　早期六堆客家村落大致沿著東港溪、林邊溪、隘寮溪發展，部分到達荖濃溪北側、旗山溪東側，但今日這些河川已無航行之利。因此，六堆客家族群目前以屏東縣內埔鄉、萬巒鄉、竹田鄉、麟洛鄉、長治鄉等五鄉客家人口較多的鄉鎮作為客家聚落的中心區，以南有佳冬鄉、新埤鄉兩地，北邊則有高樹鄉鄰接高雄市美濃區、杉林區，而六龜區位處更北端（圖1—3）。

　　右堆中的美濃、六龜、杉林、甲仙、旗山等區，雖於行政區域劃分上被歸為高雄市，與所屬屏東縣的其他鄉鎮由不同地域機關管轄，但自清代朱一貴事變後共同禦敵的聚落精神、歷史源流與開墾背景，加上彼此語言與風俗民情相近，讓六堆成為精神上相互支持，凝聚力高的結合體，相較於臺灣島上其他地區的客家族群顯得較為特殊。

〔註18〕六堆客家鄉土文化網：六堆鄉土簡介——地理位置。網址：http://liouduai.tacocity.com.tw，日期：2015／9／19。

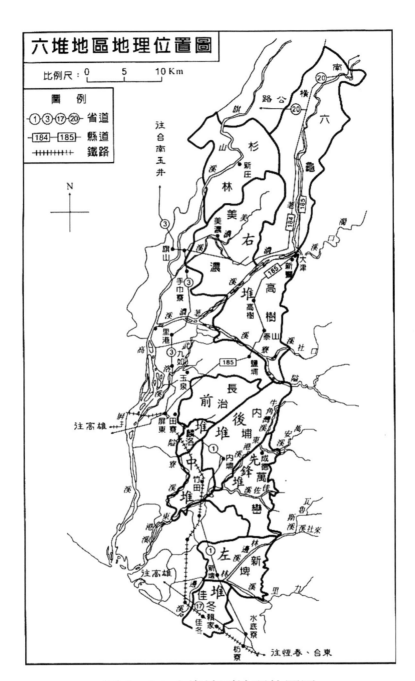

圖 1─3：六堆地區地理位置圖

資料來源：《六堆客家社會文化發展與變遷之研究　第二篇：自然環境篇》〔註19〕

〔註19〕六堆客家鄉土誌編委員會纂委員會：《六堆客家社會文化發展與變遷之研究　第二篇：自然環境篇》（屏東：屏東縣六堆文化研究學會，2001年）。

三、六堆聚落拓墾與開發

　　早期來到臺灣的客家移民，以福建省漳州府及廣東省嘉應州、潮州府、惠州府等地居多（表1—1）。〔註20〕高雄市岡山區至今還留有「程鄉」地名，這正是嘉應州的舊名；〔註21〕美濃區的「吉洋」音近「揭陽」；而屏東市的「海豐」，則與惠州府的海豐縣同名；屏東縣的「潮州鎮」與潮州府同名、牡丹鄉的「長樂村」與清代嘉應州長樂縣同名，這些原鄉地名的遺留可以作為早期客家先民從大陸遷徙至臺灣的線索之一。

表1—1：清代臺灣客家移民主要祖籍來源表

省份	府州	縣　　份	備　　註
福建	汀洲府	長汀、上杭、武平、連城、永定	俱為純粹客家地區
	漳州府	南靖	部分為客家地區
		平和	部分為客家地區
		詔安	部份為客家地區
		雲霄	小部分為客家地區
廣東	嘉應州	嘉應（梅縣）、興寧、長樂（五華）、鎮平（蕉嶺）、平遠	俱為純粹客家地區
	潮州府	大埔、豐順	俱為純粹客家地區
		海陽（潮安）、潮陽、揭陽	小部分為客家地區
		普寧	西部為客家地區
		惠來	部份為客家地區
		饒平	部份為客家地區
	惠州府	海豐、陸豐	部分為客家地區

資料來源：《台灣客家地圖》，頁29。〔註22〕

〔註20〕高屏客家人來源集中於鎮平（蕉嶺）與嘉應本州（梅縣）的石窟河沿岸及其附近。其他來自興寧、平遠、長樂（五華）者實屬少數。邱彥貴：〈「客家源流」的討論：一個書寫抵抗、正統到翻案的歷程〉，一文收錄於客委會網站中的客家源流與發展，網址：http://archives.hakka.gov.tw/new/origin，日期：2015／9／22。

〔註21〕邱彥貴、吳中杰：《台灣客家地圖》（臺北：貓頭鷹出版，2001年），頁72。

〔註22〕邱彥貴、吳中杰：《台灣客家地圖》（臺北：貓頭鷹出版，2001年）。

　　就現有資料來看，目前知悉六堆客家人是最早來臺的客家族群，〔註 23〕時間又可推溯至明鄭時期，這群先民主要是追隨鄭成功部下劉國軒來臺，劉國軒爲福建省汀州府客家人，使得當時來臺者以該地客家人爲主。〔註 24〕但該批移民人數並不多，明鄭覆亡後，大都被清廷遣回原籍，接著清初實施的渡臺禁令推動後，對移民的管制更加嚴格。因此，客家人較大規模的移民，則要到清康熙中葉以後。

　　至於客家移民何時進入高屏溪（舊稱下淡水溪）流域拓殖，進而有後來六堆聚落的產生現今仍未有確切定論，但《臺灣文化志》作者伊能嘉矩與《六堆客家鄉土誌》作者鍾壬壽兩人看法相近，他們認爲六堆先民是康熙二十五（公元 1686 年）至二十七（1688 年）年間，渡海來臺屯田於臺南府城東門外的客家軍隊，因當地已被開墾占地，隊伍解散後，清廷將該批軍隊安置在下淡水溪以東地區，即現今屏東縣萬丹鄉濫濫庄。因此，一般認爲濫濫庄是六堆發祥地，但濫濫庄現在已難找到任何的客屬蹤跡。〔註 25〕

　　大約於康熙四十年（公元 1701 年）前後開始，客家人開始越過隘寮溪，分別分成三路向廣闊的屏東平原進發。客家人在下淡水溪以東、東港溪沿岸的屏東平原上建立了「大庄十三，小庄六十四」的規模。至乾隆以後，方增加美濃、高樹一帶及附近小範圍的聚落。由地域分佈上來看，客家人主要的開墾路線大致有下列三條：

（一）北線：由麟洛河上游，以集資向平埔族購地方式開墾出麟洛、長治兩
　　　　鄉（圖 1─4），另有一部份人溯武洛溪而上，到隘寮溪南岸建立里港鄉
　　　　武洛村，乾隆以後再往北開發至高樹及高雄美濃、杉林等地區。

（二）中線：由萬丹鄉濫濫庄往東，透過麟洛河下游到潮州附近，再往北於
　　　　今竹田、萬巒、內埔等鄉拓墾。

（三）南線：沿東港溪到溪州流域，〔註 26〕與閩南人於南埔庄（今南州鄉溪
　　　　南村）混居，數年後部份人沿著已乾涸的北岸河而上，開墾現今的新

〔註 23〕 「范明煥〈臺灣客家源流與區域特徵〉歸納臺灣客家人來的先後爲四個時期。第
　　　　一期從明鄭時期到康熙二十五、六年間，……開墾地在南臺灣的屏東平原。」
　　　　曾喜城：《臺灣客家文化研究》（臺北：國立中央圖書館臺灣分館，1999 年），頁
　　　　31。

〔註 24〕 客家委員會網站──六堆的移民故事。http://www.hakka.gov.tw/ct.asp?culem=
　　　　12776&mp=1&ctNode=1123，日期：2015／9／19。

〔註 25〕 邱彥貴、吳中杰：《台灣客家地圖》（臺北：貓頭鷹出版，2001 年），頁 72。

〔註 26〕 今屏東縣南州鄉，「溪州」爲舊稱。

埤鄉南岸村；另一部份人渡過林邊溪，成爲佳冬鄉內客家村落的開始。

自康熙二十五年（公元 1686 年）起，迄康熙六十年（公元 1721 年）朱一貴之亂，客家人透過這三條路線的開墾，讓高屏地區的客家聚落雛型大致底定，「六堆」聚落即奠基於此。

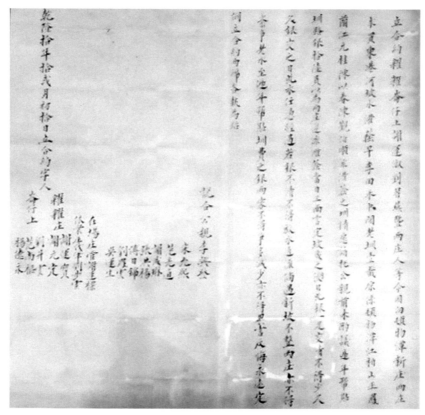

圖 1—4：與平埔族購地契約

資料來源：六堆客家文物館

四、六堆客家人口分布

六堆地區雖橫跨高屏兩縣，但六堆地區的客家人口比例分布並不一致。依據行政院客家委員會「99 年至 100 年全國客家人口基礎資料調查研究」報告指出，〔註27〕屏東縣客家人占全縣人口比例約爲 23.7%，高雄市則有 11.6%。雖然客家人在高屏縣市的人口比例占一到二成，但在各鄉、鎮、區之間

〔註27〕行政院客家委員會於民國 101 年 1 月 1 日配合行政院組織再造改制爲「客家委員會」。

的人口分佈並不平均，原因或許與當中參雜閩南及其他族群聚落有關。

　　研究者為了解六堆客家人口分佈，透過該份研究及各鄉、鎮、區公所公告，找出六堆地區客家人口分布與各鄉、鎮、區客家人口所屬情形。

　　依照該份研究結果顯示，截至 100 年以前，六堆地區客家人的比例以高雄市美濃區 86.63％居冠，其次是屏東縣麟洛鄉占 68.15％、竹田鄉 71.41％、內埔鄉 63.65％、新埤鄉 53.56％，而萬巒鄉、六龜區、高樹鄉、佳冬鄉、長治鄉等地皆有 40％以上的比例，其餘鄉鎮區客家人比例則不足 33.3％。〔註28〕全六堆僅有高雄市美濃區（六堆地區鄉鎮面積第三大）客家人口比例高於八成，也是六堆中客屬人口比例最高者，反觀同屬高雄市的六龜區面積為六堆地區最大，客屬人口比例卻不足五成。而屏東縣麟洛鄉雖於六堆中鄉鎮面積最小（表 1－2），客屬人口比例卻將近七成，其餘鄉鎮亦有 40～50％以上的比例，可見大多數客屬人口仍是集中屏東縣的鄉鎮，並以屏東作為六堆客家人的主要聚落、人口分佈地區，此份數據確實呈現了六堆中各鄉、鎮、區客家人口分布不均、零散的情況。

　　相較於「93 年全國客家人口基礎資料調查研究」中美濃區客屬人口比例佔 85.8％，屏東縣麟洛鄉 74.6％、竹田鄉 69.9％來看，〔註29〕近十年內六堆地區的客家人比例有相對減少的趨勢，客家人口比例的減少往往牽動著傳統文化的失傳、沒落，也是此次選定以「六堆」做為研究區域的目的之一。

表1－2：六堆地區各鄉鎮面積與總人口表（依面積排序）

單位：平方公里；人

排　序	鄉／鎮／區	面　積	總人口
1.	六龜區	194.1584	13,550
2.	杉林區	104.0036	12,428
3.	美濃區	120.0316	40,966
4.	高樹鄉	90.1522	25,253
5.	內埔鄉	81.8554	55,892

〔註28〕行政院客家委員會委託研究報告：《99 年至 100 年全國客家人口基礎資料調查研究》（2011 年 4 月），頁 36～38。

〔註29〕行政院客家委員會委託研究報告：《93 年全國客家人口基礎資料調查研究》（2004 年 12 月），頁 1 之 21。

排　序	鄉／鎮／區	面　積	總人口
6.	萬巒鄉	60.7315	20,814
7.	新埤鄉	59.0102	10,078
8.	長治鄉	39.8861	30,368
9.	佳冬鄉	30.9842	20,053
10.	竹田鄉	29.0732	17,589
11.	麟洛鄉	16.2600	11,241

資料來源：行政院客家委員會研究與各鄉鎮區公所公告

第三節　研究對象

　　研究者在田野調查的過程中，發現一般婚禮籌備事項上以女性主導爲多，對婚禮流程與器物等也較男性來得清楚。透過長輩及地方人士的介紹，採取走訪對客家傳統婚姻禮俗具有相關知識且口語表達較爲清晰的女性長者爲對象，藉由訪問各堆區域內結婚時間不同的客家婦女，歸納出民國 30～60 年代（第一時期）、民國 60～90 年代（第二時期）與民國 90 年代以後（第三時期）三個時期。爲恐研究結果失焦或參雜太多其他因素，排除客家人與地方上其他族群通婚、男女雙方宗教信仰不同等條件，以客家人對客家人之間通婚所行的婚禮及相關習俗爲主。〔註 30〕此外，再配合客家文史工作者、婚禮器物社、媒人、地理師、禮生等相關人士的訪問資料從旁佐證，期望彌補當事人在口述時資料的不足。

　　本論文以第一時期受訪對象實行的婚姻禮儀俗作爲對照組，透過縱橫、交叉比較的方式，了解六堆地區客家婚姻禮俗的變遷過程，及各堆間因年齡層不同致使婚禮、習俗實行上的差異。

第四節　研究方法與步驟

一、研究方法

　　田野工作（fieldwork）是對一社區及其生活方式從事長期的研究。從許多方面而言，田野工作是人類學最重要的經驗，是人類學家蒐集資料和建立通

〔註30〕受訪對象資料表請參照本論文附錄一，頁 218。

則的主要根據。人類學者撰寫的文章和書籍就是在提煉出這些經驗累積的菁華，而終究是要指涉到某一民族的特殊經驗。﹝註31﹞基辛（R.Keesing）於《文化人類學》中敘述，要了解某一族群的文化、風俗等面向，必先對該地區投注長期的時間與心力，透過其間蒐集而成的資料，方能開花結果。

　　有鑒於此，本篇研究論文經擬定後所使用的研究方法有三：一、文獻分析；二、參與觀察；三、深入訪談。

（一）文獻分析

　　參與觀察與深入訪談前，先針對六堆、客家人、婚姻禮俗等主題廣泛蒐集資料，範圍涵蓋相關的專書著作、期刊、研究論文及各地方志，將文獻資料加以熟讀，了解文章真義，以具備足夠相關知識，提供後期參與觀察和深度訪談時有基本內容、思想的釐清與了解，而能作為本論文參考的立論與依據。

（二）參與觀察

　　無論田野工作是在城市、鄉鎮、村落或叢林茅屋，人類學研究的範式在許多重要方面都是一樣的。最重要的一點就是要深入的浸淫在民族的生活中。人類學家盡可能地完全進入一個小型人群的日常生活之中，而不研究大量的樣本，並把這個小型人群當做整體的縮影。﹝註32﹞本論文的研究重點在於了解六堆各地區不同時期客家婚姻禮俗的變遷。因此，研究者會實地參與觀察客家族群中婚禮儀式的樣貌（多半為年輕一輩，且男女雙方皆須為客家家庭且信仰、習俗相仿），徵得當事人同意後，盡可能以全面性、整體性、感受性及中立的觀察，透過攝影、錄音器材將整段過程忠實記錄下來。

（三）深入訪談

　　民族誌工作者要用到繪製地圖和戶口調查的技術，也要會訪問和觀察的技巧，無法一開始就使用問卷以求了解自己所進入的世界。﹝註33﹞本論文以六堆已婚婦女為主要研究對象實行田野調查。由於近年來個資法對個人身家

﹝註31﹞基辛（R.Keesing）著，張恭啟、于嘉雲譯：《文化人類學》（臺北，巨流，2004年），頁25。

﹝註32﹞基辛（R.Keesing）著，張恭啟、于嘉雲譯：《文化人類學》（臺北，巨流，2004年），頁26。

﹝註33﹞基辛（R.Keesing）著，張恭啟、于嘉雲譯：《文化人類學》（臺北，巨流，2004年），頁26。

資料的重視，加上受訪前需徵得當事人意願。因此，研究者透過長輩及當地客家文史工作者的引薦，徵得其同意後，方能當面進行深度訪談，也能在他處有了新發現後，再次重訪，希望能激起受訪者對當時情況的記憶，進而獲得更多的研究資料。同時透過「雪球抽樣」這項較為便利的抽樣方式，〔註34〕由受訪者再引薦其他適當的對象，徵得其同意，再進行深度訪談。

　　人類學者就是如此進行「搜集資料」的例行工作，如戶口調查、記錄系譜（genealogies）、習知當地的各種角色、詢問報導人關於風俗信仰的種種事項。〔註35〕

　　待上述階段完成後，便將參與觀察與深入訪談的結果，就文獻資料做交叉比對，從中找出相同或相異點，將其中的相異處提出並整裡，進而訪問客家文史工作者、婚禮器物社、媒人、地理師、禮生等相關人士，對於相異處是否有不同看法，從中分析變遷的內容與造成變遷的成因。

二、研究步驟

　　找出研究方法後，便開始著手本篇論文的撰寫。本篇研究論文的步驟共分為三部分。

（一）確定內容，訂定大綱

　　如前述研究動機所提及，本論文很快的便選定了研究內容，透過資料的查找，發現截至目前為止尚未有研究者對於整個「六堆」婚姻禮俗的變遷做探討，於是便將論文大綱鎖定以質性研究的方式，透過文獻分析、參與觀察、深入訪談等方法達到研究目的，讓本篇論文能獲得預期的成果。

（二）爬梳資料，田野調查

　　透過《嘉應州志》、《重修鳳山縣志》等地方志和最早的六堆相關專書《六堆客家鄉土志》及其他探討客家人源流的專書，可以理解六堆地區客家族群的早期移民，大多數是來自現今嘉應州的梅縣與蕉嶺一帶外，更能進一步了

〔註34〕「『雪球抽樣』的基本概念：1. 當對母群體之瞭解不夠時，可藉由原始受訪者處逐次取得樣本資訊，以擴大樣本範圍和提升樣本精確度。2. 通用於對母群體僅有少部分瞭解，無法立即得到足夠樣本時。」
周文賢、李宏達：《市場調查與行銷策略研擬》（臺北：華泰，1992年），頁62。

〔註35〕基辛（R.Keesing）著，張恭啓、于嘉雲譯：《文化人類學》（臺北，巨流，2004年），頁27。

解客家人在六堆的開墾情形與聚落分布。同時爬梳《儀禮》、《禮記》等古籍，歸納出中華民族對於古代婚姻禮制的規範，並比對居住在六堆的客家族群仍舊保留哪些部分、簡略了哪些環節。平時則利用可配合的時間進行參與觀察與深入訪談，將蒐集而來的田野調查資料做統整。

（三）了解變化，進行探討

　　當手邊已蒐集到了適量的田調資料時，便該開始將各堆受訪者提供的口述資料做縱橫兩個面向的比較。縱向比較，將一堆地區中三個世代的訪問資料做比對，找出在同一堆區域內，因時間的不同而使得婚姻禮俗出現了怎樣的變化？橫向比較，將六堆中同一個世代的訪問資料做比對，找出在年齡相近情況下，因地域關係的不同，各堆長者結婚時所採用的婚姻禮俗是否有所異同？透過縱橫雙向的交叉比較得出六堆客家族群於三個時期間，婚姻禮俗實行及應用上所出現的變化，並探討造成婚姻禮俗變遷的因素。

第二章　客家婚姻禮俗相關文獻探討

　　本論文的目的在於了解「六堆地區」婚姻禮俗的變遷過程與概況。其中所參考的研究資料大致可分為紙本文獻及田野調查兩類，然而田野調查資料多為訪談時由受訪當事人口傳，訪問者採用錄音或手抄的方式記錄，較不易以書籍資料呈現。因此，本章文獻探討將以歷來與六堆客家婚姻禮俗研究相關的紙本文獻為主，並依「客家族群源流與遷徙」、「六堆形成與當地客家族群發展過程」、「中國傳統與六堆客家婚姻禮俗相關流程」等分類方式作一概述。

第一節　客家族群源流與遷徙

　　歷來研究者在進行客家相關領域研究時，不免會面臨到客家族群的源流問題，本篇論文也不例外。此外，為了解客家婚姻禮俗是否受到遷徙、與他族群同化等外在因素影響，將在此節先針對「客家源流與遷徙」的問題，就前人研究成果做簡單陳述，並提出一己看法。

一、方志

　　方志是記載一地語言、文化的重要文獻，對於探討客家族群的源流問題，是一項重要的記錄指標。中國各個朝代都普遍修纂過方志，其中又以清光緒時期的《嘉應州志》對於研究客家族群的源流問題，顯得尤其重要。在《嘉應州志》出版前，以「客家」為主體的記載尚未出現，直到《嘉應州志》出版，客家方言族群才以「客家」主體被較為正面且完整地敘述。

（一）溫仲和《嘉應州志》〔註1〕

乾隆年間的嘉應州被歸劃爲潮州府的管轄區域，因當時朝修的方志中關於嘉應州地方志事的著墨並不多，整體書寫重心仍是以潮州府爲主，並強調潮州府與嘉應州之間的關係。光緒 16 年（公元 1890 年），吳宗焯任嘉應州知州時，提出修訂州志，期間歷時八年，直到光緒 24 年（公元 1898 年）由溫仲和總纂的《嘉應州志》出版後，書寫觀點才開始以嘉應州的地方文化爲重心。《嘉應州志》全書二十四卷，對於嘉應州當地的山川、水利、物產、方言、禮俗、古蹟及人物等皆有相當詳細的記錄，其中第七卷更是方志首次記錄區域方言，並以當地的客家方言族群作爲記錄主體。溫仲和在卷末如此自述：

> 舊書志無方言，此篇爲特創，前無所因。……爲述所以編之意，俾覽之者，知客話之源流焉。〔註2〕

正是因爲溫仲和特創〈方言〉卷，開了方志中記錄方言的先河，才讓人們藉由《嘉應州志》認識到客家方言族群的存在，使得《嘉應州志》對客家方言族群而言有著極大的重要性。

此外，《嘉應州志》對後來「客家學」領域的貢獻大致有二。一是溫仲和詳細敘述了客話的分布範圍（如圖 2—1）：

> 仲和案：嘉應州及所屬興寧、常樂、平遠、鎮平四縣，并潮州府屬之大埔、豐順二縣；惠州府屬之永安、龍川、河源、連平、長寧、和平、歸善、博羅一州七縣，其土音大致皆可相通，然各因水土之異，聲音高下亦隨之而變，其間稱謂亦多所異同焉。廣州之人謂以上各州縣人爲客家，謂其話爲客話。〔註3〕

從引文中可見，這段記錄呈現出以嘉應州全州爲中心，擴及潮州府二縣、惠州府一州七縣的方言分布區域，可見當時這些州縣已逐漸轉變爲以客家方言族群爲多數的行政區域。

〔註 1〕〔清〕溫仲和總纂：《嘉應州志》（臺北：成文出版社，1968 年）。

〔註 2〕〔清〕溫仲和總纂：《嘉應州志》（台北：成文出版社，1968 年），頁 124。

〔註 3〕〔清〕溫仲和總纂：《嘉應州志》（台北：成文出版社，1968 年），頁 121。

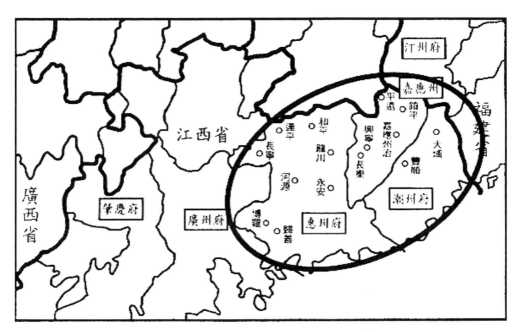

圖 2—1：《嘉應州志》中客方言分布圖

資料來源：《臺灣客家的形塑歷程——清代至戰後的追索》，頁 88。〔註4〕

　　二則是溫仲和嘗試對客家方言族群的源流提出了見解。首先，他援引了林達泉對客方言族群的看法：

　　　　大埔林太樸達泉著《客說》，謂客家多中原衣冠之遺，或避漢末之亂，

　　　　或隨東晉南宋渡江而來。凡膏腴之地先爲土著占據，故客家所居地

　　　　多墝瘠，其語言多合中原之音韻，其說皆有攷據。〔註5〕

根據《客說》的內容，林達泉認爲客家族群是中原士族的遺民，早年爲了躲避戰亂南渡而來，從客家族群的語言中仍保留許多中原地區的音韻這點可以做爲證明。於是溫仲和藉由蒐集、考究方音編寫〈方言〉卷的同時，得出了「今考方音自宜借經相證，其間相通者十之八九」的結果，證實了林達泉的說法，認爲「林太樸之說爲不誣」。其次，溫仲和提出了宋代文獻中「客戶」增盛的說法：

　　　　今之土著，多來自元末明初，以余耳目所接之人，詢其所自來，大

　　　　抵多由汀州之甯化，其間亦有由贛州來者，其言語聲音皆與汀、贛

〔註 4〕　林正慧：《台灣客家的形塑歷程——清代至戰後的追索》（臺北：臺大出版中心，2015 年）。

〔註 5〕　〔清〕溫仲和總纂：《嘉應州志》（臺北：成文出版社，1968 年），頁 121。

為近，其傳次亦相上下約在二十餘世之間。……今所謂土著，既多
由汀、贛而來，其言語聲音又與相近，主客之名，疑始於宋初戶口
冊，故寰宇記九域志所載，戶皆分主客。而唐元和郡縣志載，開元
元和之戶皆無主客之分，其後屢經喪亂，主愈弱客愈強，至元初，
大底無慮皆客。元史所載，亦不分主、客，疑其時客家之名已成無
主之非客矣。特不知當時所謂主者，其土音有異於客否，而今則皆
客話，人亦概視之為客家，並無所謂主矣。〔註6〕

「客戶」增盛，原先是由黃釗在《石窟一徵》中所提及，〔註7〕溫仲和在此採
借了黃釗的說法並加以發揮。原因是宋代文獻中「客戶」增盛的說法恰巧與
當時中原漢人南移的時間相符，加上文中強調在地居民多由汀、贛而來，配
合前述林達泉《客說》中的敘述，加以推導，得出了嘉應州是客家族群的「中
心區」、客家族群是中原士族遺民的兩項觀點，而這兩項觀點也自溫仲和以後
普遍被認可。更為後來的客家學研究先驅羅香林所繼承，成為歷來研究客家
族群源流與脈絡的基礎依據。

二、專書

　　《嘉應州志》的出版可以說是為客家打開了研究的大門，後來的專家學
者不論是針對客家方言或是族群源流等研究問題，都曾提出看法，並發表自
身的著作，進而使得「客家學」這門研究領域的興起與蓬勃發展，至今為止，
「客家」仍是許多專家學者著重研究的區塊。由於歷來研究客家族群源流與
遷徙問題的專書甚多，本論文將以羅香林、房學嘉、謝重光以及劉善群等學
者專書中的說法為主要論述的重點。

（一）羅香林《客家研究導論》〔註8〕

　　對於「客家學」這門研究領域而言，羅香林可以說是有著開拓者一般的
研究地位。他在 1933 年出版的《客家研究導論》是首次以漢民族當中客家方
言群（書中稱作客家民系）的歷史與文化背景作為研究主題的學術著作，書
中對於客家方言群源流的看法則普遍被認為替該問題的解答奠下基礎，至今
仍影響了許許多多的客家研究者。即使後來大陸的房學嘉、謝重光或臺灣的

〔註6〕〔清〕溫仲和總纂：《嘉應州志》（臺北：成文出版社，1968 年），頁 122。
〔註7〕〔清〕黃釗：《石窟一徵》（臺北：臺灣學生書局，1970 年）。
〔註8〕羅香林：《客家研究導論》（臺北：南天發行，1992 年）。

羅肇錦等學者提出了不同的說法，依舊無法將羅香林的論述完全取代。

羅香林在書中第二章〈客家的源流〉提到，客家既然作為漢族的一個支派，在提及客家源流及組成以前，必須先把漢族本身組成的情況和中國境內各族系分布、晉末中原漢族南徙的事蹟先做釐清。〔註9〕

漢族的組成，羅香林認為漢族是混合了無數民族民系的血統而成形的一個住在東亞的民族，成形年代大約始於春秋戰國的紛爭，完成於秦漢的統一。春秋戰國時期，各國各族之間相互侵略，戰敗的那方成為奴隸或透過通婚求和，都是促成各族各系互相混化的媒介。劉邦統一中國後，這一大群人因為在勢力上取得優勢，進而成為一個較為龐大的民族，即現稱的「漢族」。雖然以漢族為主的國家體制已大致確立，但中國境內仍有不少未與漢族混化的民族，其中又以南蠻、百越、黎族及緬族等南方部族，對後來南遷漢人影響較為顯著。

晉末中原漢族的南徙，要先從漢代初期談起。漢帝國初建時期國力強盛，讓漢族即使面臨北方如匈奴、東胡、氐羌等部族時常南下侵犯，仍有足夠的能力抗衡。但東漢以後，政局動盪，使得中央的統治漸趨薄弱，甚至到了分崩離析的景況，由於這種情況一直延續到了晉代，進而成為八王之亂的開端。而羅香林也對東漢政權崩解到八王之亂導致漢族南徙作了如下敘述：

> 東漢以後，北部東胡、匈奴、氐羌諸族，因一方有中國君主的招致；一方又有其他族系如高車、白蘭、扣妻等自背驅迫，引起彼輩向中國內地遷徙的運動，寖至晉初，內徙益急，……恰巧，不久又碰上了晉室八王之亂，中央政府失其維繫地方的能力；以是而匈奴、東胡、氐羌諸族，便相繼侵寇中國，擄殺漢人；漢人無可奈何之際，便相率向南遷徙。這是中國民族大變化的關鍵，亦是客家民系成形的先機。〔註10〕

亂事爆發後，匈奴、東胡與氐、羌等北方部族開始南下侵略，隨即攻陷洛陽，到了晉懷帝永嘉年間（公元311年以後），這些北方部族已控制了中原大部分的地區，讓居於中原地區的漢人深感生活空間遭受壓迫，無奈之下，只能相繼向南遷徙。值得一提的是，羅香林認為這次中原漢族流民的南遷，是客家民系成形的先機。南遷的漢族流民，仕宦人家稱為「渡江」或「衣冠避難」，

〔註 9〕羅香林：《客家研究導論》（臺北：南天發行，1992年），頁37。
〔註10〕羅香林：《客家研究導論》（臺北：南天發行，1992年），頁40。

一般平民則稱爲「流人」，又因遷徙地的不同分爲三個支派（圖2—2）：

　　秦雍（即今陝西山西一帶）等州的難民，多走入荊州（即今湖北一帶）南徙，沿漢水流域，逐漸徙入今日湖南的洞庭湖流域，遠者且入於今日廣西的東部，是爲南徙漢族的第一支派。而并、司、豫諸州的流人，則多南集於今日安徽及河南、湖北、江西、江蘇一部分地方，其後又沿鄱陽湖流域及贛江而至今日贛南及閩邊諸地，是爲南徙漢族的第二支派。此外青、徐諸州的流人，則多集於今日江蘇南部，旋復沿太湖流域，徙於今日浙江及福建的北部，是爲南徙漢族的第三支派。〔註11〕

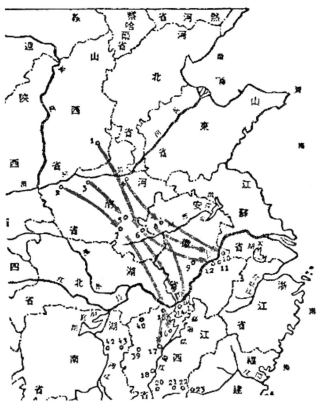

圖2—2：客家民系第一次遷移路線圖

資料來源：《客家研究導論》，頁65。〔註12〕

〔註11〕羅香林：《客家研究導論》（臺北：南天發行，1992年），頁41。
〔註12〕羅香林：《客家研究導論》（臺北：南天發行，1992年）。

　　釐清晉代漢民族南徙的支派，再來便是找出客家先民的源流和組成，羅香林認爲客家人士最重視譜牒，即使譜牒幾經戰亂，不易查考，但對於前代源流，應不至於忘卻。因此，他大量參照了興寧地區劉姓、廖姓、張姓及溫姓等姓氏族譜中的記載，得出了三點結論：一、客家先民南徙以東晉南渡爲始；二、各姓氏先祖南遷後多居於河間（即晉代司、豫二州交界地）及安徽東南、江西西北等地，以此據推知客家先民屬於南徙漢族中的第二支派；三、各姓氏譜牒多出現「棄官」、「衣冠」及「中源望族」，或其先祖曾任晉散騎常侍、建安刺史等官職的記錄，推測客家先祖極有可能是南徙漢族中的「仕宦人家」，而非「平民」。並同時以《晉書‧地理志》、《南北朝輿地表》及《江西通志》等官修志書來對證譜牒內容，以求立論的完善。至此，客家民系的先祖源於中原漢族仕宦的說法大致確立，這也是自羅香林之後的研究者普遍認爲客家族群是士族後裔的主要依據。

　　唐代末年，受到黃巢事變的影響，促成客家先民第二次南遷，這支原先在東晉時期遷居於司、豫二州的客家先民再次向南遷徙，這次遷移的地區，最近在贛東、贛南，再來則是福建寧化、長汀、上杭及永定，最遠則到了循、惠及韶等地區，這群移民大約在五代到北宋初年逐漸形成「客家民系」。〔註13〕南宋末年，由於金人和元人的相繼入侵，迫使宋朝南遷、高宗南渡，當時生活在贛、閩、粵邊界的客家先民，不得不大規模的往較安全的地方遷徙，進而流入廣東東部與北部，形成了客家先民第三次的遷徙。南宋以後，遷徙人數日益增多，到元代末年，廣東東部及北部的移民人數已具相當規模，政府無法再將主、客戶分別立冊，儼然已成了「大底無慮皆客」的結果，而這項遷徙運動直到明代中期才逐漸趨緩。據此，羅香林認爲廣東地區客家民系大致是從南宋到明初期間逐漸興盛起來。

　　客家族群遷徙至廣東後，發展穩定，隨著人口的進一步增加，但居住區域山多田少，不足以供應逐漸膨脹的人口。於是在清代初年（約從康熙中期到乾嘉之間），客家民系開始了第四次的遷徙，從四川、廣州、廣東沿海再到台灣，客家民系的居地逐漸擴大。自同治以後的第五次遷徙，從香港九龍、汕頭甚至遠達海外，都已遍布客家人的蹤跡。因此，羅香林認爲客家民系即

〔註13〕羅香林之後，客家學界經過長時間的考證，現今大致認定客家民系形成於南宋末年。
　　　劉善群：《客家與石壁史論》（北京：方志出版社，2007年），頁107。

使經歷了五次的遷徙，但先祖仍是屬於中原地區的漢族，所以客家人應該與廣府人、福佬人一樣，是漢民族的一個支系。

倘若排除遊牧民族不談，歷史上往往有某些族群爲了躲避戰亂，求取和平穩定的生活空間，多次遷徙他處，客家族群便可以歸屬此類。然而，經過多次遷徙的族群，不免與當地居民或土著產生混化的現象。混化現象可能隨著通婚或久居，對客居族群原有的生活習慣、風俗甚至是思想產生變化。但羅香林卻認爲客家民系的思想與行爲活動，似乎不因爲南遷而受到百越、南蠻等南方部族的混化影響，他曾如此提及：

> 客家民系，最足令人注意的，爲狹義的種族思想及由此思想所表現的種種活動或行爲。此種思想和行動的形成，除以環境勢力及唯〔維〕生機能爲分析說明外，別的好像都解釋不了。……移入閩、贛、粵省後，又復頻受主戶或土著的歧視；一方又爲本系傳統的信仰、倫理、語言、習俗，諸社會遺勢所支配，發生一種狹義的團體意識，漸次趨於孤立狀態。〔註14〕

由於客家民系南徙後受限於諸多外在條件，進而使得自身族群逐漸封閉，形成一種強烈且狹義的團體意識。而這項觀點，或許是時至今日仍然能嘗試在客家族群的生活中窺見許多中國古禮與習俗的原因之一。

關於羅香林對客家族群源流與遷徙的論述至此，研究者雖不敢百分之百確定羅香林的論點一定正確，但作爲「客家學」這門研究領域的開拓者，他有著奠基的地位卻是不爭的事實。這也成爲許多後來的學者在探討客家族群的源流時，受到羅香林的觀點影響，總是自覺或不自覺地把客家視爲漢民族的「正統」。「使得長期以來，有關客家源流問題的研究一直無法突破羅香林先生已有水平很重要的一個原因」。〔註15〕1950年，羅香林再次針對客家族群的源流與遷徙問題出版了《客家源流考》，〔註16〕補充原先在《客家研究導論》中未提及的史籍資料與新發現的研究結果，並將書中的的南遷流民由「漢族」改稱爲「中華民族」，但整體仍是以客家民系的五次遷徙說爲主，未跳脫既有觀點的範圍。

〔註14〕羅香林：《客家研究導論》（臺北：南天發行，1992年），頁277。
〔註15〕王東：《那方山水那方人：客家源流新說》（上海：華東師範大學出版社，2007年），頁3。
〔註16〕羅香林：《客家研究導論》（臺北：台灣文藝出版社，1984年）。

（二）房學嘉《客家源流探奧》〔註17〕

　　羅香林在《客家研究導論》提出漢民族的五次遷徙說後，開始有學者針對客家族群的源流與遷徙問題作探究，其中不乏與羅香林的論點相左者，房學嘉即是一例。他在 1994 年出版的《客家源流探奧》一書中，對於羅香林「客家民系是中原漢族一支」的說法提出了疑問，既然客家姓氏族譜中，都記載其先祖來自中原郡望，理當受到儒家思想甚深的客家人，為何始終不見有回鄉掃墓或親族團聚的事例？雖然時過境遷，但對於「根」的意識應該存在才對。以此為據，房學嘉推論出客家人的根其實就在今日的客家地區，這也是為何不曾見到有記載關於客家人回到中原地區的原因。由於這群客家先民多半是居於山區的古越族或少數逃避賦役的漢人所組成，因而被稱之為「山客」，山客的「客」即是今天客家的「客」。

　　綜上所述，下文將從房學嘉對於客家先民源流與組成的看法作簡單的敘述。羅香林認為客地的先民是那些因戰亂南遷的漢民族，南遷後將中原的文化、風俗習慣等，帶入了客地。但房學嘉卻持不同看法，他認為：

> 中原文化入主客地以前，客地便早有一個百越文化的存在，而在此之後，百越文化仍通過被吸納轉化，尚以變異的形態遺存於中原文化主體之中。大量的歷史記載和考古發現都證明，客地的先民乃是百越人，其中又主要是閩越人。〔註18〕

春秋戰國以前，南方的遠古居民概稱為「蠻」，南蠻的勢力範圍很廣，閩、越、贛三角地區也不例外，勾踐滅吳之後，南蠻人開始被統稱「越」。關於百越文化存在的真實性，他提出了考古上的發現作為佐證：一、生活和生產方式異於黃河流域以栽種粟粟為主的中原文化，反而是善於種植水稻或從事漁獵；二、客家地區曾出現「縛婁」和「陽禺」兩個小方國，從這兩處的遺址出土了繩文瓦、筒瓦等建築材料，可以說明在戰國晚期，客地已經出現略具規模的城鎮建築；三、客地出土的青銅時代文物，與中原春秋晚期至戰國早期的同類器物極為相似；四、楚滅越後，已有一支越人流亡到閩粵地區與當地土人逐步融合而成古南越族與古閩越族，而這些越人就是越國遺民。依上述幾點，房學嘉認為，從大量出土的古文化遺存可以證明客地在古代早已存在區域文化，且這些先民的人口數就當時而言不在少數，也曾與中原有著頻繁的

〔註17〕房學嘉：《客家源流探奧》（臺北，武陵，1996 年）。
〔註18〕房學嘉：《客家源流探奧》（臺北，武陵，1996 年），頁 52～53。

經濟往來與文化交流，尤其商、周以後更是受到中原高度發展文化強烈的影響，同時，客地古代文化中的某些元素，也被中原文化所吸收。

秦統一中國後，派遣幾十萬大軍戍守南方、東南方，也把中原人民的生產技術和生產工具帶到南方，促進了當地的開發。到了漢代，南越諸地與中原經濟、文化的聯繫進一步加強，人口至東漢時已呈倍數。但由於交通不便、管轄不一的緣故，許多戍守南越邊防的中原人並未回歸，反而留在當地拓墾，逐漸融入南越族社會，繁衍子孫，成為定居於南方的客家、福佬、廣府等民系的起始先民，《後漢書》與《三國志》稱這批人為「山越」。東漢末年，客地屬吳國領地，戰事吃緊，由於吳國對南越和山越一直採取搜索財源、兵源，致使許多為逃避階級壓迫和繁重賦役的漢人逃入越地山區與這些住民共同居住，也被稱為「山越」，即前文提及的山客。

西晉末年，中原人民為躲避因八王之亂引起的少數民族南侵，紛紛出走，形成了秦漢以後最大的一次南渡移民潮：

> 中原、關隴人民以及士族為走避戰亂而相率大舉渡江南遷。南渡的人通常是按籍貫聚集若干家節節遷移，……總數至少有七十萬，其中有一部分越過長江以後，繼續南進，以致贛江上下游。

> 從志書與譜牒資料可見，不少姓氏的祖先就是在這時期南渡再遷贛江，或南路他移，輾轉進入贛南森林茂密的山地、丘陵、盆地和谷地的。

> 中原人民「因晉代北方已遭胡患，又生饑餓，人民流離極多，西南方氣候溫暖，農植較易，故特設義招一縣」。足見東晉時期已有相當數量的中原人民遷入今之客家地區了。〔註19〕

文中所述，房學嘉與羅香林看法大致相同，都認為晉代移民潮帶來的大量漢人流民，是客地人口大幅增加的原因。兩者說法上的差異在於，房學嘉認為這些漢族流人僅是客家先民組成中的一部分，主體仍是百越族；而羅香林則認為這批「司、豫流人」是組成客家先民最主要的構成要素。流人南遷的態勢到了南朝仍未停歇，依舊有「東晉南朝，衣冠望族向南而遷，占籍各郡」的情況。

中原漢人不斷南遷的同時，客地也發生了重大的變化，如郡縣的增設、

〔註19〕房學嘉：《客家源流探奧》（臺北，武陵，1996年），頁69～70。

社會生產的進步及封建意識形態的推廣等，其中最爲重要的變化，便屬「客家共同體」特徵的出現。對此，房學嘉提出的客家共同體特徵有三：一、有共同的精神和道德觀；二、有基本上可通的語言；三、有共同的風俗習慣。同時，他也以客家共同體特徵的出現認爲，中原漢族最遲在南朝末期已和當地古越族民有了一定程度融合：

> 筆者認爲，最遲在南朝末期，生活在客地的先民已具有共同的思想意識、共同的語言、共同的風俗習慣等，標誌著客家共同體已初步形成。這個客家共同體，是南遷中原人與閩、粵、贛三角地區的古越族遺民混化以後產生的共同體，其主體是生活在這片土地上的古越族人民，而不是少數流落這一地區的中原人。

> 就是這少數中原人帶來了中原文化，在與古越族人民相混化的過程中，逐漸形成了具有特色的客家文化。但這時的客家共同體漢化程度不高，主要原因是教育不發達，中原文化在客地傳播不普及的緣故。〔註20〕

這裡我們不難看出，房學嘉對於客家族群源流與思想活動上的觀點，這些長期生活在閩（閩西）、粵（粵東北）、贛（贛南）地區的客家人，其實是早年南遷的中原漢人與閩、粵、贛三角地區的古代百越族遺民通婚混化的共同體，且當地人民也以古越族爲主，並非是少數流落該地區的中原漢人，因此使得該地漢族多受百越族混化，造成中原文化傳播不普及。

隋唐五代以降，隨著黃巢之亂與藩鎮割據，中原漢人再次湧入三角地區，加上先前到達的漢人，已足以影響到客家共同體的經濟、文化和習俗，加速了客家共同體的進一步漢化，初步形成了客家方言。宋元時期，客地人口的急劇膨脹、農民起義與抗元運動規模一次比一次大，且接連不斷，都顯示客家共同體已達到了一定的成熟度，進而可見於史冊之中。到了明代，客地人口增加迅速，但經濟發展卻遠不能滿足迅速增加的人口，同時，沉重的賦稅讓農民起而抗爭，卻多被官軍鎮壓，在生活貧苦與沉重賦稅的內外交迫下，客家人開始有組織的向外遷徙，一部分人甚至離開客地，移居海外。而這類型的組織遷移，從明代開始，到了清代最爲興盛。

有關房學嘉對於客家族群源流與遷徙的敘述大致到此。他在《客家源流

〔註20〕房學嘉：《客家源流探奧》（臺北，武陵，1996年），頁75～76。

探奧》中關於客家族群源流的論點與說法，不同於前人的地方大略有四：一、
房學嘉認為客家的「客」是他稱，不是自稱，且客家人的主體是南方古越族
的遺民，並非是南遷的中原漢人。因此，客家人的根不在中原，是在今日的
客家地區；二、客家文化的主體其實是百越族文化逐步受到南遷漢人帶來的
中原文化影響所形成；三、書中提及的「客家共同體」初步形成是在秦代至
南朝之間，如將這項觀點與羅香林的「客家民系」形成視為是論述同一事件
的話，則房學嘉的說法在時間上較羅香林早了近四百年；〔註21〕四、「客戶」
不等於「客家」，所以宋代「客戶」的增盛並不能視為客家人口大幅成長的依
據。這三項論述不僅與羅香林不同，也與黃釗、溫仲和及林達泉的敘述有著
很大分歧。

　　《客家源流探奧》中的論點，雖然與羅香林出入甚大，引起了客家學界
的討論聲浪，但房學嘉不受限前人框架，反藉由百越族的出土文物與遺址以
及閩、粵、贛三角地區的人文地理背景與土著民族文化的流變，嘗試對客家
的源流和形成問題提出新的見解，仍不失為探討客家源流的一項重要指標。

（三）謝重光《客家源流新探》〔註22〕

　　《客家源流探奧》出版的隔年，謝重光憑藉歷史學的專業知識出版了《客
家源流新探》，書中除了對客家先民、居住環境、戶口省籍與移民組成等各方
面都有詳細的論述外，更重新對客家民系作了新的定義。他認為「客家」是
漢民族中一個支系，客家先民是唐中後期至五代、兩宋時期居住在黃河、淮
河和長江流域的漢族人民，由於天災與戰亂，才輾轉遷徙至閩、粵、贛邊境
的山區。同時提出幾項舊有說法存在的問題，如把中國歷史上的重大移民
運動，都視作客家先民的南徙、過分重視譜牒，在客家源流上過分強調血緣，
認為客家先民多半是由漢族中的仕宦人家構成。對此，我們依舊藉由書中的
論述，嘗試從謝重光的觀點來找出答案。

　　中原漢人的南徙，謝重光認為客家研究一直以來遵循的「五次遷徙說」
中，最早的客家先民是始於東晉漢民族南遷的第二支派，即當時所謂司、豫
流人的說法，與客家民系的形成並沒有直接的關係：

〔註21〕前文曾提及，羅香林認為「客家民系」的形成在第二次南遷之後的五代到北
　　　　宋初年。從時間上來看，南朝止於公元 589 年隋滅陳，北宋始於公元 960 年
　　　　趙匡胤登基，前後差距 371 年。
〔註22〕謝重光：《客家源流新探》（臺北，武陵，1999 年）。

羅先生所謂第一次與第二次移民之間，時間相差六百多年，其間世
事滄桑，社會變化很大。特別是江淮地區，正當北朝與南朝交界之
區，屢經大規模的軍事衝突和歸屬變化，人口流動變易極大。唐末
五代時江淮的人口狀況，遠非東晉南北朝時的舊樣子，唐末五代時
自江淮地區南遷的人民，絕不可能就是晉代遷入江淮地區移民後裔
或這些後裔的一部分。

所以羅香林先生說的這第一次大移民，實際上與數百年後形成的客
家並無直接關係。把這次移民視作客家先民的第一次南徙是缺乏根
據的。〔註23〕

晉末的第一次移民到唐末的第二次移民間，相差六百多年，中間存在的變因
實在太多、太大，難以認定唐末五代時期自江淮地區南遷的人民必定是晉末
南遷漢人的後裔，更遑論是形成客家民系的先民。

　　謝重光否定羅香林提出的如接力賽一般的人口遷徙，以及籠統的把這部
分人口直接歸為客家先民，他根據《元和郡縣志》與《太平寰宇記》的記載，
發現贛南、閩西、粵東各地區的戶口數均以宋代為最高，唐以前僅贛南有少
量編戶，閩西、粵東仍是寥寥無幾，唐宋時期贛、閩、粵地區大量的人口增
幅，足以代表有外來居民的遷入。有了戶口資料作為依據，謝重光也同時援
引了客家譜牒、州縣增置等史料，對唐宋時期贛、閩、粵交界區的移民情況
進行了多角度的分析，得出了大體一致的結果：自唐中葉以迄宋末，在贛、
閩、粵接界的廣袤山區，有過五次大量接受外來移民的時段，最早在唐代中
後期（主要是安史之亂以後），接下來依序是唐末五代宋初、兩宋承平時期、
兩宋之際與宋元之際。這項觀點也打開了自羅香林以後，以漢民族五次遷徙
作為探討客家源流與遷徙的舊有看法。

　　他認為這批自唐中後期開始遷入贛、閩、粵邊界區的中原漢人，即是客
家先民，而構成這群客家先民的主體他也和前人有不同的看法。前述所提，
羅香林在《客家研究導論》把客家先民的南遷上推到東晉，並以引用的資料
中多有「衣冠避地，風氣漸開」、「衣冠所萃，文意儒術為盛」等語，間接認
為客家先民的組成以中原士族為多數。對此，謝重光認為中原士族在客家先
民中占數量上的優勢，或是在政治、經濟和文化上起作用的說法，都是不能

〔註23〕謝重光：《客家源流新探》（臺北，武陵，1999年），頁32。

成立的。一是晉代的「衣冠南渡」與唐中葉以降客家先民的南遷無直接關係，二則是唐中葉以後，士族階層已經相當沒落，特別是經過唐末農民戰爭的掃蕩，連殘餘勢力都受到致命的打擊，到了五代宋初，社會上已「不復以士族為事」，士族階層已經徹底退出歷史舞台。所以，從唐中葉開始至唐末五代宋初才掀起高潮的客家先民南遷，根本談不上中原士族占多數，更不用說中原士族在政治、經濟和文化上起了重要作用。同時，他也對嘗試從譜牒找尋客家先民蛛絲馬跡的看法提出了根本上的問題：

> 如果從族譜上查找答案，很可能被假象迷惑，得到錯誤的認識。因為族譜幾乎千篇一律地記載著各姓氏各家族的老祖宗都是大官，或者是傳學之士，因看到朝政腐敗、奸臣當道而隱居不仕，據此只能做出客家先民的主體是唐宋官宦人家及書香之家的結論。〔註24〕

修譜的目的之一是為了提高本宗本族的社會地位，所以修譜者容易將傳說穿鑿附會，甚至於編撰歷史。其實，只要對各族譜所載其祖先的歷官情況加以考察，就會發現所載官名、地名與當時的官職制度、行政區域情況不合，所以對於從譜牒中查找到的祖先源流不可據信。為了確切了解客家先民的組成，謝重光再次藉由史籍《資治通鑑》、《太平寰宇記》以及《唐大詔令集》對當時社會情況及人口戶數的記載推斷，組成客家先民的主體以平民百姓為多，至少就唐末五代因黃巢之亂南徙的客家先民而言，絕大部分就是喪失生計、盲目逃荒的貧苦農民。

兩宋之際，贛、閩、粵地區的住民數達到高峰，而這群分批遷入的中原漢人，與當地的土著居民生活上接觸越趨頻繁，時間一久，彼此潛移默化，在經濟生活、風俗習慣、宗教信仰、社會意識及語言等層面相互融合，進而在南宋時形成了一個新的民系──「客家民系」。正因如此，對於客家民系的認定，謝重光下了一個不同於以往學者的註解：

> 「客家」是一個文化的概念，而不是一個種族的概念。因為種族的因素──即自北方南移的大量漢人固然是形成客家的一個因素，但單有南移的漢人還不能形成「客家」，還有待這批漢人在某一特定的歷史時期，遷入某一特定地區，以其人數的優勢和經濟、文化的優勢，同化了當地原住居民，又吸收了原住居民固有文化中的有益成分，形成了一種新的文化──迥異於當地原住民的舊文化，也不完

〔註24〕謝重光：《客家源流新探》（臺北，武陵，1999年），頁142。

全雷同於外來漢民原有文化的新型文化，那麼這種新型文化的載體
——一個新的民系，即客家民系才得以誕生。

「共同生活在贛閩粵交界地區，形成了一種有別於相鄰各民系語言
的方言系統，過著帶有顯著山區特點的農耕經濟生活，還形成了以
團結、奮進、吃苦耐勞和強烈的內部凝聚力的及自我認同意識為主
要特徵的族群心理素質。」具有上述典型文化特徵的居民共同體就
是客家民系，其居民共同體的成員就是客家人。〔註25〕

引文中提及，「客家」是「文化」的概念而不是「種族」，讓過往以血緣界定
客家民系標準的想法得以重新思考，並以贛、閩、粵地區或該地區外遷的居
民是否仍保有客家基本住地的族群意識、風俗習慣或語言等做為判定是否為
客家人的依歸。不論是以文化角度來定義客家，或是從自我認同的方向來判
斷是否為客家人，都是謝重光以前的客家研究者不曾提及的新概念，是一跨
越性的突破。

　　誠如王東所說：「《客家源流新探》一書的最主要學術成就還不在於『破』
的一面，而在於『立』的一面。」〔註26〕謝重光的《客家源流新探》跳脫了
原有的立論依據，從一個較為客觀的角度來剖析客家民系，對客家研究而言
具有重要的啟發與價值，更是一部有系統的著作。

（四）劉善群《客家與石壁史論》〔註27〕

　　羅香林、房學嘉與謝重光等三位學者分別從血緣、住地與文化三個面向，
闡述了自身對於客家族群源流與遷徙的看法，同時也為後續研究者提供了三
條研究上的思考脈絡。距離三位學者提出論點後過了些許時日，2007 年，劉
善群於《客家與石壁史論》一書再次針對客家民系的孕育過程作了探討，並
同時提及客家總祖地——石壁與客家史的關係。下文將就《客家與石壁史論》
書中對於客家族群源流與遷徙的看法作簡單敘述。

　　探討客家民系的形成與孕育前，不得不先提影響客家民系至關重要的中
原漢人南遷。劉善群在書中列出了四個時期，分別是：秦代、西晉末年、唐
代後期以及北宋末年，且除卻秦代之外的三個時期都是南遷的大潮。秦代的

〔註25〕謝重光：《客家源流新探》（臺北，武陵，1999 年），頁 35。
〔註26〕王東：《那方山水那方人：客家源流新說》（上海：華東師範大學出版社，
　　　　2007 年），頁 6。
〔註27〕劉善群：《客家與石壁史論》（北京，方志出版社，2007 年）。

漢人南遷可以追溯至秦始皇發兵嶺南戍邊，《史記·秦始皇本紀》、《淮南子·人間訓》中都具體描述了秦滅楚後，爲了進一步向南擴張，秦始皇派出五十五萬軍隊南下，征服嶺南的情形。這次軍事行動大約在秦始皇三十三年（公元前 214 年）結束，中央在當地新設了桂林、象郡與南海三個郡縣。秦始皇三十三年以後，留在南越地區的移民主要有兩部分：〔註 28〕一是尉屠雎率領的士兵和尉佗增援的人員；二是征討時前去的「嘗逋亡人」（曾經逃亡者）、贅婿、賈人以及守衛的戍卒。上述這批中原漢人的確是早在客家民系形成以前就已遷入南方，但如果要說這批中原漢人對客家民系的形成是否有所影響，也只能是增加客家民系當中的漢人成分而已，因爲這批留在嶺南當地的中原漢人在人數上相當有限，長久下來，儼然已成了「居蠻夷中久，殊失禮儀」的情形。更重要的是，自這批中原漢人南遷到客家民系形成，期間相距一千多年，他們融入當地，並在蠻夷中繁衍了數十代，對唐宋時期遷入南方的中原漢人而言，這群「前身」爲中原漢族的後裔們，在認知上已是屬於「土著居民」。所以，這批秦代南遷的中原漢人僅能做爲土著文化的載體，融入客家民系中，而不是中原古漢族文化的本體。這也是劉善群對於秦代的南遷漢人在看法上與房學嘉有差異的地方。

西晉末年，八王之亂導致諸王之間連年混戰，造成中原各地饑荒、瘟疫盛行，民不聊生，待到永嘉之亂，中原漢人爲了生存不得不向外遷徙，大批流民的出現形成了中原漢人首次南遷的大潮。此次因永嘉之亂造成的移民潮歷時一百多年，餘波長達三百多年，這段期間曾有移民到達贛南、閩西地區，人數雖不多，卻爲唐代以後南遷的中原漢人起了引路和先導的作用。唐代後期，受到安史之亂影響，中原漢人開始了南遷的第二次大潮，由於亂事引發的移民潮人數相當龐大，讓安史之亂成爲中國歷史人口南北分布改變的分水嶺，這股移民潮則一直延續到五代十國，甚至北宋，時間長達二百餘年。劉善群透過《新唐書·地理志》、《太平寰宇記》及各宗姓族譜推斷，不少流民即是在此時遷入南方的閩、粵、贛地區，並與當地的土著結合，成爲後來的客家先民，更是孕育客家民系的主體。爲此，他在書中提出了客家先民非單一區域居民的融合說：

〔註28〕此處南越泛指秦始皇於公元前 214 年平定百越族後設立的嶺南三郡，即桂林郡、象郡與南海郡。

劉善群：《客家與石壁史論》（北京，方志出版社，2007 年），頁 14。

> 客家民系的主體是中原漢人移民,這些移民,雖然總稱爲中原移民,
> 或北方移民,但他們原住地(故鄉)並非是一省或一個地區,而是
> 遍及河南、陝西、河北、甘肅、山東、湖北和安徽,乃至蘇北等近
> 十個省區。儘管他們同屬一個中原文化圈、漢語北方言區,但其語
> 言和文化還是存在很大差異。而閩、粵、贛連結地區的土著居民,
> 也有畬族和非畬族人。……我們通常稱孕育時期,閩、粵、贛連結
> 區的住民爲客家先民,這些客家先民就不應該只是外來移民,而應
> 該包括這一區域外來移民和本地原住民。既有漢族人,也有非漢族
> 人。〔註29〕

由引文可知,劉善群認爲即使是從北方遷徙來的漢人移民在語言文化上都還
存有差異,更遑論居於閩、粵、贛三地的土著居民,並非只有特定的畬族或
某部族。因此,客家先民的組成應該囊括了所有外來的移民與當地各個部族
的土著。劉善群的「融合說」雖與羅香林、房學嘉的看法不盡相同,但如果
拋開族群印象,從客觀角度來看應該是較爲合理且有根據的。

　　北宋末年,是繼西晉、唐末以來中原漢人第三次的移民大潮,規模與影
響都較前兩次來得更大更遠,這次移民潮,又可分爲靖康之難、南宋金對峙
與南宋蒙元對峙三個時期:

> 靖康元年(1126年)金軍攻克開封,徽宗、欽宗淪爲俘虜……短短
> 幾年間,戰火幾乎燒遍整個黃河中下游地區,給人民帶來慘重的災
> 難。

> 宋金紹興合約簽訂之後,〔註30〕兩國進入對峙時期,但雙方都曾發
> 動過大規模戰爭。

> 南宋理宗端平元年(1134年)〔1234年〕正月,〔註31〕蒙古和宋聯
> 合滅金之後,次年,蒙古軍揮師南下,宋蒙戰爭全面展開。……恭
> 帝德祐二年(1276年),南宋滅亡。〔註32〕

三個時期中,又以靖康之難影響最大:

〔註29〕劉善群:《客家與石壁史論》(北京,方志出版社,2007年),頁46。
〔註30〕此次和約是南宋與金國於紹興十一年(公元1141年)達成的第二次和議。
〔註31〕南宋理宗端平元年是公元1234年,並非引文中的1134年,此處應是作者筆誤。
〔註32〕劉善群:《客家與石壁史論》(北京,方志出版社,2007年),頁31。

靖康之難階段雖只占移民發生年數的 24.2％，卻是移民人數最多的階段，占南宋時期中原南遷始遷者的 89％，是南宋時期南遷人口最多、影響最深的一個階段。〔註33〕

由於北宋靖康元年（公元1126年）到南宋德祐二年（公元1276年）的一百五十年當中，戰爭時期占了大半，加上影響最大的靖康之難，戰場主要在北方，時間又長達十六年，才會使得這三個時期的戰事影響層面遠遠超過西晉末到南朝宋以及唐後期到五代，進而出現規模及移民範圍都較前兩次更大更廣泛的南遷移民潮。這些移民分批遷入廣東、江南、江西、兩湖、淮南、四川及福建等地，其中，又以江西、福建和廣東的移民對客家民系的形成影響最為直接。經歷這波移民潮後，閩、粵、贛地區的人口組成逐漸產生變化，更因此形成了新的民系。

民系的形成，需要有共同地域、共同語言、共同文化心理素質與共同經濟生活四個要素。劉善群認為，這批遷入閩、粵、贛地區的大量中原漢人移民，長時間下來已在族群交融、語言形成與文化整合等方面，具備了形成民系的基礎，並推論閩、粵、贛地區最遲在南宋末年以前便已形成客家民系：

> 客家在南宋起更大量的由贛、閩遷入粵東、粵北，此時，贛、閩、粵三省邊區數十個縣絕大部分的都是客家居民了。他們具備了共同的語言、共同的居住地域、共同的經濟生活和共同的文化心理素質。因此，一支別具特色的漢族支系——客家民系，便在贛、閩、粵三省的「三江」流域出現了。〔註34〕

此外，劉善群也對客家民系作了如下敘述：

> 客家民系的形成，使漢族多了一個分支，……她的成員是北方（主要是中原）避難的流民為主體與閩、粵、贛邊地區同漢人相融的畬、瑤等族人所構成，來自北方的流民是一批被迫、自發、長時間流亡的群體；她的文化既保持中原古漢文化的根基，又有廣泛包容性的多元文化。

> 客家民系的孕育，實質上就是不同族群磨合和交融的結果，或謂「禮化」的結果，這一過程，是不同文化之間的互動，而不是誰同化誰，融合的各方都「客家化」的結果，……透過不同族群之間長期的社

〔註33〕劉善群：《客家與石壁史論》（北京，方志出版社，2007年），頁30。
〔註34〕劉善群：《客家與石壁史論》（北京，方志出版社，2007年），頁109。

　　會活動、經濟活動、聯姻活動和日常生活，使移民和土著全面深入
　　的接觸從而使各種文化在接觸中相互碰撞、相互吸收、相互融合、
　　產生出一種新型文化。〔註35〕

引文中明確地點出了客家民系是漢族的分支，即使構成民系的主體是中原漢
人，但客家民系依舊是透過與不同族群間相互融合才產生的新文化。綜上所
述，我們不難看出劉善群在這裡接續了前述「融和說」的觀點，認為客家民
系孕育與客家先民組成有著脈絡上的關聯性。

　　釐清客家民系的形成時間，再來便是找出客家民系形成的核心區域，由
於客家民系形成初期，閩、粵、贛三角地區的社會發展進程並不一致。因此，
劉善群透過《贛州地區志》與《嘉慶重修一統志》，從人口、語言、文教與客
家遷移四個方面著手，藉此得出客家民系的核心區域大約位於贛南東北和閩
西北部，即今寧都、石城、寧化、清流、明溪（當時的歸化）與長汀一帶，
而這塊核心區域，便是以寧化石壁為中心牽起的閩贛連結區。正因如此，寧
化石壁對客家民系而言具有重要地位，也使得該地普遍被認為是宋代移民的
人文中心、客家民系的搖籃區，更是現今客家族群的總祖地。

　　敘述至此，研究者認為劉善群對於客家族群與遷徙的看法與羅香林、謝
重光二位學者論點相似的地方大致有三：一、中原漢人的南遷，以西晉、唐
末及南宋為主要遷徙時期；二、客家民系的構成，以中原漢人移民為主體（羅
香林）；三、客家是「文化」的概念，漢族同化了當地原住民，再吸收部分固
有文化形成的新文化（謝重光）。同時，他也提出了自身的看法：中原南遷漢
人雖是民系主體，卻不能因此忽略其中的少數民族，民系的孕育更不是漢人
單方面的同化，而是相互融合的結果。《客家與石壁史論》書中，劉善群提出
的「融合說」吸收了前人論點，從一個較為客觀的角度切入，為客家族群的
源流與遷徙作了新的詮釋，對於研究客家族群的源流、脈絡而言，也是一部
極為重要的著作。

　　除此之外，王東的《客家學導論》〔註36〕、《那方山水那方人：客家源流
新說》〔註37〕；陳支平《客家源流新論》〔註38〕；羅肇錦〈客語源起南方的

〔註35〕劉善群：《客家與石壁史論》（北京，方志出版社，2007 年），頁 1～2。
〔註36〕王東：《客家學導論》（上海：上海人民出版社，1996 年）。
〔註37〕王東：《那方山水那方人：客家源流新說》（上海：華東師範大學出版社，
　　　　2007 年）。
〔註38〕陳支平：《客家源流新論》（廣西：廣西教育出版社，1997 年）。

語言論證〉〔註39〕也都從族群或語言方面對客家源流做了論述。

對於客家族群源流與遷徙中的幾個問題：如客家是漢民族的一支、客家先民的組成以及客家民系的孕育，研究者較爲認同劉善群提出的看法。他不以漢族優越觀爲本位概括少數民族或是以少數民族較漢族早居於閩、粵、贛地區這兩點作爲認定先民組成及民系孕育的標準，應該是較爲客觀的。相較之下，如何界定是否爲客家人的問題就顯得複雜許多，關於這點，或許可以從血緣與文化兩方面來作探討。

血緣方面，將譜牒或史料中對於先祖的記載作爲依據，透過上下牽連的方式，藉此判定自身是否爲客家人，也可得知客家先民的組成是否爲漢人中南遷的仕宦人家。但這牽涉到了兩個問題，一是譜牒與史料的可證性，同時，以人類社會學的角度來說，我們很難確保遷入閩、粵、贛地區的漢人並未與當地土著有混化的現象。二是認同感的歸屬，如香港首富李嘉誠，據說他是李火德的後裔，因而認定他是客家人，但李嘉誠一系早已遷居潮州，說潮州話、遵循潮州風俗，縱使李嘉誠一系眞有著客家血緣，但在認同上已成爲潮州福佬人。

文化方面，則可視爲是認同感的歸屬，界定標準則與前述提及的民系形成要素雷同，以共同語言、共同文化心理素質作爲依據。假設一批遷入客家居地的住民，長久生活下來，說客家話、遵循客家風俗，那這批人在認同上就已成爲客家人。同理，假設一批人從客家居地遷出，受到他地文化影響而不再使用客家話、遵循客家禮俗，那這批人及其後代不應該再視爲客家人，而是其他民系的人。但是，從文化的角度，似乎缺少了「根源」的概念，而這對歷來重視先祖觀念的客家人而言，又難以接受。

第二節　六堆形成與當地客家族群發展過程

探討「六堆地區」客家婚姻禮俗的變遷過程與概況前，必須先對六堆當地客家族群的發展有所了解，方能讓接下來的研究工作順利進行。因第一章第二節已大致概述了六堆地區的得名緣由、地理位置、拓墾與開發、人口分布等，本節將以古籍、方志記載的史料以及前人對於六堆地區與當地客家族群發展的論述爲主。探討方向共分爲兩部分，先從古籍與方志了解六堆形成的主因，再從專書了解客家族群的發展過程。

〔註39〕羅肇錦：〈客語源起南方的語言論證〉，《語言暨語言學 客語專號 第二期》（桃園：國立中央大學客家語文研究所，2006 年），頁 545～568。

一、古籍

　　古籍往往記載特定地區在某一時期的社會狀況，如政治、動亂或經濟條件，對於研究該地區或地區族群的發展，參考價值不亞於方志。由於六堆地區成形於清代，因此在查找資料時，多以清代且內容涉及台灣的古籍爲主，其中與六堆地區客家族群發展相關較爲貼近者，則要屬《平臺紀略》。《平臺紀略》雖未直接敘述六堆地區形成的過程與時間，但對六堆地區形成的契機——朱一貴事變有詳細的記載，有助於了解「六堆」形成的概況。

藍鼎元《平臺紀略》〔註40〕

　　康熙六十年（公元1721年）朱一貴事變爆發，藍鼎元隨堂兄南澳總兵藍廷珍入臺平定朱一貴之亂，待亂事平定，藍鼎元返回福建，見當時刊行的《靖臺實錄》內容多爲市井道聽塗說，「其地、其人、其時、其事，多謬誤舛錯。將天下後世以爲實然，而史氏據以徵信，爲害可勝言哉！」有鑑於此，藍鼎元便以自身平亂經歷寫下《平臺紀略》，書中對於朱一貴事變的詳細記錄，可做爲研究「六堆」形成的史料依據。

　　自清代領台開始，台南地區經過漢人三十幾年來的持續開發，地利已失，勢必將當地過剩的人口往外遷出，而這些外遷的漢人，來到了屏東平原墾荒。因此，朱一貴事變前，六堆地區已有「大庄十三，小庄六十四」規模的客家聚落，藍鼎元對於這些聚落的人口組成與生活方式，做了如下敘述：

> 粵民全無妻室，佃耕行傭，謂之「客子」，每村落聚居千人、百人，謂之「客莊」。

> 廣東潮惠人民，在臺種地傭工，謂之客子。所居莊曰客莊。人眾不下數十萬，皆無妻孥，時聞強悍。然其志在力田謀生，不敢稍萌異念。往年渡禁稍寬，皆於歲終賣穀還粵，置產贍家，春初又復之臺，歲以爲常。〔註41〕

上述的十三大庄應是指引文中「千人」的大聚落，六十四小庄則是「百人」的小聚落。而這些從台南府城遷至屏東平原墾荒的村落居民原鄉大多來自粵東地區的客家縣份，在鄉音和習俗上與河洛人有所差異，因而被稱爲「客子」，村落稱爲「客莊」。

〔註40〕〔清〕藍鼎元：《平臺紀略》（臺北：臺灣銀行經濟研究室，1958年）。
〔註41〕〔清〕藍鼎元：《平臺紀略》（臺北：臺灣銀行經濟研究室，1958年），頁63～66。

　　客莊聚落形成後仍是以農耕維持日常生活爲主要目的，極少出現糾眾聚合與他族群械鬥的情況。直到康熙六十年朱一貴事變，杜君英與朱一貴因稱王問題決裂，引發屏東平原上大型的閩客械鬥，才逐漸出現讓客莊成爲「六堆」民兵團練組織的契機。《平臺紀略》中敘述了當時的情形：

> 南路賊首杜君英於是日遣楊來、顏子京率其眾百人之一貴所，稱君英在下淡水檳榔林招集粵東種地傭工客民，與陳福壽、劉國基議共掠臺灣府庫。〔註42〕

朱一貴、杜君英等人攻入府城後，卻因稱王問題決裂：

> 臺中群賊互爭雄長。當內地總督過塗嶺之日，正朱一貴、杜君英海外吞併之時。先是君英入府時，欲立其子杜會三爲王，眾不服，立朱一貴。……一貴密謀李勇、郭國正等整兵圍攻杜君英，敗之。君英與林沙堂等率粵賊數萬人北走虎尾溪。〔註43〕

由於杜君英的部將多由粵屬的客家人組成，杜君英敗走後，朱一貴深怕這群客家人因心生不滿而造反，便招集閩籍部眾南下攻打客莊。此後，下淡水溪閩、客關係轉爲惡劣，械鬥頻仍。客家人基於「護衛住地」爲原則，轉而協助清廷平定亂事：

> 方朱一貴作亂時，有下淡水客莊民人侯觀德、李直三等建大清義民旗，奉皇帝萬歲牌，聯絡鄉壯拒賊。

> 辛丑朱一貴作亂，南路客子團結鄉社，奉大清皇帝萬歲牌與賊拒戰，蒙賜義民銀兩，功加職銜。〔註44〕

從上述引文中可知，客家人爲因應朱一貴之亂，開始團結鄉社、聯絡鄉壯拒賊。客家人相互號召原有的大庄十三，小庄六十四規模的聚落共同禦敵，糾集了一萬兩千餘人組成「七營」的民兵團練，到林爽文之亂時演變爲今日的「六堆」。此外，藍鼎元的另一部著作《東征集》中，〔註45〕也有朱一貴事變的相關概述，只是內容相較於《平臺紀略》顯得簡略許多。

　　《平臺紀略》從朱一貴起事、與杜君英共謀到事變結束，朝廷封賞客莊

〔註42〕〔清〕藍鼎元：《平臺紀略》(臺北：臺灣銀行經濟研究室，1958 年)，頁 2。

〔註43〕〔清〕藍鼎元：《平臺紀略》(臺北：臺灣銀行經濟研究室，1958 年)，頁 18。

〔註44〕〔清〕藍鼎元：《平臺紀略》(臺北：臺灣銀行經濟研究室，1958 年)，頁 20、63。

〔註45〕〔清〕藍鼎元：《東征集》(臺北：國史館臺灣文獻館，1997 年)。

居民等情形都有詳盡的敘述，可說是記錄當時情況的第一手資料。而作者藍鼎元本身即是平定動亂的朝廷官員身分，更使得《平臺紀略》內容的可信度大大提高，對於研究「六堆」的形成而言，有其重要的參考價值。

二、方志

　　方志是記載一地地理、風土、人文與社會概況的重要文獻，現今六堆地區雖橫跨高雄市與屏東縣，但在清代康熙時期卻是統一劃入鳳山縣的管轄範圍。〔註46〕因此，若要探討六堆地區當時的社會情況，除古籍外仍需借助地方志。

王瑛曾《重修鳳山縣志》〔註47〕

　　《鳳山縣志》最初是由時任鳳山縣知縣的李丕煜主修，實際編纂者則有陳文達、李欽文與陳慧等人，於康熙五十九年（公元1720年）刊行。直到王瑛曾由閩清知縣調任台灣鳳山縣知縣後，才以原先的《鳳山縣志》為基礎，作了修訂本，並於乾隆二十九年（公元1764年）完稿刊行。由於二本方志期間相隔40餘年，待重修本刊行時，內容已是原《鳳山縣志》的數倍之多。由於《重修鳳山縣志》對於朱一貴事變與覺羅滿保上奏疏文有相關記載，因此，同樣可以做為研究六堆形成的重要參照資料。

　　前述已提及，下淡水溪在朱一貴亂前已有客莊聚落分布，後因杜君英與朱一貴內鬨，才導致閩客由合作轉為決裂，互相拼鬥，《重修鳳山縣志·卷十一》如此敘述：

> 粵黨以入府無所獲，且亂自粵莊始，而一貴非粵產，因有異謀；……杜君英乃遁往北路，嘯聚劃據，戕殺閩人；南路粵民李直三等亦糾粵莊豎旗，賊黨遂成水火。
>
> 自五月中賊黨豎分，閩、粵屢相並殺；閩恆散處、粵悉萃居，勢常不敵。南路賴君奏等所糾大莊十三、小莊六十四，並稱客莊，肆毒閩人；而永定、武平、上杭各縣人復與粵合，諸漳、泉人多舉家被殺、被辱者。六月十三日，漳、泉糾黨數千，陸續分渡溶水，抵新園、小赤山、萬丹濫濫等莊，圖滅客莊。……十九日，客莊齊豎「大

〔註46〕公元1685年（康熙二十四年），原明鄭時期承天府、天興州與萬年州改為諸
　　　　羅、臺灣與鳳山三縣。
〔註47〕〔清〕王瑛曾：《重修鳳山縣志》（臺北：大通書局，1957年）。

—41—

清」旗，漳、泉賊黨不鬥自潰，迭遭截殺。〔註48〕

杜、朱亂軍占據府城後，因政治利益分配不均，演變為閩客械鬥。下淡水溪客莊相互糾眾，並與原鄉永定、武平、上杭等地的移民結合，共同抵抗漳、泉勢力，並舉「大清」義旗，轉為協助朝廷平亂，間接促成了六堆團練的興起與後來的組織化。事實上，在杜君英結黨叛亂並與朱一貴合謀以前，客莊已有了向府城方面彙報的打算，關於這點，可見《重修鳳山縣志·卷十》的記載：

> 康熙六十年，臺賊朱一貴作亂，直三密謀起義不從賊。先於四月二十二日，遣艾鳳禮、涂華煊等赴府請兵。五月初一日府治失陷，各義者隨於五月出十日揪集十三大莊、六十四小莊共一萬二千餘名，於萬丹莊豎立「大清」旗號，……分七營，駐列淡水溪，……遣劉懷道、賴君奏、何廷等率領鄉壯番民固守。〔註49〕

從引文中可知，客莊在亂事開始前已準備抗亂，只因府城失陷，難以與官方合流，才在當地聚眾組成團練自保，當時已有七營的編制，後配合朝廷平亂，而被封為義民。事變期間來台的閩浙總督覺羅滿保就曾在〈題義民効力議敘疏〉一文中呈請朝廷封賞平亂有功的義民：

> 竊維朱一貴等倡亂台灣，……有南路營下淡水及安平鎮、西港尾、溝尾莊各處義民，誓心効力，倡率義旗；……皆由國家有淪肌決髓之深仁，致草野知親上效忠之大義。

> 此南路下淡水義民殺賊守土效力之實跡：其舉事雖有先後之不同，而效忠則無彼此之或異。所當仰懇皇上天恩，將為首統眾出力之人，酌加議敘，以示鼓勵。庶海外人民共慕忠義之風、各懷激勸之意，於人心、地方均有裨益。〔註50〕

覺羅滿保的上奏疏文，主旨在於呈請皇帝褒揚下淡水溪的抗亂義民，當時受到清廷褒揚的客家莊民達二百餘人，這份疏文同時是促成六堆忠義亭設立的關鍵。〔註51〕

〔註48〕 〔清〕王瑛曾：《重修鳳山縣志》（臺北：大通書局，1957年），頁274～276。

〔註49〕 〔清〕王瑛曾：《重修鳳山縣志》（臺北：大通書局，1957年），頁256。

〔註50〕 〔清〕王瑛曾：《重修鳳山縣志》臺台北：大通書局，1957年），頁343～346。

〔註51〕 「忠義亭，在港西里西勢莊。康熙六十年，總督覺羅滿保為粵莊義民建。」〔清〕王瑛曾：《重修鳳山縣志》（臺北：大通書局，1957年），頁267。

綜上所述，《重修鳳山縣志》的參考價值不言而喻，而《重修鳳山縣志》與《平臺紀略》差異處在於，縣志是官修志書，《平臺紀略》則是從當事者的角度去描述平亂過程，仍屬野史一類，〔註 52〕對於了解「六堆」形成仍是需要透過相互參照，方能較爲確切地釐清當時情況。

三、專書

相較於戰爭、事變，古籍與方志對於當地居民的開墾情況、拓墾方向及後續發展的敘述較爲扼要。因此，爲探討六堆地區客家族群的開墾與發展情形，此節將以伊能嘉矩《臺灣文化志》及鍾壬壽《六堆鄉土文化誌》中的敘述爲主。

（一）伊能嘉矩《臺灣文化志》〔註 53〕

《臺灣文化志》共分上、中、下三卷，是日治時期研究台灣歷史的重要參考資料。伊能嘉矩全書以清代作爲分水嶺，大致可分爲「清代以前中國人所知之臺灣」、「清代領臺」與「臺灣之割讓」三部分。其中又以「清代領臺」時期的描寫最爲詳細，從文治武備、治匪政策、教學設施、社會政策、特殊祀典到信仰、經政、農工與交通等都有列舉。

正因伊能嘉矩對於清代領臺時期的描寫最爲詳細，使得我們便於從中了解六堆客家族群的開墾與發展狀況。明鄭以來，漢人開始大規模地開發臺灣，當時的拓墾範圍，還僅限於嘉義以南到高雄等地的濱海沖積平原。康熙二十年代，臺南地區經過二、三十年的開墾後，地力漸失，原本居於府城東門外的客家人，只得往屏東平原移墾，對於這項觀察，伊能嘉矩在《台灣文化志》中如此敘述：

> 康熙二十五、六年間開始，廣東嘉應州之鎮平、平遠、興寧、長樂等縣民，渡海來臺灣，企劃於府治附近從事拓殖時，發覺已歸閩人占有而無餘土，僅得東門外墾植菜園，正求活路時，於下淡水溪東岸流域發見未拓草地，乃相率而往，……本籍民聞知，接踵移來者倍增。爾後擴展疆域，北自羅漢門之南界，南至林仔邊溪口，沿下淡水、東港兩溪流域，碁布大小幾多之村莊。康熙六十年朱一貴起

〔註 52〕 「平臺紀略，亦野史之流也。」
　　　　〔清〕藍鼎元：《平臺紀略》（臺北：臺灣銀行經濟研究室，1958 年），頁 1。
〔註 53〕 伊能嘉矩：《臺灣文化志》（臺北：臺灣書房，2011 年）。

事時，糾合所在之十三大庄、六十四小庄，……所謂六堆部落之起源即在此時。〔註54〕

從府城南下移墾的客家移民，發覺當地已無餘地可供耕作，便循著下淡水溪移入屏東平原開墾，隨著遷入屏東平原的墾民越來越多，客庄已是沿著下淡水溪與東港溪流域遍地開花，至朱一貴事變時，已達到了十三大庄、六十四小庄的規模。

當時若要從臺南至下淡水地區，應以海路較為便捷，所以臺南東門外的客家人，極有可能是由鹿耳門出海，再從東港登陸，溯東港溪而上，逐漸開發出「十三大庄、六十四小庄」。而在這時形成的聚落有：潮州庄（今潮州鎮）、頓陌庄（又稱頓物庄，竹田鄉竹南村）、沓沓庄（竹田鄉糶糴村）、戀戀庄（萬巒鄉、萬和、萬全等村）、頭溝水庄、二溝水庄（後因大水沖毀）、三溝水庄、四溝水庄、老東勢庄（內埔鄉東寧村）、內埔庄、檳榔林庄（內埔鄉義亭村）、懷忠里（內埔鄉豐田村）等，這些村落即是後來形成六堆的雛型。〔註55〕

《臺灣文化志》中關於下淡水溪開發的記載僅止於此，內容雖然不多，但伊能嘉矩身為日治時期研究臺灣的重要人物，這份記錄仍有助於對六堆客家族群發展過程的了解。

（二）鍾壬壽《六堆客家鄉土誌》〔註56〕

清代方志、古籍對於六堆的記載，多著重於叛亂事實與協助政府平亂的記錄，直到1973年，鍾壬壽《六堆客家鄉土誌》的出版，才詳細記載了六堆歷史、生活、民俗、人物事務等各個層面。《六堆客家鄉土誌》對於下淡水溪（今高屏溪）的客庄開墾歷史、文化關係等等層面有著重要的論述，是光復後對六堆地區客家資料蒐集較為完整的一部專著，對研究六堆地區而言相當重要。

《六堆客家鄉土誌》首篇〈客家源流考〉，採羅香林的五次遷徙說，從六堆客家族群的源流談起；二到十一篇則分別為〈原鄉鄉賢事略與軼事〉、〈六堆開拓史〉、〈六堆之創立暨忠勇事蹟〉、〈西勢忠義祠史〉、〈六堆歷屆總理及副總理傳略〉、〈六堆鄉賢事略及軼事〉、〈六堆繁榮的原動力〉、〈六堆民情風

〔註54〕伊能嘉矩：《臺灣文化志》（臺北：臺灣書房，2011年），頁167。
〔註55〕簡炯仁：《屏東平原的開發與族群關係》（屏東：屏東縣立文化中心，1999年），頁9。
〔註56〕鍾壬壽：《六堆客家鄉土誌》（屏東：常青出版社，1973年）。

俗〉、〈故事、笑話、山歌、民謠〉、〈六堆各鄉鎮概況〉。

　　第三篇〈六堆開拓史〉，即從六堆村庄的地理形式開始敘述，再延伸至各村落初期的開墾史。一般認爲，客家人多半是在康熙二十六年（公元 1687 年）前後移入下淡水溪開墾，依據伊能嘉矩觀察，客家人進入屏東平原後即沿著下淡水溪及東港溪流域的沖積平原開墾，對此，鍾壬壽有不同的看法：

　　　　一六八八年，清軍續遣部隊中，有一部分蕉嶺及梅縣出身的士兵，
　　　　由安平登陸，不久屯田於台南東門，後來轉到阿公店（岡山），一六
　　　　九二年解隊後，被政府安置於萬丹鄉濫濫庄從事墾荒，類似現在之
　　　　退伍軍人集體從農的所謂「榮民新村」。人數雖不多，但全係客家人。
〔註57〕

這批從台南東門移入的墾民，先是經過阿公店後，才進入萬丹鄉濫濫庄，並以此據推斷，濫濫庄爲六堆的發祥地。開墾濫濫庄的同時，原鄉也有墾民遷入，六、七年後，濫濫庄墾地已盡飽和，加上麟洛河容易因下雨洪水暴漲，沖毀原先的周遭田地，於是這群濫濫庄的墾民開始找尋新的墾地：

　　　　從麟洛河上游到潮州附近遡上五魁寮溪，而發見了竹田、萬巒、內
　　　　埔三鄉的一片叢林：麟洛河上游則發現麟洛、長治兩鄉林地，再遡
　　　　至隘寮溪發現了高樹鄉關福村（大路關）及里港鄉武洛村，最遠的
　　　　是由五魁寮下游遡上北岸河（現已湮滅），而發現了佳冬、新埤兩地
　　　　區。〔註58〕

這批客家人的開墾路線依分爲北、中、南三個方向：北線、由麟洛河上游，開墾麟洛、長治兩鄉，另有一部份人溯武洛溪而上，到隘寮溪南岸建立里港鄉武洛村；中線、由萬丹鄉濫濫庄往東，透過麟洛河下游到潮州附近，再往北於今竹田、萬巒、內埔等鄉拓墾；南線、沿著已乾涸的北岸河而上，開墾現今的新埤鄉南岸村；另一部份人渡過林邊溪，再開墾佳冬鄉境內。其中又以竹田鄉爲最早開墾完成的地區。

　　綜上所述，鍾壬壽與伊能嘉矩看法相同處是，這群客家人都曾居於台南府城東門，不同處大略有三：一、六堆地區的墾民是屯田的官兵；二、落腳地是萬丹鄉濫濫庄；三、開墾中心以麟洛河周遭向外擴散。關於第一點，墾民的身分，簡炯仁就曾依清代頒布的禁令與屯田制度提出疑問；第二點，落

〔註57〕鍾壬壽：《六堆客家鄉土誌》（屏東：常青出版社，1973 年），頁 70。
〔註58〕鍾壬壽：《六堆客家鄉土誌》（屏東：常青出版社，1973 年），頁 70。

腳地的問題，因伊能嘉矩並未於《臺灣文化志》中具體指出當時的位置，使得今日普遍以鍾壬壽的看法爲主。儘管如此，這三點問題至今仍未有肯定且確切的結論。

《六堆客家鄉土誌》中較爲特殊的篇章是第八篇〈六堆繁榮的原動力〉，鍾壬壽以親身經歷及見識，配合當時的時空背景，提出六堆客家族群性質的優缺點，並對於六堆客家族群的未來發展趨勢提出見解。全書內容幾乎囊括了有關於六堆的各個層面，吳煬和就曾說：「對六堆的研究者而言，《六堆客家鄉土誌》最大的貢獻在於，讓「六堆」從一個客家人區域概念，具體成爲一套文獻資料記載的實體存在。從此之後，六堆客家研究的進行，不再僅限於零星的地方或個人紀錄，而是有一套詳實的族群史誌。」〔註59〕

2001 年六堆文教基金會出版由曾彩金總編纂的十四篇十五冊《六堆客家社會文化發展與變遷之研究》，〔註60〕即是以《六堆客家鄉土誌》爲基礎，再透過蒐集與整理六堆的相關資料後將內容加以擴充，除了較《六堆客家鄉土誌》廣泛外，敘述也更爲深入，是繼《六堆客家鄉土誌》之後，近年來對六堆地區有全面性論述的一套專著。

除此之外，仍有許多與六堆相關的研究，文集方面有《屏東文獻》、《屏東客家研討會文集》、《客家學術研討會文集》、《客家文化研究通訊》，專書方面有簡炯仁《屏東平原的開發與族群關係》，論文方面有簡炯仁《屏東平原的客家聚落「六堆」的形成及其社會變遷》〔註61〕、林正慧《清代客家人之拓墾屏東平原與六堆客家庄之演變》〔註62〕、《臺灣客家的形塑歷程——清代至戰後的追索》〔註63〕以及張添雄《高屏六堆客家的歷史文化與民情風俗》〔註64〕、林竹貞《六

〔註59〕 吳煬和：〈鍾壬壽與《六堆鄉土誌》〉，《100 年度行政院客家委員會獎助客家學術研究結案報告》（台北：行政院客家委員會，2011 年），頁 121。

〔註60〕 曾彩金總編纂：《六堆客家社會文化發展與變遷之研究》（屏東：六堆文教基金會，2001 年）。

〔註61〕 簡炯仁：〈屏東平原的客家聚落「六堆」的形成及其社會變遷〉，《聚落、宗族與族群關係——第四屆國際客家學研討會論文集》（臺北：中央研究院民族學研究所，2001 年）。

〔註62〕 林正慧：《清代客家人之拓墾屏東平原與六堆客家庄之演變》（臺北：國立臺灣大學歷史研究所碩士論文，1996 年）。

〔註63〕 林正慧：《臺灣客家的形塑歷程——清代至戰後的追索》（臺北：國立臺灣大學歷史研究所博士論文，2013 年），2015 年出版。

〔註64〕 張添雄：《高屏六堆客家的歷史文化與民情風俗》（臺東：國立臺東大學教育研究所碩士論文，2003 年）。

堆忠義祠與六堆客家社會文化發展之研究》〔註65〕與陳家麒《清代六堆地區族群關係之研究》〔註66〕等數篇論文，這些研究先進都投入了大量的心力與時間，來探討六堆形成與當地客家族群的發展過程。

第三節　中國傳統與六堆客家婚姻禮俗

前二節已約略概述了與「客家族群的源流與遷徙」、「六堆形成與當地客家族群發展」等問題相關的古籍與研究專著。接下來，本節將以中國傳統與六堆客家族群的婚姻禮俗相關流程為主要範圍，透過專書與論文做簡單探討，企盼讀者對於中國傳統與六堆客家族群的婚姻禮俗能有初步的了解。

一、專書

由於歷來研究中國婚姻禮俗的專著數量甚多，為了能夠較為貼近本論文的主題，本節將以內容囊括「中國傳統婚姻禮俗」以及「客家婚姻禮俗」兩大面向的專書為主。

（一）阮昌銳《中國婚姻習俗之研究》〔註67〕

《中國婚姻習俗之研究》一書內容共由十四篇不同主題的論文彙編而成，是作者阮昌銳對於婚姻習俗研究的整理。他在自序中提到，既然婚姻習俗作為人類社會普存的文化現象，便有可能因為生活環境的不同、歷史發展的差異，在習俗上各有不同，即便是同一民族，在不同的時期或不同的區域也有某種程度的差異。〔註68〕因此，書中嘗試從族譜凡例、吉祥語來看婚俗，為了解中國婚禮的特性，透過中外婚禮來做比較，同時提及臺灣閩南與客家族群的民間婚禮，以及原住民的婚姻制度。

客家族群作為漢民族的一支，至今仍保留了部分中國傳統婚姻禮俗的儀節與規則，在探討中國婚姻禮俗變遷與客家族群的婚姻禮俗前，應該先對中國傳統的婚姻禮俗有所了解。

〔註65〕林竹貞：《六堆忠義祠六堆客家社會文化發展之研究》（屏東：國立屏東教育大學客家文化研究所碩士論文，2009 年）。

〔註66〕陳家麒：《清代六堆地區族群關係之研究》（臺北：國立臺灣師範大學歷史學研究所在職進修班碩士論文，2012 年）。

〔註67〕阮昌銳：《中國婚姻習俗之研究》（臺北：臺灣省立博物館，1989 年）。

〔註68〕阮昌銳：《中國婚姻習俗之研究》（臺北：臺灣省立博物館，1989 年），頁 2。

　　中國的婚禮可分爲三個階段，即婚前禮、正婚禮和婚後禮。婚前禮即訂婚，表示對婚姻的敬愼；正婚禮即結婚或成婚，表示夫婦合體；婚後禮即成妻與成婦之禮，表示婦順之意。其中，婚前禮與正婚禮爲婚姻關係成立的兩個主要程序，婚前禮源於周代的「六禮」，一般認爲六禮創於周，而備於漢，但早在周文王時代就已有類似六禮雛型的儀典出現，只是眞正完全地遵行者不多。

　　六禮名目出自《禮記・昏義》，分別爲「納采、問名、納吉、納徵、請期與親迎」，〔註69〕具體內容則記載於《儀禮・士昏禮》中。〔註70〕六禮禮制由來已久，歷朝歷代爲順應當時民風或社會狀況等因素，不免對禮制有所增減，變動較大的有以下幾個時期：

> 漢平帝元始三年，詔劉歆等雜定婚禮，四輔、公卿、大夫、博士、郎、吏家屬皆可娶，親迎立軺併馬，次年立皇后王氏，亦以納采、卜吉及遣使持節奉迎終其事。

> 魏晉南北朝皇太子無親迎節目，其餘皆與士、庶人禮之儀節同，惟自東漢到東晉由於時局艱難，常不依六禮。

> 隋唐以後，皇太子開始親迎，其餘帝皇婚禮亦皆以六禮爲依歸。並兼問名於納采，并請期於納成。故實際只存納采、納吉、納徵、親迎四禮。

> 宋代，《朱子家禮》將納吉刪去，只存三禮。元代則較《朱子家禮》多議婚一項。明代，洪武元年定禮制以《朱子家禮》爲標準。

> 清代，漢官自七品以上，禮別爲九，併入成婦成壻之禮，而古代六禮者仍只有五：議婚、納采、納幣、請期及親迎。其他士、庶人婚禮則較七品以上官員爲簡，大體上民間婚禮仍皆以《朱子家禮》爲範圍。

〔註69〕「昏禮者，將合兩姓之好，上以事宗廟，而下以濟後世也，故君子重之。是以昏禮納采，問名，納吉，納徵，請期，皆主人筵幾於廟，而拜迎於門外，入，揖讓而升，聽命於廟，所以敬愼重正昏禮也。」
〔先秦〕《禮記》，王夢鷗註譯：《禮記今註今譯》（臺北：臺灣商務，1984年），頁964。
〔註70〕〔先秦〕《儀禮》，韓碧琴著：《儀禮鄭註句讀校記》（臺北：國立編譯館，1996年），頁54～68。

民國以來，政府提倡新式婚議，至多僅有定婚與結婚兩儀節。〔註71〕
自西漢平帝命劉歆等人雜定婚禮，六禮趨於完備，不僅只有皇帝及公卿大夫
娶親行六禮，官吏家屬也可比照辦理。隋唐以後，雖以六禮為依歸，但已逐
漸開始將禮制做簡化、合併。南宋時期，朱熹《家禮》對婚姻制度的影響最
為深遠，元、明、清三個朝代的婚禮制度中，除元代與清代在項目上新增一
二外，其他儀節仍以《家禮》為主，而民間更以朱子《家禮》中的禮制做為
舉行婚禮的標準，變化上甚至不如皇族、士宦人家來得大。六禮的實施在各
代雖有變遷，但並未失去原有的精神，大體上仍保留了東漢時期鄭玄注中提
及的象徵意義，〔註72〕不同處僅是儀節間的簡化罷了。

對於六禮出處、由來與變遷等問題有初步了解後，以下將就《中國婚姻
習俗之研究》書中對於婚前禮、正婚禮與婚後禮的內容分項敘述：〔註73〕

1. 婚前禮

（1）納采：即後人所謂「合婚」或「說媒」，先請媒人前往女家，替男家說媒，
　　若可，則用雁為禮。

（2）問名：納采禮完成之後，媒人向女方父親詢問女方的姓名、家中排行、
　　出生年月日時，回家後問祖神，以卜吉凶，吉則娶。

（3）納吉：問名之後，如果得到吉兆，則前往女方家中通知，怕女方反悔，
　　有再為申請之意。

（4）納徵：又稱納幣。男方前往女家送聘禮，經此儀節，婚約成立。

（5）請期：即男家擇定婚期，備禮告知女家，女家受禮，表示同意，便定該
　　日為結婚日期。民間則由男女雙方共擇日期，送一期帖於女家，正式通
　　知而已。

〔註71〕阮昌銳：《中國婚姻習俗之研究》（臺北：臺灣省立博物館，1989 年），頁
　　21。

〔註72〕「納采用雁，將欲與彼合婚姻，必先使媒氏下通其言，……問名，問名者，
　　將歸卜其吉凶。納吉，日卜於廟，得吉兆後，使使者相告，……納徵，使使
　　者納幣以成婚禮。請期，陽倡陰和，期日宜由夫家來也，夫家必先卜之，得
　　吉日乃使使者往辭，即告之。親迎，所以重之親之。」
　　阮昌銳：《中國婚姻習俗之研究》（臺北：臺灣省立博物館，1989 年），頁
　　21。

〔註73〕阮昌銳對於婚前禮、正婚禮與婚後禮的敘述主要參照《中原客家禮俗實用範
　　例》一書。謝樹新主編：《中原客家禮俗實用範例》（苗栗：中原苗友雜誌社，
　　1973 年），頁 1～5。

（6）親迎：結婚當天新郎受父母之命，先前往女家，女方父親迎於門外，祭
　　拜女家廟堂後，乘新婦車回家成親。〔註74〕

2. 正婚禮

　　新婦入宅後，婚前禮即告一段落，接著便準備舉行正婚禮。正婚禮為正
式結為夫婦的儀禮，可分為拜堂、沃盥、對席、同牢合巹與餕餘設袵。

（1）拜堂：拜堂與六禮出現時間不同，約在唐至北宋時期才出現，即新人於
　　男家堂上拜天地、拜男方雙親，最後對拜。新婦拜堂的禮儀，宋代以後
　　已風行於民間。

（2）沃盥：新郎、新娘二人在侍者的引導下沐浴淨身。

（3）對席：家中為新人設席需要夫婦相對，不相對，便不成對席。

（4）同牢合巹：〔註75〕夫婦對席後相對食筵、飲酒，同牢指夫婦對食，合巹
　　則是夫婦同飲，由於飲食是生活中最重要的一環，同牢合巹象徵著夫婦
　　往後需要相互扶持，共同生活。隨著時間演變，成為現今的婚禮宴席，
　　同時代表這對新人的婚姻關係在賓客的見證下得到認可。

（5）餕餘設袵：〔註76〕新人合巹完畢，新郎脫服於房，由女侍接受；新婦脫
　　服於室，由男侍接受，此時新郎親自掀起新娘蓋頭，侍者持燭而出，此
　　即洞房，男女雙方正式成為夫妻。〔註77〕

3. 婚後禮

　　男女結合的婚禮至此大致完成，但習俗中仍有婚後禮，使新婦成為男方
家的一份子，即所謂「成婦之禮」。除成婦之禮外，也有「成婿之禮」，使新
郎正式成為女家女婿。總的來說，婚後禮大致有四，分別為：成婦之禮的婦
見舅姑、婦饋舅姑與舅姑饗婦，以及婚後隨新婦回到女家歸寧的回門。

（1）婦見舅姑：新婦稱丈夫父親為舅、母親為姑，在成婚的第二天一早，以
　　竹器盛著棗子、栗子、薑桂、乾肉，至堂上謁見公婆，公婆分別收下禮
　　物，表示接納新娘成為家中一份子。

〔註74〕阮昌銳：《中國婚姻習俗之研究》（臺北：臺灣省立博物館，1989 年），頁
　　　　21～24。

〔註75〕巹：帶有古味的瓠瓜，將其對剖成瓢，以瓢斟酒，象徵夫婦連為一體、同甘
　　　　共苦。音ㄐㄧㄣˇ（jǐn）。

〔註76〕餕：剩餘的食物。音ㄐㄩㄣˋ（jùn）。

〔註77〕阮昌銳：《中國婚姻習俗之研究》（臺北：臺灣省立博物館，1989 年），頁
　　　　29～31。

（2）婦饋舅姑：新婦過門後三天內，就要下廚房燒飯做菜，以饋舅姑，證明自己已具備了「主中饋」的能力，同時達到盡孝的目的。

（3）舅姑饗婦，婦見舅姑是第二天清晨，舅姑饗婦則是在婚後第三天，公婆以一獻之禮饗婦，並將新婦介紹給所有家人。

（4）回門：婚後三個月內新婦歸寧父母時，女婿隨新婦回轉女方娘家，謁見女家父母及親戚，即完成「成婿之禮」，正式成為女家女婿。〔註78〕

　　除了上述中國傳統婚禮與六禮變遷外，《中國婚姻習俗之研究》也針對客家族群的婚禮做了敘述。客家族群原為漢民族的一支，婚禮儀節雖與中國傳統婚禮略有不同，但相去不遠，依舊分為婚前禮、正婚禮與婚後禮。〔註79〕

1. 婚前禮

（1）送年庚：女子到了及笄（成年）之時，父母尊長便請鄉中望師或者代書，將女子的生辰用大紅全帖書寫「年庚」，例如「坤造甲子年乙丑月丙寅日丁卯時瑞生」等字樣，交由媒人送至男家。男家將其奉於神台上，敬告祖先，三天內若無發生不如意之事，便可請盲公合婚。〔註80〕

（2）合婚：鄉間有一種專為人家占卜算命的盲公，男家接到「年庚」三日內家中平安無事，便可將男女雙方生辰八字請盲公推算是否適合，若是相剋不合則送回女家了事，若是配合則進行「相攸」。

（3）相攸：〔註81〕俗稱「相親」。男女家雙方互相調查對方家室以及男女子品貌，雙方都認為滿意的時候，就透過媒人約其相攸，雙方當事人和家長皆依期赴席敘談。

（4）論婚：論婚即所謂談條件，由男方向女方索取嫁妝，女家向男家索取聘禮，並以大紅請帖開列清單，由媒人互相交換，傳達意思，從中折衷，如果雙方都能談攏，就可擇日定婚。

（5）定婚：即古代「納幣」的意思，由男家依照議定的婚約，備了聘金、首

〔註78〕阮昌銳：《中國婚姻習俗之研究》（臺北：臺灣省立博物館，1989年），頁32。

〔註79〕此處客家婚禮主要參考《中原客家禮俗實用範例》一書。謝樹新主編：《中原客家禮俗實用範例》（苗栗：中原苗友雜誌社，1973年），頁5～10。

〔註80〕古代算命者多為盲眼人士，故稱「盲公」。

〔註81〕原典出自《詩經・韓奕》：「為韓姞相攸，莫如韓樂。」朱熹《詩集傳》：「相攸，擇可嫁之所也。」後世多延伸為選婿之意。朱熹：《詩集傳》（臺北：藝文印書館，1974年），頁883。

飾，連同禮餅、豬、雞、鴨、酒、芝麻、茶葉、眉豆等，用大紅全帖開
列，每類用四個字書寫，由媒人引導男家代表送去，同時準備拜帖，一
齊呈上。女家收到男家聘金、禮品與拜帖後，應即備好回禮物品，如帽、
鞋、襪以及文房四寶等，同樣用大紅全帖開列，每類四字書寫，交予媒
婆送到男家。

（6）諏吉：即古代「請期」。由男家主婚人請先生擇定吉課，分「上娶」、「迎
娶」兩個良辰。上娶是以紅帖書寫迎娶時日，連同禮品糯米、紅糖等類，
由媒婆送至女家，稱為「送日子」，請求女家應允；一般女家多表同意，
但卻是禮貌上不可少的形式。

（7）上笄：上笄就是梳髻，俗稱「上頭」。從前女子以綁辮子居多，上笄時將
辮子盤起，便算禮成。〔註82〕

2. 正婚禮

正婚禮即「迎娶」，男家派花轎一乘、小轎三乘前往女家，花轎用以迎接新
娘，小轎則分坐新郎兄弟、媒人及伴郎。從前鄉俗，新郎多不前往親迎，而是
由新郎兄弟帶隊前往迎娶，一行人到達女家，由新娘兄弟款以茶點糖果接待，
新郎兄弟與媒人依次入席，首位入坐時須將桌裙一角掀起，表示不敢領受。

新娘在上轎之前，須先祭祖並拜別父母、長輩，此時取米飯一小撮，裹
以紅布，隨身帶往夫家，稱為「分飯」，表示離開娘家而就夫家，另創家庭的
意思。隨後新娘大多由鄉中好命的老翁或老婦索引上轎，另由一兄弟坐小轎
跟在花轎之後，陪至夫家，稱為「送嫁舅」。花轎離開時，主婚人用一碗清水
潑向轎頂，表示一出嫁即非本家成員，永遠不要「大歸」。

新娘抵達男家的時候，新郎和家人都須躲在房裡「避煞」。大約一小時後，
由新郎輕踢轎底，再開轎門，返入廳中左方面向神台等待新娘，隨後由新郎
未成年弟或姪用錫盒捧糖果、檳榔，趨前「揖轎」，再由伴郎迎接新娘到大廳
門口，此時由好命老婦牽引新娘入廳，與新郎並肩而立，先拜堂上祖先，再
拜父母、長輩，最後夫妻交拜，禮成，入洞房。

3. 婚後禮

新婚第二天，新娘需早起用豬頭配以菜餚祭祀堂上祖先，新夫婦虔誠跪
拜，稱為「上廳」。禮畢，由新娘剖開豬頭，稱為「開掌和」，隨後開宴，以

〔註82〕阮昌銳：《中國婚姻習俗之研究》（臺北：臺灣省立博物館，1989 年），頁
52～53。

新娘居首席，表示歡迎之意，席散後由伴娘持壺斟茶，新娘奉於公婆、長輩或親友，受茶者則賞以紅包或飾物，稱為「飲新婦茶」。婚後第三天，新娘需親自下廚，稱為「三朝」。

　　客家婚禮中婚前禮、正婚禮與婚後禮大致如此，客家婚禮的部分環節雖與中國古代傳統婚禮有些微不同，仍能看出客家族群承襲了中國傳統婚禮當中慎敬祖先、重視子嗣、夫婦和合、夫妻有別、敬重尊長、敦親睦鄰與儀禮慎重等特性，同時突顯婚姻在於讓雙方家族結合並延續下去的目的。至於實行客家婚禮的時間與地點，雖從文中敘述約略可知不是近代，但作者未明確指出，增加了辨別上的難度，是較為可惜的地方。

　　《中國婚姻習俗之研究》對於中國傳統與客家婚姻禮俗的敘述大致到此，阮昌銳的論述雖不盡然能符合各個時期、族群的婚禮標準，但作者依舊透過文獻資料及田野調查，將中國與世界各地的婚姻禮俗作了比較，進而整理出婚制變遷、婚姻禮俗的意義以及中外婚姻禮俗的異同，不僅從縱的探討來看婚俗變遷，也從橫的研究比較婚俗差異，是研究婚姻禮俗的專書中較為多面向的一部著作。

（二）王貴民《中國禮俗史》〔註83〕

　　歷來研究「中國禮俗」相關領域的專著頗多，而王貴民的《中國禮俗史》則是這些專著中較為全面性概括各項禮俗儀節，並加以探討、論述的一部著作。由於中國禮俗項目繁多，而在《中國禮俗史》以前的相關著作，又多以項目作類分來敘述，對此，王貴民認為，如果以項目分類禮俗，雖然較易於敘述每一項禮俗的演變歷史，但這樣就只成了各項禮俗的拼合，不能形成脈絡清晰的「史」的整體性。有鑑於此，作者在書中將禮俗改以階段作區分，採用類似文學史的形式，以時間為骨幹，順序性的記錄了中國歷代各項禮俗的演變過程。

　　確定論述的主要方式後，王貴民將中國禮俗的演進分為三個階段，分別是：一、禮俗形成，二、承前與漸變，三、繁化與蛻變階段，而這三階段的演進又分別發生於先秦、秦、漢至唐五代與宋、元、明、清三個時期。先秦時期的婚禮儀節，經過各地方部族長期的實行，大約在周代確立了婚禮儀式，主要有六個儀節，稱為婚姻「六禮」，具體記載於《儀禮·士昏禮》中，而這套婚禮儀節幾乎成為晚清以前中國婚禮的固定儀式，沿用了兩千多年。先秦

〔註83〕王貴民：《中國禮俗史》（臺北：文津出版社，1993年）。

時期婚禮「六禮」敘述大致如下：

1. 納采：男方遣使用雁為贄禮送於女家。

2. 問名：納采之後，男方問女子姓名（一說問字）。

3. 納吉：問名後將女子名歸卜於宗廟，將所得吉兆納於女家，作為合婚的依據。相當於後世的「小聘」或「小定」。

4. 納徵，又稱「納幣」，表示婚事已然談妥、成事，此時男方不送雁，改以玄纁裳一套、束帛「五兩」、儷皮兩張為禮送至女家，取成雙成對之意。相當於後世的「大聘」或「大定」。〔註84〕

5. 請期：男方請女家擇定成婚吉日。一般擇定成婚吉日由男家負責，為了表示謙遜與尊重女方，男家會遣使者至女家成婚告期，女家推卻後再由男方說定。

6. 親迎：男方按照「請期」時定下的日子，前往女家迎娶新婦，是六禮中的最後一項，也是最隆重繁瑣的環節。男家須預先陳設好牲魚酒饌及新人服飾，由新婿秉燭乘車前往女家，新婦父親行禮後，新婦出房、上車，新婿駕車繞圈三周，媒姆為其「加幜」，〔註85〕此時新婿先回家門外等候，由車伕代新婿駕車。新婦入門，新婿行迎賓禮、沃盥禮，新人面對而坐，稱為「對席」，並共食已備妥的牲、魚、酒、饌，對席食飯、飲酒各分三巡，稱為三飯、三酳，〔註86〕第三次酳時用卺，婿婦對飲，稱為「合卺」，即後世的「交杯酒」。結束後，婿入室、婦入房，分別褪下禮服，新婿入房解下新婦及笄時所繫的「纓」，表示從此婦屬於男。雙方侍者互食婿、婦餘饌，稱為「餕餘設袒」，親迎之禮到此完成。〔註87〕

次日早晨，新婦行見舅姑禮，在堂前阼階舉行，〔註88〕新婦獻棗於舅，獻腶脩於姑。〔註89〕接著到戶牖間，舅姑行「醴婦」禮，由贊者代舅姑授醴酒於新婦，行三獻禮。舅姑入室，新婦向舅姑行「盥饋」禮，以酒、肉、肴、饌獻舅姑，表示新婦從此能主烹飪。最後，舅姑共以酒食饗新婦，行一獻禮，並

〔註84〕 玄纁：赤黑色的幣帛，後用以泛稱幣帛。纁，淺紅色，音ㄒㄩㄣ（xūn）。五兩：十匹帛兩兩一卷綑成五雙，故稱。儷皮：鹿皮。

〔註85〕 幜：古代貴族婦女穿的罩衣，用以禦塵，音ㄐㄧㄥˇ（jǐng）。

〔註86〕 酳：飲食結束後以酒漱口，音ㄧㄣˋ（yìn）。

〔註87〕 王貴民：《中國禮俗史》（臺北：文津出版社，1993年）頁63～66。

〔註88〕 阼階：大堂前東面台階。阼，音ㄗㄨㄛˋ（zuò）。

〔註89〕 腶脩：乾肉。腶，音ㄉㄨㄢˋ（duàn）。

饗送親賓客。此外，新婦仍須實行「廟見」與「歸寧」。「廟見」是完婚後新婦到男家廟中祭祀，表明已是屬於這個宗族的一員，如果舅姑當時已不在世，便待三個月以後再行此禮。「歸寧」則是新婦婚後回母家，探問父母安好。〔註90〕

　　秦、漢至唐、五代，時間長達一千一百年，最大的特點在於經歷了政權大統一和大分裂的兩次循環。中原地區雖以先秦時代繼承下來的儒家學術思想為主流，但在社會的動盪與紛亂下，少數民族的社會型態開始出現封建與文化上的漢化，漢化過後，又再次影響中原禮俗。此時期與先秦禮俗儀節較大的不同處概述如下：

> 魏晉南北朝時期，皇帝納后行「臨軒」儀節，即不親迎而出於前庭軒檻行禮。太子、皇子納妃有時親迎，一般均由公卿為使節行事。……隋朝沿襲之。
>
> 聘禮（納徵禮）用羊和乘馬，這從漢代開始採用，直至隋唐。……婚禮用樂，與賀禮同樣，漢代創始，中間爭議，也在唐朝基本肯定下來。〔註91〕

從引文中可知，「親迎」儀節在魏晉南北朝時已逐漸被省略，而漢代創始的聘禮增加與婚禮用樂，使得後來婚禮越顯華麗與盛大，而這兩項不同處也讓「六禮」開始出現變化。除此之外，自漢代以後逐漸增加的婚姻禮俗有七：一、賀婚，最早源於西漢，唐代時定下，稱為「婚會」；二、撒帳與撒穀豆，起源於漢武帝，遣人在新房帳中灑上五色同心花果，唐代則改以錢幣代替，主要祈求生子與富貴。而撒穀豆則出於避煞的迷信心理；三、坐鞍，新婦坐或跨於馬鞍上，取平安之義，一般認為是「北朝遺風」；四、青廬與催妝，青廬即以青色布幔蓋於門內外，催妝則是催促新婦早點完成梳妝以便起程，後世多演變成各種形式的留難；五、花燭與拜堂，花燭起於南朝，當時稱「牢燭」，於同牢合巹時使用，拜堂則見於唐代，前述提及，此處不再贅述；六、繫臂與合髻，始於西晉，用紅絲繫臂，表示夫婦從此繫屬之意，後世變為「牽巾」，合髻約出現於唐後期至五代，即後世出嫁時行的及笄禮；七、銀杯代巹，古代「合巹」用匏，對剖為兩杯，南朝齊時改用銀杯，延續至今，現代婚禮多以杯為主，用巹已很罕見。〔註92〕

〔註90〕王貴民：《中國禮俗史》（臺北：文津出版社，1993年）頁66～67。

〔註91〕王貴民：《中國禮俗史》（臺北：文津出版社，1993年）頁147～149。

〔註92〕王貴民：《中國禮俗史》（臺北：文津出版社，1993年）頁149～153。

　　宋、元、明、清四代，除兩宋間出現政權交替且同時與其他朝代共存局面外，都屬於統一王朝。隨著民族成分日益增加，版圖也陸續擴大，發展到封建制度後期，社會結構受到學術思想開放、宗教流行與經濟發達等層面影響產生顯著變化，這些情勢都有助於替禮俗增添新的色彩，同時爲禮俗逐漸蛻變與更新產生「承先啓後」的作用。這段時期的婚禮儀節，最大的變化是朱熹《家禮》將古代「六禮」簡約爲三節，南宋以後歷代都採用朱子「三禮」：納采、納幣與親迎，直到晚清新式婚禮出現。以下就「三禮」具體儀節分項敘述：

1. 納采：男家於祠堂敬告祖先，再遣男家弟子爲使者奉書於女家。女家主人同時奉書告知祖先，祭畢，回復使者並酬以酒饌與錢幣。使者覆命，男家再告。

2. 納幣：男家遣使者奉書，同「納采」禮，但不再告祖先。幣用色繒，〔註93〕也可用釵釧、羊酒、素果之類。

3. 親迎：男家於前一日鋪房，〔註94〕待新人入堂後，新婚秉燭而出，主人禮賓，其餘同古代「親迎」禮。〔註95〕

　　南宋以後，元朝於至正八年（公元一三四八年）議定婚禮爲七節：議婚、納幣、親迎、婦見舅姑、廟見及婿見婦父母，實際上等同於《家禮》中的節次。明代婚禮大體沿用宋制，但可以分爲兩類，皇室及品官用六禮，庶人則沿用三禮。清朝皇室同樣採用宋禮，定納采、納徵與奉迎三禮，加上滿族禮俗。此一時期正歸婚禮變化在於：迎娶用轎、用樂與賀婚已成常態、「鋪房」禮俗興起以及禮品的變化。〔註96〕除皇室、士族的正規婚禮外，王貴民更同時引用孟元老的《東京夢華錄》以及吳自牧的《夢梁錄》，探討北宋汴京地區與南宋臨安地區的民間婚禮，發現民間婚禮與皇室、官用婚禮多了些許不同之處，如：茶禮、送嫁、坐虛帳、拜門、煖女與滿月等。〔註97〕

〔註93〕繒：絲織品的總稱，音ㄗㄥ（zèng）。
〔註94〕鋪房：女家備置新房應用的衾被等物，在親迎前送往男家，將新房布置妥貼。
〔註95〕王貴民：《中國禮俗史》（臺北：文津出版社，1993年）頁255。
〔註96〕民間以雞代雁，清代皇室則不再用玄纁、束帛，改以鞍馬、羊酒和甲冑。
〔註97〕茶禮：孟元老《東京夢華錄》與吳自牧《夢梁錄》僅提及此項禮俗，但並未詳細記載實行方式與內容，王貴民則認爲此項禮俗於明代以前已經變成民間習慣。
　　　　送嫁：有「送女客」，當時似乎女家父母也同往男家，後來則以新婦弟陪送爲常例。
　　　　坐虛帳：新房室內懸一帳，新人坐於其中，或入房中坐於床上，稱爲「坐富貴」。

《中國禮俗史》以中原地區各朝代的禮俗演變爲主要論述的重點,當中雖未特別提及客家族群,但依舊能幫助研究者從中找出客家與中原傳統婚姻禮俗間的異同處,進而比較與印證,如客家人嫁女時,往往會有「送嫁舅」陪同新娘前往男家,而這點極可能是上述提及,宋代「送嫁」習俗的遺留。因此,《中國禮俗史》對於研究客家族群的婚姻禮俗而言仍有著重要的參考價值。

(三) 謝金汀《客家禮俗之研究》〔註98〕

時任苗栗縣長的謝金汀,有感於苗栗雖爲客縣,但許多客家禮俗卻已逐漸變質,便召集當地客家禮俗從業人員與專家學者,積極蒐羅資料,於建縣一百週年時整理成冊,出版《客家禮俗之研究》一書。全書內容以客家人的生命禮俗與歲時祭儀爲論述的重點,婚姻禮俗部分,則以中國傳統婚俗與成書時期苗栗地區婚俗爲主,兼提及南部地區的客家婚俗。

編者認爲,婚姻禮俗與喪葬禮俗比較起來,較容易變動,這點或許與中國人歷來「趨喜避喪」的心理因素有關。既然婚姻禮俗常因社會變遷有所變化,探討時最好分階段來進行,較容易把握當時情況。書中敘述婚姻禮俗過程時,先提及古代婚禮,再與成書時候(民國78年)實行的婚禮作比較(下稱「現代婚禮」),以便了解婚姻禮俗於古、今時候的變化。由於古代傳統婚姻禮俗的過程前述已提及,此處便不再贅述,下文將就現代婚禮中關於「議婚」、「定婚」、「完聘」與「迎娶」等過程作分項敘述:

1. 議婚:現階段的「議婚」,由媒人將生辰八字送往男家,男家供奉於祖先神案前,三日之內家中平安即爲大吉,再將男方生辰八字送往女家,做法同上。若是自由戀愛的自主婚姻,不需經過這些程序,直接將雙方八字合寫,表示同意,再經由媒人安排雙方「相親」即可。由於「議婚」過程逐漸轉爲形式需要,因此,現代婚禮中將「納采」、「問名」與「納吉」分項進行者已屬少見。

2. 定婚:客家人稱爲「過聘」,相當於古代的「納徵」。現今定婚禮俗,男女雙方變化不同。男方變化有三:一、增加了定婚送禮餅與分餅以及不收「大聘」收「小聘」的儀節;〔註99〕二、男方前往女家的人數須爲雙

〔註98〕謝金汀:《客家禮俗之研究》(苗栗,中華文化復興推行委員會,1989年)。

〔註99〕分餅:過定結束,男方致贈在門口送行的準岳父母辭行禮,女方則回贈送行

拜門:婚後女婿前往謁見女家。

煖女:婚後女家送綵緞和食物至婿家饋女。煖,音ㄋㄨㄢ ˇ(nuan ˇ)。

滿月:婚後一月於女家開酒宴待婿,謂之「會郎」。

數，最少六人，〔註100〕現今已可以隨意增加，但仍須符合雙數。三、南
部客家人原有送油燈習俗，現已改送鬧鐘，新娘結婚時須將鬧鐘帶至娘
家。女方則大致上保持傳統方式。〔註101〕

3. 完聘：相當於古代的「請期」，俗稱「送日子」。現今結婚日期多由男女
   雙方事先談妥，經過擇日師再行安排，「完聘」僅是形式上的儀節而已。

4. 迎娶：倘若依照古禮，迎娶當天過程最為繁瑣，但時至今日，禮俗已簡
   化許多。結婚當日，新郎、媒人與迎娶團隊前往迎親，新郎新娘話別岳
   父母，祭拜女家祖先以後，便直接回到男家。〔註102〕

　　婚禮過程大致到此，至於婚後歸寧，臺灣的客家人早期是滿月時回門；
日據時逐漸改為婚後第六日、九日或十二日；光復後，又改以第二日、第三
日或第六日回門，其中以第二日回門居多。

　　古人實行六禮，並不因程序繁雜而生厭，反而樂於遵守、慎重其事，著重
成家、傳宗接代的問題，視婚姻所含意義極為深遠，後因年代久遠，受到社會
環境影響，許多儀節被省略、改動，使得原有涵意消失，相較於中國古代的傳
統婚禮，已見簡略，由民國70年代的客家婚禮中便可見一二。對於造成客家婚
姻禮俗變遷的因素，《客家禮俗之研究》編者之一的陳運棟提出了看法：

　　台灣客家近年來婚姻〔禮俗〕變遷的四個因素有：〔註103〕

　　（一）客家人與非客家人雜處而居，在生活習慣上發生同化作用，
　　　　　婚俗也受到了影響。

　　（二）男女平等的思想傳入，再加上女子接受教育及就業的機會增
　　　　　加，女子地位大為提高，致使婚姻論財的觀念日趨淡薄。

　　（三）歐美自由戀愛之風捲入臺灣，同時由於教育的普及，婚姻自

禮。女家將男方送的喜餅分贈親友，告知女兒已經定婚。
　大、小聘：兩者皆屬聘金，由男方所送。「大聘」一般女方多不收，同時表
　明結婚所需用品一切由男家籌辦備妥。「小聘」則在南北兩地各有不同意義，
　南部客家村落稱做「乳母錢」，用意是要奉獻給準岳母，報答養育女子之恩；
　北部則稱做「做衫錢」，即給新娘添置新衣之用。

〔註100〕同行人數六、八、十、十二人都可以，客語「六」與「祿」同音，取其諧音
　　　　　增添福氣。

〔註101〕「鬧鐘」，取熱鬧之意。

〔註102〕謝金汀《客家禮俗之研究》（苗栗，中華文化復興推行委員會，1989年）頁
　　　　　37～54。

〔註103〕此處應增加禮俗二字意思較為完整。

主的思想漸深入人心。

> （四）政府倡導推行的新式婚禮，公證結婚、集團結婚，以及宗教
> 儀式的結婚，因爲簡單隆重而有保障，已爲國人普遍採用，
> 其影響所及，於是客家原有保守的婚姻禮俗，也逐漸發生了
> 變化。〔註104〕

引文中提及的四點，的確是現今客家傳統婚姻禮俗所面臨的問題，客家婚姻禮俗逐漸消失，受影響的除文化層面外，還有更爲重要的精神層面。古人定下的禮節繁複，當中雖然有許多非必要且觀念未必正確的習俗與環節，但不外乎是基於「婚姻大事，豈能兒戲」的重視態度。

　　《客家禮俗之研究》關於現代婚禮的敘述大致到此，由於書中同時援引了《嘉應州志》、《石窟一徵》與《客家舊禮俗》所記載的中原地區客家婚禮，使得讀者對於原鄉與臺灣婚姻禮俗之間的變遷差異能更簡便的明瞭，另外，書中對於實行各項婚禮儀節時所需的物品、男女雙方庚帖以及祝賀新婚的「講四句」等都有記錄，是本論文不可或缺的參考資料。

二、論文

　　前述已透過專書提及中國傳統與客家族群的婚姻禮俗，可大致釐清客家族群因遷徙而與中國傳統婚姻禮俗間的差異，而六堆客家族群距離先祖來臺時日已久，不免與臺灣當地的他族群有混化的情況。因此，此處將以六堆地區客家族群的婚姻禮俗作爲探討的重點。

劉薇玲《屏東客家婚俗變遷之研究——以六堆中區為例》〔註105〕

　　《屏東客家婚俗變遷之研究——以六堆中區爲例》是少數針對六堆地區客家婚姻禮俗作探討的研究論文，劉薇玲以六堆中區作爲研究範圍，從前堆（長治鄉、麟洛鄉）、中堆（竹田鄉）、後堆（內埔鄉）、先鋒堆（萬巒鄉）四堆五鄉鎮中實施採樣調查，以民國三十到九十年間結婚的客家夫妻爲研究對象。同時將研究對象劃分爲四個不同時期：民國30～45年（第一時期）、民國45～60年（第二時期）、民國60～75年（第三時期）及民國75～90年

〔註104〕謝金汀：《客家禮俗之研究》（苗栗，中華文化復興推行委員會，1989年），頁58。

〔註105〕劉薇玲：《屏東客家婚俗變遷之研究——以六堆中區爲例》（臺南：國立臺南師範學院鄉土文化研究所碩士論文，2003年）。

（第四時期）。

　　透過實地訪查，劉薇玲在論文中將客家婚禮儀節主要分為「議婚」、「過定」、「送日子」、「親迎」與「轉門」等五部分，以表格作條列式的說明，探討婚姻禮俗變遷的原因，下文將先針對儀節作分項敘述，並在敘述後補充變遷過程：

1. 議婚

　　六堆地區的議婚方式，又分為「說親」、「看親」、「查家門」、「開婚」、「合八字」與「議聘」。

（1）說親：當男方中意某家女子，或由親戚處得知某家女子與自家男子條件相當，便央請媒人（通常是自家親戚）前去女家說媒，俗稱「做媒人」。〔註106〕女方父母若覺得男方條件適當，則同意媒人安排看親時間，以進行看親。

（2）看親：客語作「看細妹仔」。〔註107〕由媒人帶著男方及男方父親、兄長或男性親友至女家，請該女子盛妝並奉茶招待，若男方看中意對方，便會等其出廳收茶杯時，在茶盤上放入紅包，稱作「磧茶盤」；〔註108〕不中意則不放，或以紅包大小來決定（中意紅包數目則大；不中意則小）。若女方不中意男方，也可退還紅包。男方看完親後通常不留在女方家吃中飯，否則婚姻不易成功。〔註109〕

（3）查家門：男方看完親後，女方若中意男方，希望進一步瞭解男方家的環境、為人處世或有無痼疾等，則女子母親會邀集自家親戚，親自前往男家拜訪，藉機試探門風，實際視察其經濟狀況及家庭環境等。「查家門」作用主要在於給予女方檢視男方家庭的機會。

（4）開婚：客語作「討八字」。〔註110〕女方經過「查家門」後，若未將男方給的紅包退回，則表示婚事有進一步發展的可能。此時，媒人會前去女家

〔註106〕做媒人，音 zo　moiˇ　nginˇ。

〔註107〕看細妹仔，音 kon　se　moi　eˋ。

〔註108〕磧茶盤：又稱磧底，客語音 zagˋ　daiˋ，男方相親、喝完茶後，多會在茶盤上放紅包，稱為磧茶盤。若因家境貧苦無力負擔，則於事後告知媒人，請其代為表達男方時有中意女方之意。磧，音ㄑ一ˋ（qi）。

〔註109〕深怕媒人無意間說了一些不該說的話，或男方不經意暴露缺點，而讓女方留下不好的印象，以致好事多磨。因此，一般男方看完親後就離開，不留在女家用餐。

〔註110〕討八字，音 toˋ　badˋ　sii。

探訪並提親，主要工作是討取女子的生庚八字。女方通常會將八字書寫在紅紙上讓媒人帶回男家，男方再將其置放於灶君前或祖先神案上（一般以灶君爲普遍），另於八字旁邊放置一杯清水，杯上覆以竹葉枝（以示驅邪）。三日內若家中平安無事、水清無污，〔註111〕則表示灶君或祖先已同意此樁婚事，並認爲是天賜良緣，可以進一步「合八字」。倘若發生喪、病等不幸之事，便藉故將女子的八字退還。

〔5〕合八字：客語作「看日仔」。〔註112〕女子的八字在男家置放三天後，諸事皆吉，男方家長便會將兩人的八字拿去請擇日師或廟祝等相關人員合婚。排算結果爲佳，則可擇選「過定」吉日，若排算結果不吉或有相剋的情形，則表示婚配不宜，男方可退還女子的八字。

〔6〕議聘：「過定」日期擇定後，男方會請媒人將「過定」吉日拿去告知女方，並徵詢女方的意見。同時，媒人也會向女家代爲詢問聘禮數，以討論喜餅、聘金等相關事宜。一般女方多半不好意思開口要求，只告知媒人家中親戚人數，以備男方預估喜餅數量。聘金方面，除了少部分貧窮人家會向媒人提出金額的要求以外，大部分人皆隨男方意思給定。此外，媒人也會告知女方過定須準備的相關事宜。〔註113〕

第一時期男女雙方是在素未謀面的情況下，全憑父母認可後進行看親（相親），當事人對婚姻處於被動、毫無自主權。第二時期，男女雙方在看親前有探聽或偷看對方的現象，再決定是否進一步看親，這表示已逐漸打開保守之門，當事人對於對象的選擇擁有多一點的自主權。第三與第四時期則因爲社會風氣逐漸開放，除了傳統媒人介紹的形式外，還出現了男女自由交往與自由戀愛的情況，「磧茶盤」、「查家門」等習俗逐漸消失。介紹人不再如同早期登門求親，僅用口頭告知雙方有關對象的訊息，若雙方覺得條件合適便進行「看親」，同時當事人的父母也會尊重其意見，可見現代男女雙方對婚姻對象的選擇已由被動趨於主動（表2―1）。〔註114〕

〔註111〕家中平安無事是指家人無喪病、打破碗、口角等，且六畜興旺、諸事大吉。水清無污是指杯水上無蜘蛛、螞蟻、蒼蠅等蟲爬過，仍然維持清澈乾淨。
〔註112〕看日仔，音 kon　ngid、 e、 。
〔註113〕劉薇玲：《屏東客家婚俗變遷之研究――以六堆中區爲例》（臺南：國立臺南師範學院鄉土文化研究所碩士論文，2003 年），頁 26～27。
〔註114〕劉薇玲：《屏東客家婚俗變遷之研究――以六堆中區爲例》（臺南：國立臺南師範學院鄉土文化研究所碩士論文，2003 年），頁 68～69。

表2-1：議婚儀式之比較

時間＼儀程內容		民國30～45年（第一時期）		民國45～60年（第一時期）	民國60～75年（第一時期）		民國75～90年（第一時期）	
		光復前	光復後		媒人介紹	自由戀愛	媒人介紹	自由戀愛
說親		全憑媒人介紹		媒人介紹後再探聽或偷看	全憑媒人介紹	×	非正式介紹	×
看親	陪同人員	×	媒人、父親、叔伯、兄長等	媒人、父母、叔伯、伯母、嬸嬸等	媒人、父母、朋友等	×	介紹人、父母、朋友等	×
	地點		女家	女家				
	磧茶盤		○	×				
交往		×		×	書信或一般往來		由一般朋友發展至男女朋友	交往較深入
查家門	女方參加人員	×	母親、阿姨、伯母等	父母、叔伯、伯母、嬸嬸等	大部分已省略	×	×	
	目的		實際查看男家環境	拜訪作客				
開婚	提親者	媒人		媒人	媒人	現成媒人	介紹人或男方父母	現成媒人或男方父母
	討八字	將八字置於灶君前三日		將八字置於灶君前三日	同左但形式化	×	×	
合八字		○		○	未合八字，只看日		未合八字，只看日	
議聘		隨男方給定		告知媒人親戚數，其餘隨意	告知媒人喜餅數，其餘隨意		告知男方喜餅數、金飾	

註：○表示有該項儀式，×則省略

資料來源：《屏東客家婚俗變遷之研究——以六堆中區為例》，頁70。〔註115〕

〔註115〕劉薇玲：《屏東客家婚俗變遷之研究——以六堆中區為例》（臺南：國立臺南

2. 過定

「過定」，又稱作「過聘」。〔註116〕傳統上，準新郎不親自前往女家定親，一切事宜皆交由媒人代為辦理。媒人和且郎等人代表男方前去女家送禮，〔註117〕女方如無異議，接受聘禮，則表示婚約完全成立。「過定」時，由男方備妥禮金禮品，分別放於㭒及籮篙裡，〔註118〕由媒人帶領且郎，將禮物扛送至女家。女方父母收下聘禮後，隨即將㭒（包含所有禮金物品）置於祖先神案上，並焚香祭告祖先。祭畢，女方父母打開男方贈與媒人的紅包探看金額，再包一份媒人禮（金額是男方的一半），〔註119〕連同男方的紅包一併贈予媒人。禮成，鳴放炮竹，由準新娘斟茶並切餅招待媒人等一眾親友。隨後，女方設午宴招待男方代表及自家親朋好友，並贈與且郎紅包（金額是男方的一半），並將回敬男方的禮品，置於原來的㭒及籮篙中，讓且郎帶回。男方離開後，女方即分餅給親友鄰居，告知定婚的喜訊。收到喜餅的親戚須準備金飾或一筆數目較大的紅包，於結婚前數日贈與新娘，當作新娘添購嫁妝的費用。「過定」之後，男方還須依照二人的生辰八字再請擇日師挑選結婚吉日。〔註120〕通常擇日師會提供二、三個時間以供男方選擇，富有人家經濟能力佳，多挑近日，〔註121〕普通或窮困家庭則須等待農作收成後，才有寬裕的經濟能力辦理婚事，因此多選擇遠日完婚。〔註122〕

第一時期的「過定」，在當時表示婚姻已成立，女子是男方家的一份子，不能悔婚，否則將會遭到鄰里鄉親的恥笑，而影響自身的聲譽，同時，男女雙方在「過定」後也未再見過面，直到「親迎」當日，雙方才二度見面；第二時期

師範學院鄉土文化研究所碩士論文，2003 年）。

〔註116〕過定、過聘，音 go tin、go pin∨。

〔註117〕且郎：男方陪同娶親的主事或幫忙抬禮、拿彩旗或提燈前往女家的一眾兄弟、親友，音 qia∕　　long∨。

〔註118〕㭒：方言用字，客語音近似國語「倉」讀音，早期為無蓋的淺木箱，後來發展成加深的木箱，音 cang。
籮篙：又稱「謝籃」，客語音 lo∨ gag∖，是一種較輕的竹製提籃，常用來盛裝聘金、金香紙燭、板類、頭花等較輕的物品。篙，音ㄍㄜ∕（ge∕）。

〔註119〕過定時，男方會先致贈媒人一包紅包，以示感謝。待婚事完成後，另贈一包金額較大的謝媒禮給媒人。

〔註120〕早期農村經濟狀況不佳，再次詢問擇日師八字者多半為經濟狀況較佳的家庭。

〔註121〕近日、遠日：完婚日臨近過定稱為近日，遠日反之。

〔註122〕劉薇玲：《屏東客家婚俗變遷之研究——以六堆中區為例》（臺南：國立臺南師範學院鄉土文化研究所碩士論文，2003 年），頁 27～30。

與第一時期不同的是，過定之後男子可以常去女家，但是大部分的受訪者表示，他們多半是邀約朋友或自己的兄長作伴，而不敢獨自前去，且到女方家造訪的次數也是屈指可數，此時期雖有悔婚的例子，但仍佔少數。但若是男女雙方皆為上班族或高學歷者，可能因思想較開放，而有相約在外郊遊、看電影的情形。到了第四時期，「過定」已被普遍稱為「訂婚」，由於男女交往頻仍、性觀念開放以及社會約束力的薄弱，訂婚只能算是彼此的婚約，不具法律的正式意義。民國 50 年代以前，新郎並未親自前往女家訂親，多半交由媒人代為處理。50年代以後，準新郎偕同父母及親友一同前往的風氣才開始盛行，這表示民國 50年代前後，男方參與過定的成員結構開始改變，客家傳統的過定之禮也不再堅守舊制。交通工具也從步行的方式逐漸轉變成代步工具，從 40 年代末的三輪車、腳踏車轉變成 50 年代至今的轎車（表 2—2）。〔註 123〕

表 2—2：過定儀式之比較

時間 儀程	民國 30～45 年（第一時期）		民國 45～60 年（第一時期）	民國 60～75 年（第一時期）		民國 75～90 年（第一時期）	
	光復前	光復後		媒人介紹	自由戀愛	媒人介紹	自由戀愛
男方參與過定的人員	媒人、且郎		媒人、新郎、父母、親屬等	媒人、新郎、父母、親屬等		新郎、父母、親屬、朋友等	
交通工具	步行		三輪車、腳踏車或轎車	轎車		轎車	
祭祖	○	○	○	○		○	
贈媒人禮	○	○	○	○		×	
打紙炮	×	○	○	○		○	
掛金指	×	×	×	○		○	
扛茶招待	○	○	○	○		○	
女家設午宴	×	○	○	×		○	
回禮	○	○	○	○		○	
過定後雙方的往來情況	兩人未再見面，直到親迎當日		男子可去女家拜訪，但次數少	男女相約在外，且次數增多		往來十分頻繁，男女關係較深入	

〔註 123〕劉薇玲：《屏東客家婚俗變遷之研究——以六堆中區為例》（臺南：國立臺南師範學院鄉土文化研究所碩士論文，2003 年），頁 74～75。

時　間 儀　程	民國 30～45 年 （第一時期）		民國 45～60 年 （第一時期）	民國 60～75 年 （第一時期）		民國 75～90 年 （第一時期）	
	光復前	光復後		媒人介紹	自由戀愛	媒人介紹	自由戀愛
意義	女子成為男家一份子，不能悔婚		同左，但有悔婚例子	同左，但有悔婚例子		訂婚已不具社會約束力	

註：○表示有該項儀式，×則省略。

資料來源：《屏東客家婚俗變遷之研究——以六堆中區為例》，頁 73。〔註124〕

3. 送日子

　　客語作「送日仔」，〔註125〕又稱作「送日課」、「送日頭」、「報日」，即所謂「完聘」。連同吉日課、親家帖、紅包兩包（開剪錢、開面錢），〔註126〕及少許的散糖或糕餅置於籮篙中，再請媒人送至女方家，以告知結婚佳期。女家則準備簡單的茶水招待媒人，並將男方贈送的糕餅分贈一些給媒人。此外，男方也會贈送媒人一小份紅包以示感謝。較為講究的家庭會將吉日課、帖子及紅包放於鐵盒中，並用紅色方巾包裹，以表慎重。貧窮家庭多半只準備聘金及吉日課，而無其他的禮金物品。民國 50 年代以後，媒人多有將男方預備給新娘的皮箱及大臉盆，〔註127〕一併送去女家，以省去奔波兩家之苦。〔註128〕

　　「送日子」名稱約於民國 70 年代末期以後逐漸消失，媒人所需攜帶的物品逐漸在減少。第三時期，已有將開剪錢與開面錢合併於過定禮金的現象，媒人只需攜帶吉日課、皮箱及面盆至女方家。第四時期，男方已將結婚所需

〔註124〕劉薇玲：《屏東客家婚俗變遷之研究——以六堆中區為例》（臺南：國立臺南師範學院鄉土文化研究所碩士論文，2003 年）。

〔註125〕送日仔，音 sung　ngid＼　e＼。

〔註126〕吉日課：特定格式的文書表單，事先請算命師或擇日師擇定，吉日課上寫著納采送聘、安床、修面、迎親、拜堂、進房等時辰，以紅紙袋裝。
　　　　親家帖：男方邀請女方父母於結婚當日來參加喜宴的帖子。
　　　　開剪、開面錢：新郎送予女家，作為新娘製作新嫁衣與挽面的費用。

〔註127〕民國 50 年代以前，媒人另於婚前二日將皮箱及大臉盆送至女家，男方須出贈媒人紅包，有些家庭為節省開銷，便遣自家人送過去。皮箱用來給新娘放置衣物，將來隨著嫁妝帶至夫家。大臉盆則是預備給新娘放置贈與男方親友與自身晚輩的鞋品用。

〔註128〕劉薇玲：《屏東客家婚俗變遷之研究——以六堆中區為例》（臺南：國立臺南師範學院鄉土文化研究所碩士論文，2003 年），頁 30～31。

的吉日課，於過定時連同其他禮金物品一併呈送，而皮箱及大面盆也已改由男方家人送至女家，「送日子」名稱亦隨之消失。早期送日子常用籮簍來盛裝物品，由於第二時期增加了皮箱與面盆等重物，不再使用籮簍，此後已不復見（表2—3）。〔註129〕

表2—3：送日子儀式之比較

時間 儀式	民國30～45年（第一時期）	民國45～60年（第一時期）	民國60～75年（第一時期）	民國75～90年（第一時期）
媒人攜帶至女家的物品	吉日課、帖子、剩餘聘金、開剪錢、開面錢、散糖、糕餅	吉日課、帖子、剩餘聘金、開剪錢、開面錢、皮箱、大面盆	吉日課、皮箱、大面盆	×
盛裝的器具	籮簍	×	×	×
攜過定後至親迎的間隔時間	約半年至二年	約半年至一年	約三個月至半年	半年內

註：×表示省略。

資料來源：《屏東客家婚俗變遷之研究——以六堆中區為例》，頁83。〔註130〕

4. 親迎

婚禮最重要的環節，男方稱為「討姐仔」；〔註131〕女方則是「行嫁」，〔註132〕婚禮所須進行的儀式相當繁複。事前的準備工作亦是，加上男女雙方各有不同的儀式須進行。因此，分為親迎前的男方和女方、親迎當日及親迎後三部份來作說明：

（1）親迎前

　　i. 男家準備事宜

　　（i）安床：婚期挑定以後，準新郎的母親會請一位好命人來「安床」，

〔註129〕劉薇玲：《屏東客家婚俗變遷之研究——以六堆中區為例》（臺南：國立臺南師範學院鄉土文化研究所碩士論文，2003年），頁83～84。
〔註130〕劉薇玲：《屏東客家婚俗變遷之研究——以六堆中區為例》（臺南：國立臺南師範學院鄉土文化研究所碩士論文，2003年）。
〔註131〕討妻子，音 toˋ jiaˋ eˋ。
〔註132〕行嫁，音 hangˇ ga。

較講究的家庭甚至請擇日師來看方位。「安床」時，一般都會點三支清香，並向外面先拜天公、玉皇大帝等，再拜請床公、床婆並唸以好話。事後，男方父母須贈予行禮者紅包。床的位置除了須依吉利方位擺放，同時忌與桌角、衣櫃相對，安置後亦忌諱再次搬動。有些人甚至安排一位生肖屬龍或與新娘生肖不相沖的小男孩在床上翻滾，以求生男胎。當天晚上，新郎須和一位未婚男子（如新郎的弟弟或姪兒等）同睡，不能獨睡，蓋因忌諱「單」或「空房」。

（ii）淨身：「親迎」前一日傍晚，新郎須以圓叛花、雞冠花、樹蘭花等含有種子的花及芙蓉葉、艾草、二顆帶殼的熟蛋，放在水中以沐浴淨身。其中，花和芙蓉表示將會「富貴好命」；艾草是用來淨身辟邪；蛋則含有「早生貴子」（出好子）及婚姻圓滿之意，新郎洗完身後要將蛋去殼，以表示脫胎換骨，猶如人生新的開始。

（iii）敬祖、拜神：敬祖以「敬外祖」為主，整個祭拜對象的順序為：阿婆娘家的祖先（外曾祖）→母親家的祖先（外公家）→本村的伯公→附近大廟→還神。「敬外祖」需請樂隊、彩旗前導，並將牲禮、酒水等敬物以櫨抬送，以表慎重。參與「敬祖」的人員多為新郎及其男性至親，一般而言，女性是不參與「敬祖、拜神」的活動。原因有二：一是因為結婚前一天諸事繁忙，女性成員需留在家裡張羅打點，負責準備牲禮敬物，其餘皆交由男性成員執行。二是由於女性有生理期的限制，若逢月事來潮，則屬「不潔」，不能上廟堂，故敬祖、拜神多以男性為主。但是「還神」儀式在自宅前露天舉行，較不受限制，且為家族大事，男方家人及其至親都會前來參加，但是祭拜時仍以男性列於前排，女性列於後排。

（iv）送阿婆肉及阿公桌：男方遣人於婚前一、二日將阿婆肉（生豬肉一塊）及阿公桌（豬隻）送至女家，再由女家將阿婆肉送給新娘的外阿婆，即新娘的母舅家。母舅收禮之後也會回贈新娘一塊價值大約兩錢的八卦金箔，至於阿公桌則用作女方宴客用的材料。

（v）其他：準備男燈、青枝（龍眼枝或榕樹枝），僱請轎子、吹鼓樂，聯絡鄰居親友幫忙殺雞宰鴨，向廟方借宴客用的桌椅，及打掃佈置家屋等事宜（表2—4）。

表2—4：男方於親迎前儀式之比較

時間\儀式	民國30～45年（第一時期）		民國45～60年（第一時期）	民國60～75年（第一時期）	民國75～90年（第一時期）
	光復前	光復後			
安床	好命人		好命人	好命人	家屬或親戚
送「阿婆肉」	×	○	○	×	×
送「阿公桌」	×	豬半隻	豬一隻	×	×
敬外祖	○		○	○	○
敬內祖	○		○	○	○
拜神	○		○	○	○
還神	×	○	○	○	△
淨身	○		○	○	△
其他	僱轎及吹鼓樂、聯絡親友幫忙婚宴、打掃佈置家屋		僱請吹鼓樂、安排禮車、印喜帖、聯絡親友幫忙婚宴、打掃佈置家屋	安排禮車、印喜帖、訂酒席、清掃佈置家屋	同左
過定後雙方的往來情況	兩人未再見面，直到親迎當日		男子可去女家拜訪，但次數少	男女相約在外，且次數增多	往來十分頻繁，男女關係較深入

註：○表示有該項儀式，×省略，△不一定。

資料來源：《屏東客家婚俗變遷之研究——以六堆中區為例》，頁85。〔註133〕

ii. 女家準備事宜

（i）置辦嫁妝：新娘的父母通常將男方所贈送的聘金，作為女兒置辦嫁妝的費用。嫁妝隨個人經濟能力的不同而呈現個別差異，但多為家具用品、日常生活用品或工作用具等。

（ii）開面（挽面）：女方家請一位好命人或職業開面師，依吉日課時辰為新娘挽面。新娘開面時須坐向吉利方位，完成後新娘贈予好命人紅包。

〔註133〕劉薇玲：《屏東客家婚俗變遷之研究——以六堆中區為例》（臺南：國立臺南師範學院鄉土文化研究所碩士論文，2003年）。

（iii）開剪：女方依吉日課時辰請一位好命人為新娘開剪新布料，並唸好話，新娘則出贈紅包。

（iv）租禮服：新娘於結婚前數週須至禮服店挑選禮服，結婚當日再由化妝師將禮服帶至新娘家，其承租禮服的費用全由男方支付。

（v）淨身：同男方。

（vi）上妝：民國 50 年代以前，新娘在結婚當日多半是自己梳頭、化妝（只點胭脂），有錢人家才請化妝師至家中為新娘化妝。50 年代以後，新娘多於結婚前一天至美容院梳頭。結婚當天早上，另請一位化妝師（禮服店所僱）至家中為新娘上妝並穿戴禮服。

（vii）其他：準備女燈一對、子婆雞一隻、紅包數份、招待賓客用的茶水、甜點等，及贈送伴娘（送嫁仔）的毛巾、香皂等禮物，另外如紅粄、甜茶、頭花二盤，以備「邏三朝」時用（表 2─5）。

表 2─5：女方於親迎前儀式之比較

時　間 儀　式	民國 30～45 年 （第一時期）	民國 45～60 年 （第一時期）	民國 60～75 年 （第一時期）	民國 75～90 年 （第一時期）
置辦嫁妝	○	○	好命人	家屬或親戚
開面	好命人	好命人	好命人、職業開面師或新娘母親	×
開剪	好命人	好命人、準新娘或家屬	×	×
租禮服	○	○	○	○
淨身	○	○	○	△
上妝	準新娘	美容師、化妝師	美容師、化妝師	婚紗店設計師
其他	女燈一對、子婆雞一隻、紅包數份、招待賓客的茶點、伴娘的禮物、邏三朝物品	同左	同左	同左，但無邏三朝物品

註：○表示有該項儀式，×則省略，△不一定。

資料來源：《屏東客家婚俗變遷之研究──以六堆中區為例》，頁 89。〔註 134〕

〔註 134〕劉薇玲：《屏東客家婚俗變遷之研究──以六堆中區為例》（臺南：國立臺南師範學院鄉土文化研究所碩士論文，2003 年）。

（2）親迎當天，男方須準備牲禮、酒二瓶（酒頸上繫著酒甕錢）、香煙二條、檳榔兩盤、糖二盒、金香紙燭、鞭炮兩串（以上禮物全用兩個大籮篼盛裝），以便女家祭祖用。親迎當天的儀式流程說明如下：

i. 起媒：早期稱為「浸露水」，〔註135〕迎親隊伍要出發前，新郎手持放有香（二或六支）及紅包的禮盤，恭請媒人先出發。媒人先行出發至女家催妝，轎車尚未普遍時，媒人以步行的方式至女家，民國50年代以後，迎親多改用轎車，媒人則和迎親隊伍同時出發。媒人坐前座，新郎坐後座。

ii. 迎親：迎娶隊伍出發前往女家迎親。民國40年代中期以前新郎不親迎，由媒人及新郎兄弟代勞，其隊伍順序大約為：拖青——男燈——新娘轎——扛檻。〔註136〕但是富有人家仍然行親迎之禮，甚至以車代步，新郎乘坐禮車，迎親隊伍及樂隊則乘坐小貨車。一般行親迎禮者，多半會使用彩旗，並僱請吹鼓樂隊助陣，無親迎者則無。民國50年代以後，新郎多親自前往迎娶，且拖青的青枝亦改綁在彩旗上，並將彩旗插於車子兩邊，其隊伍順序為：彩旗——樂隊——男燈——禮物——禮車，回程時加上女燈及嫁妝。迎娶隊伍出發時，男家即刻鳴放紙炮，當隊伍抵達女家時，女方家人亦打紙炮迎接，並遣一名男童，手持放有香煙的禮盤，恭請新郎下車。

iii. 打紙炮、拜轎門：迎娶隊伍出發時，男家即刻鳴放紙炮，當隊伍抵達女家時，女方家人亦打紙炮迎接，並遣一名男童，手持放有香煙的禮盤，恭請新郎下車。

iv. 祭祖：女方父母接過男方送來的祭祖敬物後，將之供於神案上，以焚香昭告祖先，並請新郎、新娘一同祭拜，若新郎未親迎，則新娘由好命人扶出廳堂，與雙親一同祭祖。

v. 辭別父母：新娘點頭辭別父母，此時，新娘的父母親會叮嚀新娘今後要服順公婆、丈夫等話，

vi. 上轎：新娘上轎前幾乎不吃東西、不喝水，以免迎娶中途想上廁所，

〔註135〕浸露水，音 jim lu sui﹨。

〔註136〕迎娶當天，男方遣一名男子手持一株連枝帶葉的龍眼枝（取多子多孫）或榕樹枝、檳榔枝等，青枝的兩端圍以紅紙，並於枝幹尾端繫一塊豬肉，列於迎娶隊伍前端，謂之「拖青」。其用意是要弔祭路旁的邪神妖魔，避免婚事被破壞。迎娶之後，必須將青枝懸掛門口或拋於屋頂，不可隨意丟棄，否則不敬。

橢圓形的燈籠，燈上寫有「世代興旺」、「百年好合」等吉祥語詞，及男家的姓氏堂號，表示某姓氏人家前去迎親。

並且要先在房裡踢尿桶三下，希望一整日都不會有尿意。新娘上轎須依吉日課時辰，同時要攜帶二支紙扇（一新一舊）入轎，此時，新娘的母親會在轎內放入一隻子婆雞，〔註137〕並以紅紙封住轎門，避免新娘於途中見到喪事。

vii. 潑水、擲扇：新娘轎出發時，女方家人或好命人會向轎頂潑灑竹葉水，並輔以「好命富貴」、「好命得人惜」等好話，希望嫁出去的女兒如潑出去的水，永遠不要大歸，亦代表女兒今後將和夫家和睦相處，不輕言離開歸來。啓轎後，新娘往外擲出舊扇子，由潑水者將之撿起，並打開搧風，口念「有來有去」，表示新娘日後還能與娘家的人有來有往，時常保持聯絡，或說「善留娘家」。舊扇擲出亦表示新娘從此摒棄舊習；新扇帶往夫家，則代表新娘新氣象。

viii. 食朝：迎親隊伍離開後，女家隨即開桌宴請自家夥房人等至親好友吃早宴。

ix. 打胭粉：迎親隊伍抵達男家時，轎子須依吉利方位擺放。媒人在新娘未進門前先拿胭脂粉此外，媒人還會將粉灑一些在水缸中，表示男方一家人喝了水，將和新娘結下善緣。

ix. 拜轎門：下轎吉時一到，媒人便帶領一名男孩，手持著放有香煙或糖的禮盤，恭請新娘下轎，新娘須出贈該名男孩紅包。

x. 邏三朝：轎子抵達男家後，隨即回女家載新娘的母親及最小的弟弟，新娘的母親並準備花一盤（約四、五十串）、紅粄一盤（二、三十個）及甜茶一罐贈送男方，男方喝完了甜茶也須回敬一罐。媒人則將女方送來的花拿去插在男家的女性親戚頭上，以沾染新娘的喜氣。而男家則將女方送來的紅粄放於祖先神案前時，有些惡作劇的親戚會藉機將紅粄扒開，意謂著新娘的嘴巴猶如被扒開的紅粄，大而多嘴，藉此先下馬威，教訓新娘日後切勿多嘴。因此，女方家會派人看守桌上的紅粄，即使被扒開了，也要趕緊將其合上，以免被人恥笑。

xi. 過米篩：新娘由好命人攙扶步下轎門，好命人一手牽引新娘，一手高舉著米篩，爲新娘覆頭遮天，因爲習俗上認爲結婚當天以新娘神最大，爲避免觸犯天神，所以用米篩遮日。新娘緩緩步入男家大廳，此時新娘的婆婆和

〔註137〕新娘將出嫁時，新娘的母親會在轎中（新娘座位下）置入一隻雙足束有紅帶的「子婆雞」，待迎親隊伍抵達男家後，男方家人會將此雞放於新娘房內，稍晚再拿到外面放，用意是希望新娘早生貴子。因爲早期的人相信母雞會帶子來，因此稱之爲「子婆雞」。

姑嫂皆避而不見，俗稱「避煞」。原因是怕被新娘神沖到而造成日後不合。

xii. 進房：新娘進入男家廳堂後，由媒人帶引入洞房，此時媒人便說：「新娘入間，媒人脫圈（結束）」，表示媒人工作告一段落。新娘房內禁止肖虎者及生肖與新娘相沖者進入，以避免造成新娘日後不孕。入新娘房者也禁止坐床，因此，床上通常擺滿面盆、皮箱、棉被等嫁妝，以防止賓客坐床。

xiii. 坐褲：〔註138〕新郎、新娘進房以後，好命人遂在椅子上放一條長褲，褲中央放有錢幣，並請新郎坐褲頭，新娘坐褲尾，隨口唸道：「一坐即富」或「好命富貴」。

xiv. 剪卵：新人坐褲時，好命人端出兩碗蛋（每碗各放兩顆去殼的熟蛋），分別請新郎、新娘用筷子將蛋剪破。此時，好命人會唸以吉祥話，新郎則須贈與好命人紅包。

xv. 拜祖：祭祖吉時一到，新人便至大廳祭拜祖先，此時，一旁的男方長輩會唸以四句聯等吉祥話，同時，新郎的父母亦焚香昭告自家祖先，請求祖先庇祐。祭祖結束後即舉行喜宴。

xvi. 宴客：時間多訂在中午，地點則是設在三合院前的曬穀場（禾埕）。宴客的菜色一般是男方主婚人親自採買，並請鄰居親友於親迎前數日來幫忙殺雞宰鴨，而當日另請一位外燴廚師來烹煮。若委託廚師買辦，則須給予買菜錢，宴畢，男方主人通常會另贈廚師一包紅包。宴客時，女方來的親戚、且郎都被奉為貴賓，並坐於上桌，其菜色也會多加四至五樣。此外，男方會特別派遣一人端熟蛋一碗（含蛋兩顆，表示兩家和合、婚事圓滿）去敬邏三朝來的岳母，同時，岳母也會回贈兩包紅包。（一包給端蛋者，一包給煮蛋者）喜宴中途，新郎多由父母或且郎陪同向賓客敬酒，而新娘通常待在房內，並由一人端飯菜進去給新娘吃。宴客完畢，有些賓客會進去新房看新娘，因此，新娘還需準備一些糖果給進來的訪客吃。

xvii. 扛茶：宴畢，男家的至親之友會留下來，並坐於廳下等喝新娘茶。此時，新娘在好命人的帶領下一一扛茶招待。受茶的長輩於新娘收茶杯時，皆須向新娘說句好話，並放紅包磧茶盤相謝，若男家家族龐大，則扛茶可能須歷時二巡或三巡。扛茶完畢後，新娘多將紅包放在米斗中（象徵富有），再拿去孝敬公婆，而大部分公婆因顧及新人剛歷經一筆婚事花費，多全數退還。

〔註138〕客語褲子發音近似於富貴的富。

xviii. 進燈：進燈儀式多由新郎的母舅和伯父行掛燈禮，同時，主婚人會請一位先生（擇日師或算命師）或好命人來主持。進燈時必輔以吉祥話，進燈進完，眾人即拍手、鳴炮，結束進燈儀式。

xix. 謝媒：進燈儀式結束後，新郎、新娘向媒人行禮道謝，並同持一禮盤，上放六支香煙及一包紅包，贈於媒人以表達感謝之意（此「謝媒禮」的金額比過定時贈送的媒人禮多）至此完成親迎之禮。

結婚當晚，新娘的一切需要皆由男方家人（小姑或嫂嫂）為其服務，凡是為新娘服務者，新娘皆須出贈紅包以相謝。第二天，新婦雖不用做家事，但須很早起床，並在廚房的灶上放一份紅包給當日下廚的人（婆婆或小姑），以表歉意，因為他未能為這個家準備這一天的三餐，隨後並與夫婿同拜祖先。公婆起床後，須打水給予洗臉，並泡茶給公婆及來訪的親戚喝，此時，公婆也會回贈新婦紅包。第三天，新婦須親自下廚、洗衣，正式成為男方家的一分子，並開始分擔家事勞務。當日下午，新婦要為全家人備好洗澡水，並在浴室外擺放拖鞋。表示今後將負起家庭主婦的責任，照顧這一家的生活起居。〔註139〕

第一時期，新郎多半不親自前往迎娶，而由家人代勞。原因是行親迎禮者要贈送女方全豬一隻，並聘請樂隊、迎娶轎等，需要不少開銷，因此只有富有人家才行親迎禮。民國40年代末期，由於受經濟因素或其他文化的影響，新郎親迎的風氣才開始盛行。潑水儀式的執行人員也由好命人逐漸改為新娘的親戚、家人。第四時期以後因圖方便之故，大部分改由新娘的母親負責，潑灑的水也由竹葉水改成清水，因此，潑水儀式雖仍傳承，但其行使的內容及角色已改變。「進房」與「祭祖」的流程也稍有改變，舊俗是先進房再祭祖，第四時期則相反，原因是由於以前的人迎娶時辰極早，新娘至男方家後距離祭祖仍有段時間，且新人出大廳祭祖仍須依照吉日課時間，新娘多半是先進房休息再出廳祭祖。近來因結婚距離拉長，新娘至男方家時，多已接近午宴時間，加上祭祖已無嚴格遵守吉時吉刻，大部分新娘是先祭祖再進房（表2—6）。〔註140〕

〔註139〕劉薇玲：《屏東客家婚俗變遷之研究——以六堆中區為例》（臺南：國立臺南師範學院鄉土文化研究所碩士論文，2003年），頁31～42。

〔註140〕劉薇玲：《屏東客家婚俗變遷之研究——以六堆中區為例》（臺南：國立臺南師範學院鄉土文化研究所碩士論文，2003年），頁85～97。

表 2—6：親迎儀式之比較

時間 儀式	民國 30～45 年（第一時期）		民國 45～60 年（第一時期）	民國 60～75 年（第一時期）	民國 75～90 年（第一時期）
	光復前	光復後			
巡露水	媒人先出發		媒人和迎親隊伍同時出發，但新郎要持禮盤請媒人上車（起媒）	同左（起媒）	同左（起媒）
迎親	順序：拖青、男燈、扛檻、新娘轎（新郎不親迎）		彩旗、男燈、樂隊、檻、禮車（新郎親迎）	彩旗、男燈、禮車、〈樂隊〉（新郎親迎）	男燈、禮車（新郎親迎）
打紙炮	×	○	○	○	○
祭祖	○		○	○	○
辭別父母	○		○	○	○
上轎	轎內放子婆雞		轎內或車內放子婆雞	車內放子婆雞	子婆雞放其他車上
潑水	好命人		好命人或自家親戚	家人或親戚	家人
擲扇	○		○	○	○
食朝	○		×	×	×
打胭粉	胭脂粉		胭脂粉	面油	×
拜轎門	○		○	○	○
邏三朝	○		○	新娘家人尾隨迎親隊伍出發	×
過米篩	○		○	○	○
進房	○		○	○	先拜祖再進房
坐褲	○		○	○	×
剪卵	剪破，白蛋		攪拌，白蛋	攪拌，紅蛋	攪拌，紅蛋
拜祖	○		○	○	拜祖、進燈同時舉行
宴客	○		○	○	○

時間　　儀式	民國30～45年（第一時期）		民國45～60年（第一時期）	民國60～75年（第一時期）	民國75～90年（第一時期）
	光復前	光復後			
照相	×		祠堂（廳下）前	自宅前	自宅前
扛茶	×	○	○	○	○
進燈	○		○	○	併入祭祖儀式
謝媒	○		○	○	×

註：○表示有該項儀式，×則省略，〈　〉表示省略該項目者佔受訪者樣數一半。

資料來源：《屏東客家婚俗變遷之研究——以六堆中區為例》，頁96。〔註141〕

5. 轉門

「轉門」即「歸寧」，回娘家之意，依照習俗，轉門多選擇在三的倍數天，例如在婚後第三、六、九或十二天，或依吉日課上所書的時間來決定。轉門當天是由新娘的弟弟來探請新娘回門，若新娘無小弟，可由妹妹或外甥代替。此時，男方父母會贈與妻舅紅包，若新娘的弟弟年紀尚小，則新娘的公婆會將紙鈔摺成扇花，用紅繩串成一串，一如項鍊，掛在頸項上，並準備糕餅、冬瓜片等當作禮物，讓新娘、新郎帶回家。新娘回家後需發給自己的父母和弟弟、妹妹等各一包紅包，娘家的父母也會親自招待回門的女兒、新婿及自家夥房人吃午餐。用完餐後，新娘則陪同新郎扛茶招待親友，讓新郎藉機認識女方家的親戚。

下午，女方父母會催促女兒在黃昏前回婆家，深怕女兒在娘家逗留太久會惹得公婆不悅。同時，娘家會準備一些禮物讓新娘帶回，主要以發粄二十四個、紅甘蔗二支及帶路雞一對。其甘蔗須取連根帶葉的紅皮甘蔗，同時甘蔗的頭尾都要圈上紅紙，以象徵吉利。甘蔗帶回夫家後則切來吃，吃甜代表夫妻二人的情感甘甜如蜜。削完的蔗尾一般都拋至屋頂，不隨意拋棄，代表對婚姻的尊重。而帶路雞須取一公一母，意為雙雙對對，其雙腳皆束以紅繩或紅紙，主要是用來傳種，以象徵子孫繁衍之意。〔註142〕

〔註141〕劉薇玲：《屏東客家婚俗變遷之研究——以六堆中區為例》（臺南：國立臺南師範學院鄉土文化研究所碩士論文，2003年）。

〔註142〕劉薇玲：《屏東客家婚俗變遷之研究——以六堆中區為例》（臺南：國立臺南師範學院鄉土文化研究所碩士論文，2003年），頁42。

　　新娘轉門的時間，自第二時期以後幾乎已改爲婚後第二日舉行，因此，整個婚程的日數呈現縮短的現象，如此一來，女方家可利用結婚當日的吊飾（如喜幛）及擺設等，以省卻重新佈置的瑣事，同時也可以提早結束婚禮的相關工作，使新人早日進入家庭生活（表2—7）。〔註143〕

表2—7：轉門禮俗之比較

時間＼儀式	民國30～45年（第一時期） 光復前	民國30～45年（第一時期） 光復後	民國45～60年（第一時期）	民國60～75年（第一時期）	民國75～90年（第一時期）
時間	婚後三、六、九或十二天		婚後第二天	婚後第二天	婚後第二天
新舅探房	○	○	○	○	○
攜帶禮物	糕餅或多瓜片		糕餅	餅乾	禮盒
男方父母、親戚前去女家	×	×		近午時才前往	近午時才前往
新娘贈家人紅包	贈父母、弟弟或妹妹等家人	贈父母、弟弟或妹妹等家人	贈父母、弟弟或妹妹等家人		贈父母或未贈
午宴招待	新人、女家伙房人	新人、女家伙房人、男家至親		新人、新人父母、男家至親、女家至親、新娘朋友	新人、新人父母、男家至親、女家至親、新娘朋友
扛茶	×	○	○	○	家人
女家備禮回贈	甘蔗、帶路雞、發粄、糕餅	甘蔗、帶路雞、發粄		甘蔗、帶路雞、發粄或蛋糕	甘蔗、帶路雞、〈蛋糕〉

註：○表示有該項儀式，×則省略，〈　〉表示一部分人已省略該項目。

資料來源：《屏東客家婚俗變遷之研究——以六堆中區爲例》，頁102。〔註144〕

　　綜上所述，不難發現婚俗儀節的演變，與當時的生會經濟情況有很大關係，第一時期（民國30～45年）因社會經濟、政治處於不穩定狀態，使得婚

〔註143〕劉薇玲：《屏東客家婚俗變遷之研究——以六堆中區爲例》（臺南：國立臺南師範學院鄉土文化研究所碩士論文，2003年），頁103。

〔註144〕劉薇玲：《屏東客家婚俗變遷之研究——以六堆中區爲例》（臺南：國立臺南師範學院鄉土文化研究所碩士論文，2003年）。

俗儀節雖有簡化的現象，但整體仍呈現保守；第二（民國 45～60 年）、第三（民國 60～75 年）趨於穩定，婚俗儀節開始由儉入繁，同時受到西方文化的影響，出現了中西融合的婚俗特色；第四時期（民國 75～90 年）社會風氣轉為開放，較前三個時期婚俗產生了快速的變遷，逐漸以簡單快速為主，儀節上只剩下過定與結婚，年輕一代也已不大重視婚俗文化當中的內在意涵。而《屏東客家婚俗變遷之研究——以六堆中區為例》以時間為縱軸、婚俗儀式與器物為橫軸的比較法，則是本論文比較六堆地區婚姻禮俗變遷的重要參考來源。

　　其他與婚姻禮俗相關的專書還有陳運棟《台灣的客家禮俗》〔註145〕、黃有志《社會變遷與傳統禮俗》〔註146〕、周何《古禮今談》〔註147〕、周金水《禮俗通識：客家民風禮俗全書》〔註148〕、曾彩金總編纂《六堆客家社會文化發展與變遷之研究——第十篇：宗教與禮俗篇》〔註149〕；大陸地區客家婚姻禮俗的專書則有謝重光《客家文化與婦女生活：12～20 世紀客家婦女研究》〔註150〕、房學嘉主編《客家婦女社會與文化》〔註151〕、劉善群《客家禮俗》；論文方面則有莊金德於〈清代台灣的婚姻禮俗〉〔註152〕、廖素菊〈台灣客家婚姻禮俗之研究〉〔註153〕、羅煥光〈清末民初的台灣客家婚姻禮俗〉〔註154〕、向元玲《苗栗地區客家婚俗研究——以苗栗市、公館鄉、銅鑼鄉為例》〔註155〕、

〔註145〕陳運棟：《臺灣的客家禮俗》（臺北：臺原出版，1991 年）。

〔註146〕黃有志：《社會變遷與傳統之禮俗》（臺北：幼獅出版，1991）。

〔註147〕周何：《古禮今談》（臺北：萬卷樓圖書公司，1992 年）。

〔註148〕周金水：《禮俗通識：客家民風禮俗全書》（桃園：文大圖書，1993 年）。

〔註149〕曾彩金總編纂：《六堆客家社會文化發展與變遷之研究》（屏東：六堆文教基金會，2001 年）。

〔註150〕謝重光：《客家文化與婦女生活：12～20 世紀客家婦女研究》（上海：上海古籍出版社，2005 年）。

〔註151〕房學嘉、宋德劍、鍾晉蘭等：《客家婦女與社會文化》（廣州：華南理工大學出版社，2012 年）。

〔註152〕莊金德：〈清代台灣的婚姻禮俗〉，《臺灣文獻 第 14 卷第 2 期》（臺北：國立臺灣圖書館，1963 年），頁 4854～4855。

〔註153〕廖素菊：《台灣客家婚姻禮俗之研究》（臺北：中國文化學院家政所碩士論文，1966 年）。

〔註154〕羅煥光：〈清末民初的臺灣客家婚姻禮俗〉，《國立歷史博物館學報 第 2 期》（臺北：國立歷史博物館，1996 年）。

〔註155〕向元玲：《苗栗地區客家婚俗研究——以苗栗市、公館鄉、銅鑼鄉為例》（臺中：國立中興大學中國文學研究所碩士論文，2000 年）。

翁素杏《關廟地區婚俗研究》〔註156〕、邱曉玲《台灣高屏六堆客家傳統婚禮之研究》〔註157〕、陳智揚《茄萣地區婚姻禮俗研究》〔註158〕、劉煥雲《台灣客家婚姻禮俗變遷之研究》〔註159〕、陳霖《關西地區客家婚俗變遷之研究》〔註160〕、吳俞霈《屏東萬巒地區客家婚俗之研究》〔註161〕、江俊龍《東勢客語有關婦女婚嫁生產之生命禮俗詞彙的文化內涵》〔註162〕等數篇。

〔註156〕翁素杏：《關廟地區的婚俗研究》（臺南：國立臺南大學鄉土文化研究所碩士論文，2003 年）。

〔註157〕邱曉玲：《台灣高屏六堆客家傳統婚禮之研究》（臺北：銘傳大學應用中國文學研究所碩士論文，2004 年）。

〔註158〕陳智揚：《茄萣地區婚姻禮俗之研究》（臺南：國立臺南大學台灣文化研究所碩士論文，2008 年）。

〔註159〕劉煥雲：〈台灣客家婚姻禮俗變遷之研究〉，《贛南師範學院學報 第五期》（贛州：贛南師範學院，2009 年）。

〔註160〕陳霖：《關西地區客家婚俗變遷之研究》（新竹：國立新竹教育大學環境與文化資源學系社會學習領域教學碩士班碩士論文，2010 年）。

〔註161〕吳俞霈：《屏東萬巒地區客家婚俗之研究》（高雄：國立高雄師範大學國文學系碩士論文，2013 年）。

〔註162〕江俊龍：〈東勢客語有關婦女婚嫁生產之生命禮俗詞彙的文化意涵〉，《103年度「客語詞彙的文化底蘊」專題研究計畫》（臺北：行政院科技部，2014年）。

第三章　六堆地區客家婚姻禮俗

　　閩、越、贛地區的客家族群雖在文化、風俗等習慣上受到當地土著居民的影響，但仍是屬於漢民族的一個支派，大致保留了中原地區的傳統古禮。而六堆地區的客家先民多來自有「客家大本營」之稱的廣東省嘉應州，由此推知，六堆地區客家婚姻禮俗大多承襲嘉應州當地的客家婚姻禮俗而來，[註1]最早甚至可追溯到周代定下的「六禮」。因此，本章在探討六堆地區客家婚姻禮俗時會先溯源至嘉應州地區的客家婚姻禮俗，再以本論文劃分為「第一時期」、「第二時期」與「第三時期」的田野調查資料為主，加以闡述，以期能透過縱向比較，進一步了解與嘉應州地區客家婚姻禮俗的差異，同時也有助於研究者發現三個時期間婚姻禮俗實行上的不同。

第一節　客家婚姻禮俗溯源

　　六堆地區的客家人多是嘉應州遷台先民的後裔，其婚姻禮俗的儀節、器物與習慣等也多承襲自該地區，對此，本節將透過清代溫仲和《嘉應州志》、張祖基《客家舊禮俗》以及黃釗《石窟一徵》等專書，針對清代嘉應州與周邊地區進行客家婚姻禮俗的溯源探討。由於客家婚姻禮俗在儀節名稱、實行步驟上與古禮略有不同，為便於對照，下文將以「六禮」為對應標準進行敘述。

〔註 1〕　「六堆客家人的祖先大都遷徙至廣東嘉應州……禮儀無論本質或形式大多沿襲原鄉古風。」
　　　　　曾彩金、張春菊編撰：《六堆客家地區祭拜入門》（屏東：屏東縣六堆文化研究學會，2004 年），頁 18。

一、納采

　　六禮中的「納采」是整套婚姻禮俗流程中的起始環節，客家人稱為「講親」、「看親」或「看細妹仔」，即男家請媒人向女家提親，女家同意後，男家派遣使者攜帶禮物到女家行聘，正式行求婚的儀節。

　　古代女子屆齡十五歲即算成年，此時家長會做米粉丸，分送親友，表示女兒長大成人，已可「講親」。有意願「合兩姓之好」的男家便可請媒人到女家看親，男方前往看親時需要帶上見面禮，《儀禮‧士昏禮》中就有「昏禮，下達，納采用雁」的記載。〔註2〕唐、宋以後逐漸改為錢幣、酒饌等取得方式較為便利的物品作為禮品。

　　《嘉應州志》提到，客家男子前往女家看親前，須由媒人安排看親日，先行通知男女兩家，並由男家主婚人具全帖，請媒人將放有拜帖的帖盒及禮品送到女家，分別拜候女家的內、外尊親。帖子包含全帖、婦人帖及盈門帖，禮品則是翠花一對、石榴、狀元紅、柏樹葉以及糕餅十包，一併放入有蓋的紅皮盒子內。媒人抵達女家時，由女家父母親出門相迎，並將禮品放置於祖先牌位案前，以敬告祖先，告祖結束後，女方母親則打開盒子，取出禮品，放進女子的「年庚」。〔註3〕

　　年庚又稱「年生」，用十到十二面的紅紙全帖，摺疊成十面或十二面，帖面寫上福庚、琴瑟和鳴或鸞鳳和鳴等字與吉祥語，第三面則寫上男女雙方的出生年、月、日與時，合計字數務必成雙，如遇單數，女子可於生字前添加「瑞」字、男子則是「建」字，生字後加上大吉（圖3—1）。遞送年庚帖，代表雙方對於這段姻緣的重視與謹慎，同時也有不反悔之意。最後再請託媒人帶年庚、女方家族中輩份最高者以及答拜的盈門帖前往男家，「納采」禮至此完成。綜上所述，可見《嘉應州志》中記載的「納采」禮與傳統有所差異，當時已將「問名」中的「送年庚」過程包含進去。

〔註2〕〔先秦〕《儀禮》，韓碧琴：《儀禮鄭註句讀校記》（臺北：國立編譯館，1996年），頁54。

〔註3〕〔清〕溫仲和總纂：《嘉應州志》（臺北：成文出版社，1968年），頁128。

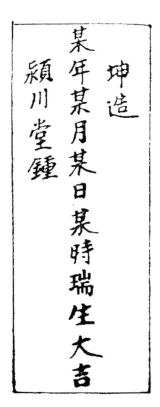

圖 3—1：年生寫法（以女方為例）

資料來源：《客家舊禮俗》，頁 87。〔註 4〕

二、問名

「問名」，客家人稱作「送年庚」、「送庚帖」或「送年生」，主要是詢問女方的姓名、家中排行、與出生年、月、日、時等個人資料，回家後將女方生辰庚帖連同清水置於祖先牌位或神案前，焚香點燭，以敬告祖先與神祇。〔註5〕由於清代嘉應州地區客家婚姻禮俗中「問名」有部分已併入「納采」禮，所以實際行「問名」時，僅以敬告祖先求吉兆為主。

三、納吉

倘若敬告祖先的三天內，家中諸事平安，並未發生口角、破財、疾病、

〔註 4〕　經詢問地理師後，研究者依據開頭「坤造」二字推測，此帖應是以女子為例，
　　　　　原文的用法「建」生有誤，應改為「瑞」生較為合理。
　　　　　張祖基：《客家舊禮俗》（臺北：眾文圖書，1986 年）。
〔註 5〕　〔清〕溫仲和總纂：《嘉應州志》（臺北：成文出版社，1968 年），頁 128。

摔破碗盤或牲畜受病等不祥徵兆，清水也未受到蜘蛛、蟑螂或壁虎等居家生物影響，男方便會進一步請算命先生「合八字」。合八字結果若是相剋，則男家會請媒人送回女方庚帖，表示兩家不適合、婚事不成；如果獲得吉兆，便攜帶禮品到女家報喜，稱為「納吉」。

《儀禮‧士昏禮》提及「納吉用雁，如納采禮」，〔註6〕可見自周代以後行「納吉」禮時以雁為禮品，其餘則與「納采」禮品相同。到了清代，嘉應州客家人行「納吉」禮時已不用雁，禮品則與「納采」大致相同，除了原有的拜帖、翠花一對、石榴、狀元紅、柏樹葉與糕餅十包外，還需加上銀釧一對、定儀金五十元、代儀金十元以及贈送媒人及女方兄弟姊妹的「然燭儀」兩包，當中分別放入二百元。女家收到這些禮物再次敬告祖先，取出男方送來的代儀、禮品等，並另外準備答拜禮以及拜帖。答拜禮有：充袍儀十元、靴一對、書經一部、筆四枝、墨二條、白扇二柄、糖圓二個、燈心二束、響炭二枚與飲榜二支，〔註7〕禮品均襯以紅紙或束以紅帶。〔註8〕充袍儀是裁製衣料用的代儀；書經、筆、墨象徵讀書認字之意，源於客家人崇尚文教的精神；糖圓以紅糖或黃糖搓揉而成，圓、緣同音，象徵親密有緣之意；燈心，客語燈、丁同音，象徵婚後人丁興旺；響炭則是期望男方婚後能做出一番轟轟烈烈的事業；長命草，取長命百歲之意。除此之外，還需另取早稻、粟、黃豆、綠豆與長角豆等五樣作物，用紅帖包覆，帖上書寫「五代同堂」，稱「五種」，以及腳上綁有紅帶的母雞一隻，稱「祖婆雞」，〔註9〕由女家請託媒人及男家使者帶回。

四、納徵、請期

六禮的「納徵」與「請期」兩項儀節雖是分開辦理，但在清代客家婚姻禮俗中已被合併統稱為「過聘」，又作「過定」、「做定」或「完聘」。古代納徵又稱為「納幣」，表示婚事已然談妥、成事。

〔註6〕〔先秦〕《儀禮》，韓碧琴：《儀禮鄭註句讀校記》（臺北：國立編譯館，1996年），頁58。

〔註7〕此植物原型已難考究，謝金汀《客家禮俗之研究》認為臺灣客家人因本地沒有「飲榜」才改用長命草。
謝金汀：《客家禮俗之研究》（苗栗，中華文化復興推行委員會，1989年），頁38。

〔註8〕〔清〕溫仲和總纂：《嘉應州志》（臺北：成文出版社，1968年），頁128。

〔註9〕即後來的「子婆雞」。

　　唐、宋以後，行「納徵」禮與「納采」、「納吉」不同處在於禮品不再用雁，而是改以玄纁裳一套、束帛「五兩」與儷皮兩張。《嘉應州志》則提及客家人「過聘」當日的禮品與「問名」相同，但女家不需回禮。「納徵」禮完成後，男家需請算命先生選定迎娶吉日，備妥婚書以及請期的拜帖，派人攜帶禮品再次前往女家徵求對方同意，即為「請期」。請期帖上註明該年迎娶的月、日與時，字數同樣需要成雙，迎娶日期最遲要在一個月前告知女家，以利籌備相關事宜，經媒人送至女家，徵得同意後才算正式定下（圖3—2）。女家如同意男方擇定的日期，則答拜回日帖，帖上寫有「謹（敬）依台命」（圖3—3），此時媒人便會再將回日帖送到男家，「請期」禮至此完成。請期帖、回日帖與年庚帖相同，皆以紅紙作為帖套，套面寫上吉祥語。〔註10〕

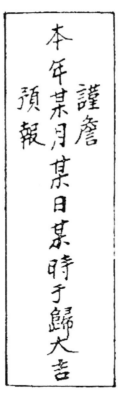

圖3—2：報日帖

資料來源：《客家舊禮俗》，頁89。〔註11〕

〔註10〕〔清〕溫仲和總纂：《嘉應州志》（臺北：成文出版社，1968年），頁129。
〔註11〕張祖基：《客家舊禮俗》（臺北：眾文圖書，1986年）。

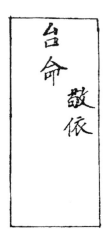

圖 3—3：回日帖

資料來源：《客家舊禮俗》，頁 89。〔註12〕

五、親迎

　　「親迎」是六禮中儀節最繁複、程序最瑣碎，同時也是最重要的一個環節。自周代以降（魏晉除外），行「親迎」禮當天，新郎受父母之命，先前往女家，女方父親迎於門外，祭拜女家廟堂後，乘新婦花轎（或馬車）回家成親。但《嘉應州志》提及「男不親迎，女有送嫁，或父母或兄弟伯叔送至壻家」，〔註13〕可見清代嘉應州地區客家人結婚時，男方並不前往親迎，多半委託媒人或男方兄弟前往代迎。因此，結婚當日所行儀節稱為「于歸」，而「于歸」又分為于歸前（男、女方）、于歸當天（正婚禮）與于歸後（婚後禮）。

（一）于歸前

1. 男家準備事宜

　　（1）安床：即鋪床，象徵準新郎與準新娘未來「長命富貴」、「早生貴子」，對男家而言是很重要的一件大事，婚事說定後，會請算命先生選定安床吉時。于歸前一天，則延請村內好命的老翁或老婦（必須是夫妻俱在且健全以及多子多孫者）依算命先生于歸吉課表上的吉時替新床掛上蚊帳、鋪上被褥，新床安置好後，便算「新房」，到新娘入門以前，須由新郎胞弟或晚輩男童陪同準新郎就寢，不能讓準新郎獨自留在房中。

〔註12〕張祖基：《客家舊禮俗》（臺北：眾文圖書，1986 年）。
〔註13〕〔清〕溫仲和總纂：《嘉應州志》（臺北：成文出版社，1968 年），頁 128。

（2）餪禮：于歸前一日，會派遣媒人點檢禮品，禮品包含充盆儀十元、告祖席儀四元、犒儀二元（犒賞工作者的紅包）與然燭儀兩封。除此之外，還有稱爲「餪禮十色」的十道菜色，分別是豬肚、魚、雞、鴨、魚圓、油魚、魚翅、海參、鮑魚、檳榔、〔註14〕蒟葉（後多改以茶、餅替代）以及豬一隻、陳酒一罈（罈手押肉十斤）。如準新娘的內、外祖母均健在，則須另外準備豬肉二份酬謝，稱爲「阿婆菜」，由男家派遣使者，頭戴垂纓帽，身穿長袍禮服，手持龍鳳燭，帶隊將禮品送至女家。惠州地區的客家人則有用「酒壺雞」（雞一隻、酒一瓶）祭祀女家祖先，同時也送女方舅父、祖母或長輩親戚每人一份的禮俗。

2. 女家準備事宜

（1）抬妝奩：即送嫁妝。「上頭」禮畢，準新娘回房換下禮服，女家主人祭祀祖先、神祇，女主人則檢視各項妝奩是否籌備齊全，隨後派人將妝奩抬到男家用以佈置新房。抬妝奩皆由女家的男性至親擔任，稱爲「且郎」或「親家郎」，而男家爲表謝意，便會贈予且郎紅包，稱爲「且郎錢」。〔註15〕

（2）上頭：即梳髻，又稱「上笄」、「襯腦」，《石窟一徵》提及「臨娶而始冠疑襯腦，即男子冠、女子笄之義」。〔註16〕古代女子多不剪髮，往往將頭髮梳成辮子，「上頭」便是將辮子盤起，表示已有婆家，即將出嫁之意。「上頭」禮於上午舉行，由女家主人延請好命婦人兩位，口頌讚辭爲準新娘行禮，並配合助嫁與具賀者一併進行。助嫁者由女性擔任，主要在準新娘行「上頭」禮時插上翠花、打點衣著與施胭脂粉，又稱「花腳」；具賀者則須餪贈準新娘豬肉，又稱「暫老」。結束後準新娘前往祭拜、敬告祖先自己即將出嫁。

（3）淨身：準新娘上午行「上頭」禮，下午則舉行「淨身」禮，象徵除去污穢與過往不好的脾性，出嫁後一切從新。行禮時，女家會將檳榔、早稻、長命草與雞蛋兩枚同煮，雞蛋給準新娘吃，水則用來「淨身」，並將煮過的檳榔取出，加上雄黃二塊一併放入紅色小袋，袋面用硃砂寫上「雙喜」，作用是讓準新娘出嫁時繫在身上，以驅除邪煞。

〔註14〕「俗婚禮聘物必用檳榔、蒟葉，即左思賦中扶留。」
由此可見，客家人嫁娶時以檳榔爲禮，在嘉應州地區已行之有年，並非臺灣地區平埔族遺俗。
〔清〕黃釗：《石窟一徵》（臺北：臺灣學生書局，1970年），頁167。
〔註15〕且郎：受主家差遣的男性親友，音 qia╱　long╲。
〔註16〕〔清〕黃釗：《石窟一徵》（臺北：臺灣學生書局，1970年），頁166。

（二）于歸當天

1. 請青：男家在親迎當日，會先派人攜帶金香尋找一棵青榕樹，祭拜後砍下一根較爲筆直的樹枝，稱爲「請青」。「青」指榕樹，意爲多子、長壽。榕樹枝帶回家後，須放置在堂上座椅，等待新郎著禮服出房後，以茶酒祭祀，稱爲「拜青」，隨後將茶酒灑在樹枝上。

2. 請媒人上轎：吉時一到，由轎夫抬綵轎入堂，男家主人帶新郎向媒人躬手作揖，請媒人上轎，啓程前往女家接新娘。前述提及，客家人迎娶時多不親迎，而由媒人或新郎兄弟代迎。

3. 迎娶：媒人上轎後，便可前往女家迎娶。中原地區客家婚禮的迎娶隊伍排序分別爲：（1）拖青，親迎隊伍最前面有一名男方隨從頭戴垂纓帽，身著長袍，手執青榕樹，去時向上仰舉，回程時則俯地拖拉，主要是爲消弭迎娶途中的煞氣；（2）鼓樂隊，即客家八音團；〔註17〕（3）玻璨綵轎，即新娘轎，去時由媒人乘坐；（4）藍呢大轎，即媒人轎，去時空著，回程才由媒人乘坐；（5）隊伍最後則是綵旗、新燈與涼傘。迎娶行列抵達女家後，女家主人出門迎接，宴請媒人及男家親戚。隨後，按吉課表上的時辰，媒人先乘藍呢大轎返回男家，新娘則著禮服、鳳冠，由好命婦人帶到堂前拜別祖先，並在新娘頭上插銀花，束紅綢綵帶，手持時憲書一本、古銅鏡一面，〔註18〕另備五道菜餚，大多爲魚、肉一類，稱作「五福菜」。

此外，出嫁過程時較爲特別的則是贛南與寧化地區的客家人。贛南客家人在新娘出嫁時由父親或舅父從臥房抱至堂前，站在米篩上拜別祖先，此時，新娘母親會將準備好的新飯，餵其一口，這口飯需含在嘴中，等出了村莊後才能吞下。寧化客家人則在新娘上轎前，先拜別祖先、父母及長輩，再與兄弟姊妹同桌吃飯，稱作「食姐妹飯」，並取一小撮米飯，用紅布裹起來，隨身帶到夫家，稱爲「分飯」，表示離開娘家而就夫家，另創家庭的意思。〔註19〕

4. 送嫁、進房：拜別祖先後，新娘由家中姑嫂姊妹帶出廳堂，由好命婦

〔註17〕八音，指客家八音，客家人特有的曲種，樂器分爲吹管、拉絃、彈絃與打擊四種。吹管樂器有：嗩吶、管（鳥嘟孔）、直簫或橫簫；拉絃樂器有小椰胡（二弦、殼子弦）、大椰胡（胖胡）、喇叭琴、二胡；彈絃樂器有揚琴、三絃、秦琴；打擊樂器則有單皮鼓、梆子、綽板、竹板、堂鼓、小拔、小錚鑼、小鑼與大鑼等。

〔註18〕時憲書即曆書，鎮煞用；古銅鏡有光明之意。

〔註19〕劉善群：《客家禮俗》（福州：福建教育出版社，1968年），頁63。

人扶持上玻璃綵轎，上轎時，新娘父母、伯、叔等長輩，會送金錢給新娘，安慰她不再哭，稱作「上轎錢」。由於新娘上轎後，沒有在中途下轎的規矩，因此新娘上轎前切忌喝水，女家也會準備冰糖等零食，讓新娘在路途中解饞，主要是讓新娘在中途不會因內急而下轎，隨後鎖上轎門「封轎」。此時，轎夫會用茶、酒灑向轎上槓索，並頌祝詞：「茶香酒香，子孫滿堂，百年偕老，永世其昌。」說畢，新娘便會賞給轎夫紅包，稱作「小心包」，用意在讓轎夫安份行事。綵轎啓程後，女方父親會用一碗清水潑向轎頂，意指女兒已經出嫁，成為夫家的成員，永遠不要「大歸」。

女家同時會遣兩婦人共抬大鏡及首飾箱，稱為「且娘婆」，婦人會將鏡面向著新人，箱外罩上紅緞，緞面繡有五彩的吉祥花，四角垂流蘇。女子出嫁後，由新娘兄弟一人坐小轎，稱為「送嫁舅」。送嫁行列途中如果遇上其他人家的新娘轎時，則會相互交換榕樹枝，稱為「易青」，藉此來消災避禍，因此，客家人不論迎娶或送嫁隊伍，最前面的一定是「拖青」。抵達男家後，將「青」拋上屋頂，新娘轎則抬至中堂，由媒人打開轎門上的鎖，再由二位好命婦人請新娘下轎，扶入新房。

5. 交拜、合巹；新娘由好命婦人帶入新房後，與新郎並排行交拜禮。桌上放有花燭二枝、燈架二枝與茶酒壺二只；花燭旁以石榴花、狀元紅以及柏樹葉等襯托；花燭下則有檳榔、蒟葉、糖圓、蓮子與茶葉等物。「交拜」結束後飲交杯酒，即「合巹」禮。此外，也有以蛋代酒的習俗，兩只碗中分別裝有一顆去殼染紅的雞蛋，新郎新娘各端一碗，先各吃一口，再交換吃，此時媒人須在旁說吉祥話。「合巹」禮成，新郎將新娘髮上的銀花、紅綢與隨身帶來的時憲書、古銅鏡等物，一併放於房帳頂上。

6. 拜堂：又稱「廟見」，新人在「合巹」禮完成後入廳堂祭拜祖先、舅姑以及家中尊親長輩。拜堂前，新婦須先備好給男家的見面禮，分別有：送給舅姑的靴子、繡花鞋各一雙；小姑則是鑰袋及隨身配用的奩具，論輩份依序放在桌上。隨後新娘會一一向堂上眾人敬茶，親友在收茶杯時要用茶杯將紅包壓著放在茶盤上，「拜堂」完畢。新人回房後會共食自娘家帶來的「五福菜」，新娘如有剩下，由新郎吃完，不能假手他人，因為「五福菜」象徵新娘自己未來的食祿。

7. 鬧房：「鬧房」本是要戲謔新人，于歸當夜，賓客離去以後，新郎的親友們齊集新房外，要求進房看新娘。此時，新郎便要招待親友入房與新娘同

樂，試探新娘的耐性，如果新郎不允，親友便會持續打鬧不離開。對客家人而言，「鬧房」是不鬧不喜，越鬧越喜；不鬧不發、越鬧越發。〔註20〕

（三）于歸後

1. 祀灶：新婦須在于歸隔天入廚房祭拜灶神，祭拜完後竭盡所能抓起一把筷子抱回新房，依筷子的數量預測頭胎的男女性別，如是偶數則生男孩；奇數則是女孩。隨後新婦再回到廚房搓粉圓、煮甜湯，請男家親友，另外再剪素布一幅、線一縷，分贈家人。

2. 謝媒：祀灶結束後，男家務必設宴感謝媒人，給媒人的答禮計有：問名儀二元、過聘儀二元、歸儀四元以及上轎儀一元。

3. 三朝：又稱「煖女」、「致女」或「舅仔探房」。宋代遺俗，婚後第三天，由新婦母親送魚、肉到男家給女兒；女方兄弟也陪同前來，主要在於探視新婦出嫁後的起居情況，此時男家需以禮款待。「三朝」禮俗最早可追溯至春秋時期的「致女」，即女方父母在女兒婚後派人攜帶禮品前去男家慰問女兒，以排遣彼此的掛念；宋代時稱爲「煖女」，由女家送綵緞和食物至男家。〔註21〕三朝之後，新婦便須接替婆婆正式下廚，擔任主婦的職務，即「主中饋」。

4. 七朝：新婚第七天早晨，新婦開始剪布縫製衣褲。客語「褲」與「富」發音相近，意指爲男家招財進富。

5. 盈月：又稱「滿月」、「邐圓月」。宋代遺俗，結婚滿月時，男家需具請帖邀請新婦母親及姑嫂姊妹前來。女家不便前來則不勉強，如接受邀請前來，則須帶上苧麻一斤、油一甕、木屐成雙與傘一把，以及剪刀、鎚子、鑽子及絨線篋等物給新婦。由於這些物品較爲尖銳，象徵不吉與危險，不適合在出嫁時隨妝奩讓新婦帶至夫家，須等到滿月後再行送去。新婦經過「盈月」禮後，便可返回娘家探問父母，行「歸寧」禮。

6. 歸寧：又稱作「轉門」、「回門」或「轉妹家」，「歸寧」是婚俗儀節中最後一項。新婚夫婦於婚後備禮相偕回到女家探視女方父母親，歸寧當天，女家會設酒席宴請新婿及新婦，同時招集家族親友前來，藉此機會介紹新婿，稱爲「會親」，即「成婿禮」，意謂新婿正式成爲女家女婿，受到內外尊親認定。

依照古禮，「歸寧」一般須等到新婚滿一個月時才能進行，如不按古禮，則會在婚後三日、四日、六日、九日或十二日回門。最遲要在新年正月初二、

〔註20〕劉善群：《客家禮俗》（福州：福建教育出版社，1968年），頁72。

〔註21〕王貴民：《中國禮俗史》（臺北：文津出版社，1993年），頁67、263。

初四或初六回門拜年，新婚夫婦回到娘家後需先祭拜外家祖先，稱作「謁外祖」。

《嘉應州志》提及，新婚夫婦首次回門，不能當天返回，通常須留在外家居住三日或九日，最少居住三日，用過九頓飯，取「長久」之意。〔註22〕新婚夫婦回門省親過後，新婿便可隨時與女家親戚互動往來，婚姻禮俗的各項儀節到此圓滿落幕。〔註23〕

第二節　六堆客家婚姻禮俗

前述已提及客家原鄉地區的婚姻禮俗，因此，本節將以研究者針對六堆地區民國30～60年代（第一時期）、60～90年代（第二時期）與90年代以後（第三時期）結婚的受訪對象進行實地訪查後得到的結果為主，並以第一時期與原鄉嘉應州地區的婚姻禮俗作比較。

一、樸實無華的隆重：民國30～60年代的婚姻禮俗（第一時期）

依據訪問結果，第一時期的婚姻禮俗過程大致可分為「講婚」、「過定」、「送日子」、「迎娶」與「轉門」五個過程。

（一）講婚

「講婚」是客家婚姻禮俗當中的起始環節，包含「講親」、「看親」、「查家門」、「講婚」、「合婚」與「講聘」幾項。

1. 講親：客語作「作媒人」。「講親」有二種情況，一是男方欣賞某家女子，先請託媒人前往女家，詢問對方是否有婚配意願；二則是男子成年但還未婚配，男方委託媒人代為尋找適合的對象。假如女方家長覺得男方條件適當，同意雙方見面，便可進行「看親」。

2. 看親：客語作「看細妹仔」，又稱為「相親」。第一時期民風保守，雙方互不相識者會由媒人帶男子、男方家長、兄弟或親友前往女家拜訪，女子需盛裝打扮，並以茶、菸或檳榔招待。男方如果欣賞女子，便會在收回茶杯時將紅包置於茶盤上或空杯中（金額多少由男方決定），稱作「磧茶盤」。假

<hr>

〔註22〕「新婦歸寧或九日，或三日，取久義，三日則九頓飯也。」
　　　　〔清〕溫仲和總纂：《嘉應州志》（臺北：成文出版社，1968年），頁130。
〔註23〕〔清〕溫仲和總纂：《嘉應州志》（臺北：成文出版社，1968年），頁129～
　　　　30。

如女方不欣賞男子，便會請媒人將紅包退回，婉拒婚事。「講親」與「看親」相當於六禮中的「納采」禮。

3. 查家門：又稱爲「邏家門」、「探家風」。〔註24〕「看親」後雙方互相欣賞，女方家長便會邀請親友，由媒人帶往男家拜訪。「查家門」主要是檢視男方家庭的居住環境、經濟狀況以及名聲、品行等，藉此判斷是否爲女子良配。「查家門」後，女方如果認爲男方家庭不適合，仍有回絕婚事的空間。

4. 開婚：又稱爲「送年庚（生）」、「討八字」。男女雙方經「查家門」後，認爲彼此合適（不合適女方會退回先前的紅包），男方便會請託媒人前往女家，向女方家長索取女子的生辰八字，即出生年、月、日、時等個人資料。男方取回八字後，需將女方八字連同一碗（杯）清水放置於祖先牌位、神案或灶君前，〔註25〕焚香點燭，以敬告祖先與神祇。倘若敬告祖先的三天內，家中諸事平安，並未發生口角、破財、疾病、摔破碗盤或牲畜受病等不祥徵兆或重大事故，該碗（杯）清水也未受到蜘蛛、蟑螂或壁虎等居家生物影響，男方便會進一步請算命先生「合八字」。「開婚」相當於六禮中的「問名」禮。

5. 合婚：又稱爲「合八字」。對客家人而言，雙方八字合與不合不僅關係到夫妻幸福，還會連帶影響家族的運勢。因此，「合八字」的結果若是相剋，則男方會請媒人送回女方八字，表示兩家不適合、婚事不成。〔註26〕如果相合，便會請算命先生挑選「過定」的日程。

6. 講聘：「合八字」完成後，男方會再請託媒人攜帶禮物前往女家，告知女方「過定」日期，同時也替男方向女方詢問聘金、禮餅以及婚禮過程中的開銷花費。〔註27〕時間較爲許可、充裕者，「講聘」可在「過定」前半年至一年先進行，最晚需在「過定」前一至二月，以利女方籌備「過定」相關事宜。「合八字」與「講聘」相當於六禮中的「納吉」禮。

〔註24〕 高樹鄉廣福村 O8：「那叫作『探家風』，（女方）會找認識的親戚去（男方）村庄試探對方家世、人品，看有沒有不良嗜好，用敲邊鼓的方式，如果還沒成（婚）事不會直接請媒人帶過去。」，口述資料。

〔註25〕 長治鄉復興村 O1：「八字放在灶君面前比較多，因爲以前人大部分拜灶君。」，口述資料。

〔註26〕 內埔鄉豐田村地理師曾○昌：「男子的財源、運途等等，都要看女方。」「合八字的結果不需要講，假使女方沒接到男方『講聘』的通知，就是知道八字不合了。」，口述資料。

〔註27〕 聘金、禮品與婚禮開銷，女方一般不會特別要求，大多隨男方意思，禮餅數量則由女方依據分送親友的多寡向男方告知。

表 3—1：清代嘉應州與六堆地區「講婚」儀節差異

地　區 儀　節		嘉應州	六堆地區
納采	講親	◯	◯
	看親	（合併舉行）	◯
查家門		✕	◯
問名	開婚（送年庚）	◯ （部分併於納采禮）	◯
納吉	合八字	◯	◯
	講聘	（合併舉行）	◯

註：◯表示有行該項儀節，✕則無。

資料來源：研究者整理。

（二）過定

「過定」，即男方送聘禮至女家的儀節，女方接受，則婚約正式成立，相當於六禮中的「納徵」。「過定」儀式一般多在女家進行，當天，男方將聘禮、聘金分別放入攑與籮篅中（圖 3—4、3—5），由媒人陪同準新郎、準新郎父母及男方男性親友（且郎）將禮品扛至女家，整體人數以偶數爲吉。且郎將聘禮、聘金扛至女家後，女方需贈與差郎紅包，稱作「且郎錢」，以慰勞差郎的辛苦。女方家長點檢聘禮、聘金後，便會將其置於神案前，焚香點燭，敬告祖先與神祇，祭畢，鳴放紙炮，「過定」完成。另外，爲了感謝媒人的往來奔波，男女雙方在「過定」完成後，都會各包一包紅包贈與媒人（女方紅包數目爲男方一半，或較男方少）。

祭祖完畢，眾人進入客廳坐定，媒人會向女方介紹隨同前來的男家親友，準新娘需在此時斟茶招待，稱作「食（捧）甜茶」，男方同樣要用紅包「磧茶盤」。接近中午時，女方會於自家廳堂前廣場（客語作「禾埕」）擺設宴席招待男方、媒人與自家夥房親戚，〔註28〕宴席費用由男方負擔，稱爲「阿公桌」，費用稱作「磧桌錢」，表示感謝女方祖父。宴畢，女方將回贈男方的「過定」禮品放於攑與籮篅中，再由且郎帶回。男方離開後，女方家長會將禮餅分送

〔註28〕禾埕：舊時三合院建築前空曠處，可用來曬作物，現多泛指玄關到大門之間的空地，音 vo ˇ tang ˇ 。

給關係較爲緊密的至親或朋友，稱作「分餅」，收到禮餅的親友，則需在結婚前準備金飾或現金贈送準新娘，稱作「添妝」。

圖 3—4：櫳

資料來源：六堆客家文物館。

圖 3—5：籮篙（前單層，後雙層）

資料來源：六堆客家文物館。

　　不論男、女方，「過定」時送的禮品，都需貼上紅紙或用紅線圈住，象徵喜氣。禮品則依項目分類，一般稱為「過定六禮（或十二禮）」，〔註29〕以下將「過定」禮品依男、女方分別敘述：

1. 男方「過定」禮

（1）金錢、金飾類

　　i. 聘金：聘金數目視男方家庭經濟狀況而定，多半已於「講聘」時決定，此時的聘金只是總數的一部分，稱為「小聘」，其餘的在「送日子」時補齊，稱為「大聘」。特別富裕的人家，往往在「過定」時便將聘金全數付清，而無大、小聘之分。〔註30〕

　　ii. 豬仔（片）錢：即當時購買一頭豬的時價。豬仔錢見於民國 50 年代以後結婚者，由於 50 年代前，新郎於迎娶前三天需送一隻活豬至女方家，50 年代以後，依實用性及衛生考量，轉為現金。〔註31〕

　　iii. 金飾：金手鐲、金戒指各一對，金項鍊一條。

（2）糕餅類

　　糕餅：中式傳統大餅約二百斤（一塊餅約一斤）。〔註32〕

（3）祭拜用品類

　　i. 金紙：需準備二份，一份女方祭祖用，另一份則作為女方的回禮，男方帶回祭祖。

　　ii. 排香：需準備二付，一付女方祭祖用，另一付則作為女方的回禮，男方帶回祭祖。

　　iii. 紙炮：需準備二份，一份女方祭祖用，另一份則作為女方的回禮，男方帶回祭祖。

　　iv. 蠟燭：需準備二組，一組女方祭祖用，另一組則作為女方的回禮，男方

〔註29〕長治鄉復興村地理師邱○賢：「人一生有生、老、病、死、苦五個過程，送的禮物要合生、老。」，口述資料。

〔註30〕高樹鄉廣福村 O8：「比較有錢的會直接把聘金付完，女子才不會被定走」，口述資料。
　　　　內埔鄉內田村 O4：「那時候我先生家裡很窮，沒有大聘、小聘，就只有『過定』時候的一萬零二（新台幣）。」，口述資料。

〔註31〕長治鄉復興村 O1：「新郎在結婚三日前要先送一隻生的豬仔到女方家裡。」，口述資料。

〔註32〕高樹鄉廣福村 O8：「糕餅一百六、兩百、兩百四（斤）都有，臺南、鳳山方面都是五、六百（斤），我自己訂婚的時候是三百六（斤）。」，口述資料。

帶回祭祖。

（4）牲禮類（雞、豬、魚合併稱爲一付）〔註33〕

    i. 雞：全雞一隻。

    ii. 豬：豬肉一塊。

    iii.魚：魚一尾。〔註34〕

（5）水果類（一般有三樣即可）

    i. 香蕉：份量需爲雙數，象徵招子招孫招福氣，客語「蕉」與「招」發音相同。〔註35〕

    ii. 蘋果：份量需爲雙數，象徵平安。

    iii.椪柑：份量需爲雙數，象徵新娘婚後肚子會很快「膨脹」起來。

    iv.西瓜：份量需爲雙數，象徵婚姻生活甜蜜。

（6）其他類

    i. 糖果：冬瓜片、冰糖及喜糖等甜品各兩包。

    ii. 菸：香菸兩條、四條或六條。

    iii.酒：酒兩瓶。

    iv.檳榔：檳榔兩盤，一般以奉茶的茶盤爲計算基準。

    v. 乾貨、罐頭：香菇、鮑魚、魷魚、干貝及蓮子等乾貨或罐頭各兩份。〔註36〕

2. 女方「過定」回禮

（1）糕餅類（男方所送）

    糕餅：女方會將男方送來的中式大餅從中取十二塊、二十六塊或三十二塊的數量當作回禮送還回去。

〔註33〕高樹、美濃、萬巒、佳冬等部分地區受訪者提及男方於「過定」時，不會送牲禮與水果前來，僅用糕餅及其他物品祭祖，水果則是回禮時由女方贈送。
高樹鄉廣福村 O8：「水果是女方帶過去的，男方只有糖果沒有水果。」，口述資料。
萬巒鄉五溝村 O11：「男牲『過定』的時候沒有送牲禮和水果來，但女生會回水果回去。」，口述資料。
萬巒鄉鹿寮村 O10：「沒有耶，男生沒有送水果來，只有女方送過去。」，口述資料。

〔註34〕高樹鄉廣福村 O8：「我們這邊一定要有魷魚，乾魷魚，因爲我們這邊靠山，離海邊比較遠，魚到這邊會不新鮮。」，口述資料。

〔註35〕蕉、招，zeuˊ。

〔註36〕高樹鄉廣福村 O8：「乾貨、罐頭我們這邊就沒有送了，所以糖果會多一點。」，口述資料。

（2）祭拜用品類（男方所送）

i. 金紙：金紙一份。

ii. 排香：排香一付。

iii.紙炮：紙炮一份。

iv. 蠟燭：蠟燭一組。

（3）服裝類

i. 禮帽：禮帽一頂（圖 3—6）。（民國 34 年以前結婚者）

ii. 襯衫：襯衫一件。

iii.西裝：西裝兩套或西裝布料兩塊。

iv. 領帶、領帶夾：領帶一條、領帶夾一只。

v. 皮帶：皮帶一條。

vi. 襪子：襪子一雙。

vii. 皮鞋：皮鞋一雙。

圖 3—6：禮帽

資料來源：鍾聰明先生提供。

（4）文具類

文房四寶：筆兩支、墨兩條、紙兩卷與硯台兩付。

（5）植物類〔註 37〕

i. 長命草：長命草兩束（需連根），象徵長命（圖 3—7）。

ii. 蓮蕉花：蓮蕉花兩束（需連根），象徵意義同香蕉（圖 3—8）。

iii.芋種：芋苗兩株（需連根），象徵綿綿不絕，一代傳一代。

iv. 穀種：取在來米、糯米少許，裝於紅紙袋內，象徵豐收。

〔註 37〕長命草、蓮蕉花與芋草需等到結婚後種下，任其繁衍，象徵生氣蓬發、子孫
綿延不絕。

v. 豆種：取黃豆、紅豆、綠豆或長豆等豆類種子少許，裝於紅紙袋內，象
徵子孫代代，繁衍不絕。〔註38〕

圖 3—7：長命草

資料來源：徐榮春女士提供。

圖 3—8：蓮蕉花

資料來源：涂淳貞女士提供。

（6）水果類（男方所送）

i. 香蕉：香蕉一串。

ii. 蘋果：蘋果一顆。

iii. 椪柑：椪柑一粒。

iv. 西瓜：西瓜一顆。

（7）其他類

i. 紙扇：紙扇兩柄。〔註39〕

ii. 炭：炭兩枚。

iii. 糖果：冬瓜片、冰糖及喜糖等甜品各一包。（男方所送）

iv. 乾貨、罐頭：香菇、鮑魚、魷魚、干貝及蓮子等乾貨或罐頭各一份。（男
方所送）

「過定」禮完成後，男方便會再商請算命先生依二人生辰八字，擇定「迎
娶」當天與其他相關事宜所需的吉日良辰。

〔註38〕美濃地區並未使用穀種與豆種。

〔註39〕高樹鄉廣福村 O8：「我們不送傘、不送扇，扇的意思就表示『散掉了』。」，
口述資料。

（三）送日子

　　「送日子」又稱為「送日課」、「報日」，相當於六禮中的「請期」，同時也是「完聘」。男方會先請媒人先行通知女方，再由媒人將「迎娶」當天的日課帖、親家帖（圖3─9、圖3─10）、剩餘的聘金連同開剪錢、開面錢以及少許散糖、糕餅、檳榔或水果等禮品置於籮篙中，[註40]一併帶往女家，「送日子」完成後，男方會贈送媒人紅包以示感謝。民國50年代以前，媒人會在「送日子」時將男方贈送的木箱與大澡盆送置女家，以便放置嫁妝用，50年代以後木箱逐漸改為皮箱。

圖3─9：日課帖（請期）[註41]

資料來源：張育良女士提供。

[註40] 開剪錢、開面錢：皆為新郎贈與。分別是製作新娘新婚禮服的費用以及結婚當日新娘挽面、化妝的費用。
依據訪談結果得知，由於早期農村生活不易，開剪錢、開面錢多半併入剩餘聘金中，或是從聘金中挪出兩筆費用充當，僅有少數富有的大戶人家會將開剪錢、開面錢與聘金分開贈與。

[註41] 日課帖一式二份，送至女家的稱為「請期帖」，男家自行留存的稱為「迎鸞帖」。

圖 3—10：親家帖

資料來源：張育良女士提供。

表 3—2：清代嘉應州與六堆地區「過定」儀節差異

儀　節　＼　地　區			嘉應州	六堆地區
納徵	過定	過定（小）		○
請期		送日子	○（合併舉行不分項）	○
		完聘（大）		○
過定宴客			✕	○

註：○表示有行該項儀節，✕則無。

※清代嘉應州客家人將「納徵」與「請期」合併爲「過定」，但六堆地區客家人將聘
　金分開贈與，又從「過定」中分出「過定（小定）」、「完聘（大定）」與「送日子」，
　再將「完聘」納入「送日子」。

資料來源：研究者整理。

（四）迎娶

「親迎」是婚姻禮俗中儀節最繁複、程序最瑣碎，同時也是最重要的一個環節。男方稱為「討親」，女方則是「行嫁」，由於「親迎」儀節複雜且繁瑣，且因時空背景而有「親迎」或不「親迎」差異，因此，研究者在此處將「親迎」改稱為「迎娶」，並採取與前一節相同的敘述方式，將「迎娶」分為迎娶前（男、女方）、迎娶當天與迎娶後（分項）。

1. 迎娶前

（1）男家準備事宜

  i. 安床：即鋪床，客語作「攤床」。〔註42〕安床前，男家會先請算命先生選定吉時，並排好新床的擺放方位。安床時，則會延請村內好命的老翁或老婦（必須是夫妻俱在且健全以及多子多孫者）依算命先生迎娶吉課表上的吉時替新床掛上蚊帳、鋪上被褥，同時口誦吉祥話。新床安置好後，便算「新房」，到新娘入門以前，須由準新郎胞弟或晚輩男童陪同準新郎就寢，不能讓準新郎獨自留在房中。「迎娶」前一天，男方會在床腳下放置米桶，並在米桶中放入一張紅紙，紅紙上放上發粄，發粄旁圍著十二顆染紅的鴨蛋。〔註43〕

  ii. 送阿婆肉：清代嘉應州遺俗「饋禮」的簡化。阿婆肉是一塊長條狀豬肉（切的時候不要秤重，表示心意），是準新郎為感念準新娘外婆養育準岳母，方能有今天待嫁的準新娘，也有送給準新娘的舅舅一說。〔註44〕

  iii. 敬祖、拜神：由於六堆客家人秉持著「飲水思源」的精神，男子能順利長大成人，邁入人生的下一個階段，全仰賴祖先與神祇的庇佑，因此，男方在迎娶前一天下午，會實行敬祖、拜神儀節。敬祖、拜神的順序分別為：（1）阿婆娘家祖先；（2）母親娘家祖先；〔註45〕（3）自家祖先；（4）村庄內土地公廟；（5）村庄內大廟。準新郎「敬外祖」時需準備金紙、線香、牲禮、紅粄及酒等祭祀物，商請八音樂隊、綵旗在前引導，抵達後，由準新郎替祖先

〔註42〕攤床，音 tan ˇ cong ˇ。

〔註43〕米桶代表「豐收」與「傳家」，發粄代表「發財」，紅鴨蛋則代表「有餘」，由於客語鴨蛋稱作「鴨春」，「春」（cun ˇ）與「剩」發音接近，而有此象徵。

〔註44〕高樹鄉廣福村 O8：「用意是『三代不忘外家情』。」，口述資料。
內埔鄉內田村 O4：「有些人是講阿婆沒依定那麼長命，能看到新娘出嫁，所以改送給舅舅。」，口述資料。

〔註45〕（1）、（2）項通稱為「敬外祖」。

牌位換上新的紅布，稱爲「攀紅」，客語作「掛紅西洋」（圖 3—11），〔註46〕並於牌位兩旁換上新的金花，稱爲「插金花」（圖 3—12）。由外婆娘家、母親娘家長輩陪同準新郎上香，上香二次、敬酒三旬，禮畢，鳴炮、焚燒紙錢。隨後，準新郎需先回家「敬祖」，再前往村庄內「拜神」。普遍認爲，女性多在家中幫忙婚禮的相關事宜，且有生理期不潔的疑慮，因此，敬祖、祭神的人員多以男性親友爲主。

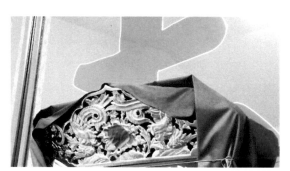

圖 3—11：紅西洋（正面、側面）

資料來源：張哲嘉先生提供。

圖 3—12：金花一對

資料來源：張哲嘉先生提供。

〔註46〕掛紅西洋（一說「絲絨」），音 gua　fung˅　xi˅　iong˅。

iv. 淨身：準新郎於迎娶前一天的傍晚，須將兩顆熟的紅鴨蛋放入水中淨身，沐浴後需將鴨蛋剝殼。淨身的用意有二：一是為晚間的「還神」儀式表示恭敬；二是象徵準新郎此後脫胎換骨，迎接人生的新階段。

v. 還神：又稱為「拜天公」。男方於迎娶前一天子時，在自家祖堂前進行還神儀式。一般舉行「還神」儀式，大多是藉此答謝上天庇佑，讓準新郎長大成人。「還神」步驟繁複，大致可分為三個階段：（1）結壇，傍晚時進行，在祖堂前用三張八仙桌，兩張高的長椅，兩張矮的長椅，面朝外架設上、中、下三界祭壇（現今多將中、下兩界合併）（圖3—13）；（2）請神，禮生會在祭壇擺設完畢後，口誦請神咒語（三遍），拜請天地眾神降臨，共享香火；（3）送神，「還神」結束後，禮生會口誦送神咒語（二遍），拜請天地眾神各歸其位，並鳴炮、焚燒紙錢。「還神」至此結束。還神儀式結束後，部分較為講究儀節的家庭，還會再請地理師行祭祖「三獻禮」。

圖3—13：還神祭壇

資料來源：張哲嘉先生提供。

　　vi. 其他：青枝（完整且帶葉的龍眼樹枝、榕樹枝或青竹）、〔註47〕男燈一對（以甘蔗作柄）（圖3—14）、米篩（圖3—15）、預定新娘坐轎（車）、〔註48〕延請「好命婆」、請託家族親戚、鄰居或朋友幫忙其他雜項事宜。

圖3—14：男燈一對

資料來源：張哲嘉先生。

圖3—15：米篩

資料來源：藍琴梅女士。

〔註47〕青枝需在帶葉的樹枝掛上一塊豬肉。一般是由男方準備，也有女方準備，娶親當天由男方帶回的說法。
　　　　內埔鄉竹圍村O2：「青仔都是男方準備，討嫁那天就會帶過來了。」
　　　　長治鄉復興村 O1：「我記得青仔是女方這邊準備的，在討親那天再帶過去。」，口述資料。
〔註48〕長治鄉復興村O1：「那時候車仔很少，全村庄都找不到一台，一年前就要到屏東市去借，不然會借不到。比較窮苦的人家沒有錢借車仔，就只能用轎仔。」，口述資料。

表3—3：清代嘉應州與六堆地區男方「迎娶前」儀節差異

儀　節	地　區	嘉應州	六堆地區
迎娶前	安床	○	○
	饋禮	○	△（僅剩阿婆肉）
	敬祖、拜神	×	○
	淨身	×	○
	還神	×	○

註：○表示有行該項儀節，×則無，△實行方式或時序有差異。

※現有嘉應州相關文獻中並未記載敬祖、淨身與還神儀節，故此處標示為×。

資料來源：研究者整理。

（2）女家準備事宜

i. 辦嫁妝：即女家替準新娘籌辦迎娶當天陪嫁到男家的個人資產。嫁妝通常是一些日常生活所需用品，或是下田農作的用具，且每件都需貼上紅紙剪成的喜字。一般而言，嫁妝項目多寡取決於男方的聘金金額，因此，會隨著個人經濟能力的不同而呈現個別差異，有些較為富有的家庭，為了面子，會附帶超出聘金金額的物品作為嫁妝。嫁妝準備妥善後，女家會在迎娶前一天請女方男性親友（也稱為且郎）扛至男家，男家為表謝意，便會贈與「且郎錢」。民國 50 年代前後，嫁妝逐漸改用轎車載運，人力搬運逐漸消失，由於搬運過程較為便利，也有在迎娶當天才載運過去的例子。以下便將較為普遍的嫁妝物品分類作敘述：

甲、家具類

（甲）衣櫥：衣櫥一座（圖 3—16）。

（乙）衣架：衣架一座（圖 3—17）。

（丙）椅子：竹椅、藤椅均可，二至八張。

（丁）鏡台：即梳妝台一座（圖 3—18）。〔註49〕

〔註49〕 高樹鄉廣福村 O8：「鏡子要貼紅紙，四個月以後才能用，還沒四個月不要拆開，叫『開鏡』，不用看時辰。」，口述資料。

美濃區合和里 M5：「四個月以後，鏡子上的布拆下來，我們就拿來作衣服。」，口述資料。

（戊）臉盆架：放置臉盆便於洗臉的腳架，一張（圖3—19）。

（己）板凳：客語作「頓頭仔」，替小孩洗澡用，其中較大者又稱爲「伏頭凳」（90 歲甚至更年長的婦女會作生產用），大、小各一張（現年 7、80 歲婦女多半只有小板凳，沒有「伏頭凳」）（圖3—20、3—21）。〔註50〕

（庚）桌子：書桌或是圓桌一張。

圖3—16：早期衣櫃

資料來源：六堆客家文物館。

圖3—17：早期衣架

資料來源：高樹鍾理和先生故居。

〔註50〕 頓頭仔，音 dunˋ teuˇ eˋ。

內埔鄉竹圍村 O1：「我聽過以前的婦女會用，因爲以前大部分的婦女沒到醫院去生，就會坐在頓頭仔上，面前抓著東西，在腳邊放個盆子，上面鋪灰或其他軟的東西，就這樣生，小孩生下來以後，產婆再把小孩抱起來。」，口述資料。

圖 3—18：早期梳妝台

資料來源：六堆客家文物館。

圖 3—19：臉盆架

資料來源：六堆客家文物館。

圖 3—20：伏頭凳與小板凳

資料來源：六堆客家文物館。

圖 3—21：早期婦女生產示意圖

資料來源：六堆客家文物館。

乙、家電類（60年代前後結婚者）

（甲）收音機：收音機一台。

（乙）電扇：電扇一台。

（丙）電鍋：電鍋一個。

丙、寢具類

（甲）門簾：竹製門簾一付（圖3—22）。

（乙）帳廉：紅布織成，上有繡花、繡字，吊掛於床上，一付（圖3—23）。

（丙）帳帶：長條狀，下方垂有流蘇，掛床帳左右，一對（圖3—23）。

（丁）枕頭：枕頭一對。

（戊）棉被：棉被一件。

（己）八卦：手工縫製藝品，一份（圖3—24）。（美濃地區限定）〔註51〕

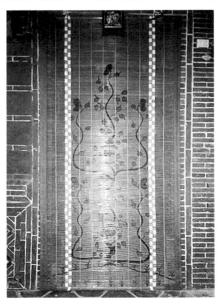

圖3—22：門簾

資料來源：劉福泰先生提供。

〔註51〕美濃區合和里 M5：「八卦在我們美濃鎮〔區〕才看得到，這個八卦是有意義
的。上面是一對鳥，左邊公的、右邊母的，這個嘴比較尖（公），這個比較
瘦（母）。中間是一座山，以前講，鳥要在山上共同組織家庭，它（八卦）
代表作媽媽的人希望她女兒、女婿共同的家庭，會向八卦一樣平安、順利。
以前作媽媽的人，女兒要『行嫁』了，她就會縫這個八卦給女兒。我還知道
廣東梅縣那裡有人在作這個八卦，所以我們這邊的（八卦）有可能是那裡傳
過來的。」，口述資料。

圖 3—23：八腳床、帳廉與帳帶

資料來源：六堆客家文物館。

圖 3—24：八卦（掛於八腳床邊）

資料來源：鍾美梅女士提供。

丁、日常用品類

　（甲）竹籃：竹籃一只。

　（乙）針線工具：包含針線盒、剪刀與線等縫紉工具，一組。

　（丙）大澡盆：男方於「送日子」所送，準新娘需在盆中放置給男家的
　　　　「墊腳鞋」與「下位鞋」。〔註52〕

　（丁）木（皮）箱：男方於「送日子」所送，準新娘可將衣物放置其中
　　　　（圖3—25）。〔註53〕

　（戊）臉盆：臉盆一只。

　（己）盥洗用具：牙刷二支、毛巾二條，放置於臉盆中。

　（庚）熨斗：火燙式熨斗一只。

　（辛）水桶：水桶一只。

圖3—25：木箱（左）與皮箱（右）

資料來源：六堆客家文物館。

戊、工作用具類

　（甲）裁縫車：裁縫車一台。

　（乙）人力車：俗稱「哩呀卡」，一台（圖3—26）。

　（丙）碎豬荣葉機：即碾碎地瓜葉的機器，一台（圖3—27）。

〔註52〕墊腳鞋：準新娘贈與公公、婆婆、叔伯等男方長輩的鞋子，品質須較「下位
　　　　鞋」為佳，音 tiab╲　giog╲　hai╲。
　　　　下位鞋：準新娘贈與年紀較新郎小的男方晚輩的鞋子，音 ha　vi　hai╲。
　　　　高樹鄉廣福村O8：「我們這邊叫『見拜鞋』，是女生要送給男方親戚的，公
　　　　婆啦、小姑、大哥、大嫂，小孩子也有。公婆的鞋子會費心一點，買比較好
　　　　的。」，口述資料。
　　　　佳冬鄉昌隆O6：「腳盆的意思就是要替小孩子洗澡，鞋子就是『孩兒、孩兒
　　　　（hai╲　i╲）』。」，口述資料。
〔註53〕佳冬鄉昌隆村O6：「箱子放進衣服以後，拉鍊不要拉，要等到進門以後才拉
　　　　上，表示『塞婆婆的嘴』。」，口述資料。

（丁）腳踏車：腳踏車一台。〔註 54〕

（戊）斗笠：斗笠一頂

（己）雨具：雨衣一套、雨鞋一雙。

（庚）工作用服飾：袖套一付、圍裙一件。

圖 3—26：人力車

資料來源：藍琴梅女士提供。

圖 3—27：碎豬菜葉機（此式樣為電動）

資料來源：六堆客家文物館。

己、其他類

（1）金飾：金手鐲一付、金鍊一條、金戒指一對、金耳環一對。

（2）上頭：將頭髮梳起並點上脂粉，準新娘多半自己上頭和上妝，較爲富
　　　裕的家庭才會請美容師。

〔註 54〕腳踏車則以日治時期出產的「富士霸王」牌最爲有名。

（3）開面：替準新娘挽面。開面前，女方會先請算命先生選定開面吉時，開面當天，則延請好命婦人或挽面師進行開面。

（4）開剪：又稱爲「裁衣」。替準新娘製作禮服。開剪前，女方會先請算命先生選定開剪吉時，開剪當天，則延請好命婦人或裁縫師進行。

（5）淨身：同準新郎淨身過程，淨身之後，準新娘不得外出，以免染上穢氣。

（6）其他：女燈一對（以甘蔗作柄）（圖 3—28）、〔註55〕子婆雞一隻（未下過蛋的母雞）、〔註56〕紅包、贈與伴娘的禮物、花、紅粄、甜茶等等。

圖 3—28：女燈一對

資料來源：張哲嘉先生提供。

〔註55〕也有女燈由男方準備的例子。

長治鄉復興村 O1：「比較有空的男方會先把女燈拿去女家，親迎那天過來迎娶，表示是由「新郎帶新娘、男燈領女燈」回家，有些比較趕的就直接在親迎那天拿過來。」，口述資料。

〔註56〕清代嘉應州遺俗，當時稱作「祖婆雞」，新娘母親會在轎子座位下放一隻腳上綁有紅線的母雞，抵達男家後移至床底下，成熟後與男家公雞交配，象徵「早生貴子」。邱曉玲於《台灣高屏六堆客家傳統婚禮之研究》一文中提及，廖素菊與謝金汀記載北部地區客家人稱爲「祖婆雞」，且是雌雄一對，並非只有母雞。據現有資料，研究者認爲南部六堆地區的「子婆雞」在實行上應是遵行清代嘉應州舊俗，至於說法差異，則有可能是客語「祖」與「子」發音相近產生的變化。祖，音 zuˋ；子，音 ziiˋ。

邱曉玲：《台灣高屏六堆客家傳統婚禮之研究》（台北：銘傳大學應用中國文學所碩士論文，2004 年），頁 113。

表3─4：清代嘉應州與六堆地區女方「迎娶前」儀節差異

地　區 儀　節		嘉應州	六堆地區
迎娶前	辦嫁妝	○（抬妝奩）	○
	上頭	○	○
	開面	×	○
	開剪	×	○
	淨身	○	○
	子婆雞	△（祖婆雞，納吉時送）	○

註：○表示有行該項儀節，×則無，△實行方式或時序有差異。

※現有嘉應州相關文獻中並未記載開面、開剪儀節，故此處標示為×。

資料來源：研究者整理。

1. 迎娶當天

（1）起媒：又稱作「徑露水」。〔註57〕早期迎親隊伍出發前，新郎會先將香菸二支、紅包放置於托盤上，拜請媒人先上轎、出發，民國50年代迎娶改用禮車之後，媒人多與男方同時出發，但此項習俗仍不可少，意謂尊重媒人，請媒人帶新郎前去迎娶新娘之意，現已與「徑露水」融合。

（2）迎娶：即男方迎娶隊伍前往女家迎娶新娘。據訪問結果得知，第一時期實行迎娶儀節時有若干差異，現今85歲以上者，可能受到清代嘉應州遺俗影響，新郎多不迎娶，而是委託媒人及男性親友前往，自己則在家中等候，迎娶例子僅有少數。〔註58〕迎娶隊伍排序分別為：（1）拖青；（2）男燈；（3）八音樂隊；（4）媒人轎；（5）新娘轎；（6）扛櫼且郎及同行人員。而80歲以

〔註57〕徑露水，音 gang lu sui ˋ。

佳冬鄉昌隆村O6：「『起媒』和『徑露水』不一樣。『起媒』是前一晚上『還神』的時候，男生要用托盤放菸和紅包，請媒人第二天早晨帶他去迎親。『徑露水』是以前沒有車子的時候，媒人要先出發到女生那裡催妝，因為時間還很早，身上都會沾到露水。」

萬巒鄉五溝村O11：「『起媒』是一定要作的，媒人如果沒上車，新郎不能自己前往。」，口述資料。

〔註58〕內埔鄉竹圍村O2：「那時候我先生沒有親迎，只有媒人和男生那邊的親友過來迎娶。」，口述資料。

萬巒鄉鹿寮村O10：「我先生家裡因為只有他一個人，沒有其他人能和媒人過來，所以討親那天他有過來。」，口述資料。

下者，迎娶儀節逐漸轉變，除新郎前往「親迎」外，也多以轎車替代花轎，〔註59〕進而使得迎娶型態與上述稍有不同，依隊伍排序分別為：（1）綵旗（將青枝綁於紅旗上，懸掛於轎車兩側）（圖3—29）；（2）八音樂隊；（3）男燈；（4）禮品；（5）禮車（媒人坐前座，新郎坐後座居左）；（6）同行人員，回程時則加上女燈及嫁妝（新娘坐後座居左），並於啓程後鳴炮。由於時空背景因素下產生的「親迎」差異，也使得80歲以下受訪者對於新郎不「親迎」的情況有不同的看法。〔註60〕

圖3—29：綵旗一對

資料來源：劉福泰先生提供。

（3）拜轎門：迎娶隊伍到達女家後，女家鳴炮，遣一男童將香菸、檳榔或甜茶、糖果放置於托盤上，拜請新郎下車，新郎則在托盤上放置一包紅包當作謝禮，新郎未「親迎」者則無。迎娶隊伍接過新娘，抵達男家後也需行此儀節。

〔註59〕高樹鄉廣福村 O8：「如果兩邊都是村庄裡的人，還是會用轎，除非說從比較遠的地方嫁過來，才會用車子。」，口述資料

〔註60〕高樹鄉廣福村 O8：「不親迎大部分是新郎家裡有喪事，或是新郎本身身體有什麼殘疾，不敢讓外人看到或讓新娘知道，才沒有當面迎娶。」，口述資料。

萬巒鄉五溝村 O11：「新郎沒親迎表示男生有什麼問題，不然這種場合新郎怎麼會不去親迎。」，口述資料。

（4）祭祖（女方）：女方親友將男方帶來的牲禮及禮品，放置於祖先牌位前，並請新郎及新娘家中重要成員一同參拜，告知祖先今日新娘將要出嫁。

（5）拜別父母：祭祖後，新人會於廳堂拜別新娘父母。拜別父母意涵大致有二：一是新郎感謝岳父母將新娘拉拔長大；二是叮囑新娘該遵守的三從四德及該具備的四頭四尾，表示此後一切從夫，應以夫家為重。〔註61〕

（6）接女燈：新娘上轎前，先由女家男性長輩點亮男燈、女燈，再接過女燈內的燈火，移至祖先牌位旁的蠟燭上，意謂女家的薪火不會隨著女子出嫁而消失。〔註62〕

（7）上轎：新人結束女家一切儀節後，由好命婆高舉畫有紅色八掛的米篩，依照吉課表上良辰牽新娘上轎，將米篩與銅鏡、茉草、長命草（或是帶葉的芋種）、尺、剪刀與《大學》一書綁於轎後（轎車則是後擋風玻璃上）（圖3—30、3—31），子婆雞放入轎內座位下，新娘則手握兩柄白扇（一新一舊）。由於早期迎娶採用人力扛轎，礙於路途遙遠、顛簸，加上「下轎」有固定吉課，為避免新娘中途感到不適，上轎前只能微量進食且不喝水（僅沾溼嘴唇），同時踢房內尿桶三下（圖3—32），象徵前往男家途中不會小解。後雖逐漸改用轎車迎娶，交通狀況得到改善，但踢尿桶的象徵意義仍在。〔註63〕

圖3—30：銅鏡等物

資料來源：張育良女士、曾育昌先生提供。

〔註61〕客家婦女該具備的四項生活技能，即「灶頭鑊尾、針頭線尾、田頭地尾及家頭教尾」。
六堆客家文化園區展覽資料。

〔註62〕內埔鄉竹圍村O2：「新娘的男生長輩要接女燈上的火回來，點在祖先牌位的蠟燭上。」，口述資料。

〔註63〕民間傳言迎娶當天新娘最大，為了不讓新娘觸犯上天，媒人便會用米篩遮蔽新娘頭頂。銅鏡、茉草等物用意則在於驅除迎娶回程路上一切邪祟，保護新娘不受外來侵擾。

圖 3—31：茉草

資料來源：徐榮春女士提供。

圖 3—32：尿桶

資料來源：六堆客家文物館。

（8）潑水：起轎時，女方會由新娘父親或好命婆向轎頂潑水，象徵嫁出去的女兒如同潑出去的水，永遠不要「大歸」。

（9）擲扇：起轎後，新娘會將舊扇丟出，象徵拋卻舊有的陋習與壞脾氣，新扇則象徵成婚以後的新氣象。〔註64〕

（10）食朝：迎娶隊伍回程後，女方家長便會宴請自家夥房親友，除了慶祝女兒出嫁外，也感謝一眾親友前來幫忙。早期採用人力扛轎的迎娶隊伍會提前抵達女家，女方家長設宴請且郎，也稱為「食朝」。

（11）打胭（鉛）粉：迎娶隊伍抵達男家且新娘未下轎前，媒人會取化妝用的胭粉，<u>塗抹於男家親友的臉上</u>，象徵新娘與男家結緣，客語「胭粉」與「緣分」發音相近。〔註65〕

（12）邏三朝：宋代遺俗，至清代時嘉應州仍有實行，又稱為「煖女」、「致女」或「舅仔探房」。原意是婚後第三天，由新婦母親送魚、肉到男家給女兒，女方兄弟也陪同前來，主要在於探視新婦出嫁後的起居情況，此時男家須以禮款待。六堆地區則稱為「邏三朝」，除與上述情況有所差異外，受訪者對於「邏三朝」的定義也不盡相同，實行方式大致有二：一是由「迎娶後」轉為「迎娶當天」，即迎娶隊伍抵達男家後，隨即回程前往女家接送新娘父母、兄弟等女家親友；二則是「三朝回門」，即婚後第三天「轉門」。「三朝」儀節雖然隨著時空背景於名稱與實行上有所不同，但意義仍舊不變。

〔註64〕美濃區合和里 M5：「留扇子又有一個意思講是『留善』，表示和外家還會有好的來往」，口述資料。

〔註65〕佳冬鄉昌隆村 O6：「新娘到的時候，我就會先拿胭粉來塗在男生家人的臉上，也會在新房和廚房裡灑粉，灑完後把粉包好放在灶君前面。」，口述資料。

（13）進門：迎娶隊伍抵達男家後，先將青枝拋置屋頂，再由好命婆高舉米篩牽新娘下轎入廳堂。入堂前，公公、婆婆與小姑等男家近親須先避開，不能與新娘直接面對，以免「對沖」，導致往後難以相處，同時也有新娘初至，公婆退讓一步的意思。另外，進門的時間往往會安排接近進房吉時，以免流程延宕讓新娘空等。〔註66〕

（14）進房：入廳堂後，好命婆會接著牽新娘進房，未到祭祖吉時，新娘不能出房。而肖虎以及與新娘生肖對沖者不可進房，以免新娘日後不孕。並將子婆雞安置於新床下，銅鏡、茉草、長命草（或是帶葉的芋種）、尺、剪刀與《大學》等物則掛於新房門簾上。

（15）坐褲：又稱為「坐富貴」。新人進房後，好命婆會在長板凳上放置一條長褲，褲中放一元寶或錢幣，新郎坐褲頭，新娘坐褲尾，意謂婚後富貴，福氣能從頭到尾。

（16）剪卵：新人「坐褲」時，好命婆會端出成對的去殼雞蛋兩碗，請新人分別用筷子將蛋剪破，象徵「早生貴子」。

（17）祭祖（男方）：「坐褲」、「剪卵」儀節結束，吉時一到，媒人便會請新人到廳堂祭祖，敬告祖先自家子孫今日娶親，新娘今後將成為男家的一份子，與男方共同生活。

（18）進燈：祭告祖先後，男家會請新郎舅舅及叔伯等男性長輩將男燈與女燈懸掛於祖堂橫樑上，左右各一，先進男燈再進女燈（圖3—33）。

圖3—33：進燈位置圖（中為天公燈）

資料來源：張哲嘉先生提供

〔註66〕高樹鄉廣福村O8：「也不是說一定會『對沖』啦，一部份是為了體貼新娘，轎子長途顛簸頭會暈，牽進門的時候有可能會因為頭暈摔倒。」，口述資料。

（19）謝媒：「進燈」結束後，新人手捧托盤，盤中放置香菸數支、檳榔數粒（皆需雙數）及紅包一包，藉以答謝媒人促成這樁親事，「謝媒」禮的金額會較「過定」時媒人禮的金額更爲豐厚。

（20）宴客：中午時分，男家會於「禾埕」設宴，宴請自家夥房親友、女方親友及村庄內左鄰右舍等賓客。宴客菜色由男方準備，聘請廚師前來料理，或是廚師直接包辦。宴客時，新娘多不出房敬酒，由親友端飯菜進房讓新娘果腹，因此常會聚集許多孩童靠在窗外「看新娘」。宴客當中，媒人會進房將新娘帶入席間替男家女性親友插花，藉此機會熟悉彼此，受花者則以紅包回禮，主要用意在於「認親」。〔註67〕

（21）拍照：宴客結束待桌椅撤離後，男女雙方親友便會聚於廳前合照。

（22）扛茶食：入廳堂後，男家夥房親戚或是平常來往較爲熱絡的親友，會待在廳堂等待新娘「扛茶」，藉此讓新娘更加熟悉男家的眾位親友長輩。新娘會先扛菸一巡，再扛茶一巡，受菸、茶的親友需在杯中放紅包「磧茶盤」。

（23）鬧房：晚間，留在男家的親友會在新房內「鬧新娘」，慫恿二人做一些較爲親密的舉動。

表 3—5：清代嘉應州與六堆地區「迎娶當天」儀節差異

儀　節＼地　區		嘉應州	六堆地區
親迎當天	請青	○	×
	起媒	○（當時未有此名稱）	○
	新郎親迎	×	△

〔註67〕 高樹鄉廣福村 O8：「插花的意思就是『認親』，以後見到了才知道要叫什麼（稱謂）。」
「插的時候會說：『新娘來插好命花、富貴花』，花大部分是用有顏色有香氣的花，沒有在用白色的。」，口述資料。
邱曉玲於《台灣高屏六堆客家傳統婚禮之研究》一文中則敘述新娘插花以扁柏、雞冠花及千日紅爲主，缺一不可也不得用他種類的花代替。扁柏，取其「長青」之意，祝福批戴者青春永駐、長生不老。雞冠花，因花色爲鮮紅色，而被視爲吉利的顏色，同時雞冠花的花語爲「不死」，有「長壽」之意。千日紅，色澤純紅且花期長達一年，加上花爲圓形，客語稱作「圓板花」，表示「圓滿」，其花語爲「不朽、不滅」，有「長生」之意。
邱曉玲：《台灣高屏六堆客家傳統婚禮之研究》（台北：銘傳大學應用中國文學所碩士論文，2004 年），頁 134。

地 區 儀 節		嘉應州	六堆地區
親迎前一日	迎娶隊伍	△	△
	拜轎門	×	○
	祭祖（女方）	○	○
	拜別父母	○	○
	上轎	○	○
	打女燈	×	○
親迎當天	潑水	○	○
	擲扇	×	○
	食朝	○	△
	打胭粉	×	○
	邏三朝	△（三朝，于歸後）	△
	進門	×	○
	進房	○	○
	交拜、合巹	○	×
親迎當天	坐褲	×	○
	剪卵	×	○
	祭祖（男方）	○（合併於見拜）	○
	進燈	×	○
	謝媒	○（于歸後）	○
	宴客	△（各以其便）	○
	插花	×	○
	拍照	×	○
	扛茶食	○（見拜）	○
	鬧房	○	○

註：○表示有行該項儀節，×則無，△實行方式或時序有差異。

※現存嘉應州相關文獻中並未記載拜轎門（研究者認為有）、擲扇、進門、坐褲、剪卵、插花等儀節，故此處標示為×。

資料來源：研究者整理。

（五）轉門（迎娶後）

　　「轉門」即所謂「歸寧」，是婚俗儀節當中最後一項，由新婚夫婦前往女家拜會岳父母及親友。清代嘉應州行「轉門」儀節需在婚後圓月，六堆地區客家人多選在三天（居多）、六天、九天或十二天「轉門」，後多改為迎娶第二天便「轉門」。「轉門」當天，女方會派新婦的兄弟前往男家邀請新婚夫婦回門，新婚夫婦會贈與舅子紅包，並帶著糕餅、糖果等甜點前往女家拜會岳父母。岳父母則會於自家擺設宴席，宴請新婚夫婦與女家夥房親友，稱為「歸寧宴」。宴畢進入廳堂，由女婿「扛茶」請女家親友，受茶的親友同樣需在杯中放紅包「磧茶盤」，此舉除了向親友介紹女婿外，也讓女婿能更加認識女家親友。黃昏前，新婚夫婦便要準備返回男家，以免逗留太久導致公婆不悅，同時，岳父母會準備些許物品讓新婦帶回，分別是：發粄二十四個、帶路雞一對、帶葉的紅甘蔗一對與甜糯米糕。發粄象徵「發財」；帶路雞雙腳綁上紅線，一是象徵子孫繁衍不絕，二是期許女兒不要忘了回娘家的路；帶葉的紅甘蔗則需由上至下削皮食用，象徵夫妻「有頭有尾」、感情「甜甜蜜蜜」；甜糯米飯則象徵夫妻「如膠似漆」。〔註68〕

表3—6：清代嘉應州與六堆地區「迎娶後」儀節差異

儀　節	地　區	嘉應州	六堆地區
迎娶後	祀灶	○	×
	七朝	○	×
	邏圓月	○	×
	轉門	○	△

註：○表示有行該項儀節，×則無，△實行方式或時序有差異。
資料來源：研究者整理。

二、時移事變的堅持：民國60～90年代的婚姻禮俗（第二時期）

　　前述提及六堆地區民國30～60年代的婚姻禮俗，此處將針對60～90年

〔註68〕佳冬鄉昌隆村 O6：「甜的飯乾上面會放一些黑豆，叫作『哩狗導』。」，口述資料。
　　　　據了解，「哩狗導」實是臺語「米糕豆」發音致誤。

代（第二時期）結婚的受訪對象進行實地訪查後得到的結果爲主，並與第一時期婚姻禮俗作比較。依據訪問結果，第二時期的婚姻禮俗過程大致可分爲「講婚」、「過定」、「親迎」與「轉門」四個過程。

（一）講婚

「講婚」是客家婚姻禮俗當中的起始環節，中年組的「講婚」過程包含「講親」、「看親」、「講聘」、「開婚」與「合婚」幾項。

1. 講親：與第一時期相比，中年組仍有「講親」過程，但方式已逐漸改變，大多數仍委託媒人媒合、湊對，但也開始出現由男女雙方的親友、老師或同事等，介紹自己認識且適合的親友子女爲主，更有少數於工作場合自行認識者。

2. 看親：經過「看親」後，會由男女雙方自行約定見面時間、地點，或委託介紹人陪同男方前往，如果雙方約在女家，女子便會端茶請男方，男方也會依禮「磧茶盤」。〔註69〕

3. 講聘：由於男女雙方是由彼此認識的親友介紹，對於對方家庭背景、人品等已有一定程度了解，女方多數已不實行「查家門」。此後便會讓男子與女子自行見面來往，見面處以公園或冰果店等人潮多的地方爲主，如彼此意合，男方便會由媒人（介紹人）陪同前往女家，詢問女方聘金、禮餅以及婚禮過程中的開銷花費。與第一時期不同處在於，當時迷信程度有稍退的趨勢，不再經過「開婚」、「合婚」後才「講聘」。〔註70〕

4. 開婚：「講聘」時，男方便會向女方家長索取女子的生辰八字等個人資料。男方長輩如較爲重視命理，仍會將女方八字，連同一碗（杯）清水於祖先牌位、神案放置三天，焚香點燭，以敬告祖先與神衹。三天內，如未發生特別重大的變異，便會進一步請算命先生「合婚」，與第一時期相比禁忌程度已然放寬。

5. 合婚：請算命先生「合八字」多是爲了擬定「過定」、「親迎」等儀節的吉時良辰，僅少數家庭顧忌八字不合而拒絕雙方成婚。「合婚」後男方會告

〔註69〕麟洛鄉麟趾村 M2：「（磧茶盤）還是要啊，這是一種禮貌性的動作。」，口述資料。

內埔鄉內田村 M3：「有喝茶可是沒有放紅包。」，口述資料。

〔註70〕如爲男女雙方自行認識者，「講聘」當天男方便會延請較有威望的長輩充當媒人。

知女方「過定」日期，日期需於「過定」前半年至一月，以利女方籌備「過定」相關事宜。

表3—7：六堆地區第一與第二時期「講婚」儀節差異

時期 儀節	第一時期	第二時期
講親	○	○
看親	○	○
查家門	○	×
講聘	○	△（時序提前）
開婚	○	△
講婚	○	△

註：○表示有行該項儀節，×則無，△實行方式或時序有差異。

資料來源：研究者整理。

（二）過定

　　「過定」，即男方送聘禮至女家的儀節，女方接受，則婚約正式成立，「過定」儀式一般多在女家進行。當天，男方將聘禮、聘金放置於轎車或貨車上，由介紹人陪同準新郎、準新郎父母及男方男性親友（且郎）將禮品送至女家，整體人數以偶數為吉。聘禮、聘金送至女家後，女方需贈與同行人員「且郎錢」。女方家長點檢聘禮、聘金後，便會將其置於神案前，焚香點燭，敬告祖先與神祇，祭畢，鳴放紙炮，「過定」完成。另外，為了感謝媒人的往來奔波，男女雙方在「過定」完成後，都會各包一包紅包贈與媒人（女方紅包數目為男方一半，或較男方少）。

　　祭祖完畢後，準新娘需坐在後有靠，兩旁有扶手的椅子，並將雙腳抬高放置於小板凳上（圖3—34、3—35），[註71]由準婆婆替準新娘掛上項鍊、手鍊，再由準新郎替準新娘戴上金戒指，此時準新娘可將手指略微彎曲，讓戒指不易套入，象徵不讓男方套牢、完全掌握。隨後眾人進入客廳坐定，媒人會向女方介紹隨同前來的男家親友，準新娘需在此時斟茶招待，稱作「食甜

〔註71〕麟洛鄉麟趾村 M2：「藤椅後背有靠、旁邊有扶手，還有腳抬高，表示說新娘結婚以後有（娘家倚）靠，好命的意思。」，口述資料。

茶」，男方同樣要用紅包「磧茶盤」。中午時，女方會請廚師到家中料理，並
在「禾埕」招待男方、媒人與自家夥房親戚（少數家境較佳者到餐廳宴客）。
宴畢，女方將回贈男方的「過定」禮品放回車上，由男方帶回。男方離開後，
女方家長會「分餅」給關係較爲緊密的至親或朋友，收到禮餅的親友，則需
在結婚前準備金飾或現金替準新娘「添妝」。〔註72〕

　　不論男、女方，「過定」時送的禮品，都需貼上紅紙或用紅線圈住，象徵
喜氣。禮品則依項目分類，一般稱爲「過定六禮（或十二禮）」，以下將「過
定」禮品依男、女方分別敘述：

圖3—34：藤椅

資料來源：徐加眞女士提供。

圖3—35：板凳

資料來源：涂淳貞女士提供。

〔註72〕此時的「過定」宴與後來的「轉門」宴合併，「轉門」那天女方不會再特別
　　　　設宴請男方親友。

1. 男方「過定」禮

（1）金錢、金飾類

i.　聘金：聘金數目視男方家庭經濟狀況而定，於「講聘」時決定，由於中年組已無大、小聘之分，因此，此處聘金如依數目而言相當於早期的「大聘」。

ii.　奶母錢：男方為感念準新娘母親養育新娘所贈與。「奶母錢」約出現於民國 65 年以後結婚者，當時多流行不收聘金，只收「奶母錢」。而長輩對於「奶母錢」的出現原因不甚了解，僅知其意。〔註73〕

iii.　豬仔錢：民國 50 年代以後依實用性及衛生考量已不送豬，改為現金。

iv.　阿婆肉：男方原先會在送嫁前一天先送一塊六斤或十二斤的長條狀豬肉至女家，後多改為現金一萬元或一萬兩千元不等。

v.　開面錢：將準新娘於親迎前行「開面」儀節所需花費改為現金。

vi.　開剪錢：將準新娘於親迎前製作禮服費用改為現金。

vii.　磧桌錢：依男方親友前來參加「過定」宴席的人數作計算。

viii.金飾：金手鐲、金戒指各一對，金項鍊一條。

（2）糕餅類

　　糕餅：「過定」當天，男方僅會攜帶祭女方祖先的糕餅前去（約數十塊）。至於贈送女家親友的糕餅，則在「講聘」時先詢問過女方數量多寡，由男方準備足夠的現金，請女方自行訂做後送出。

（3）祭拜用品類

i.　金紙：需準備兩份，一份女方祭祖用，另一份則作為女方的回禮，男方帶回祭祖。

ii.　排香：需準備兩付，一付女方祭祖用，另一付則作為女方的回禮，男方帶回祭祖。

iii.　紙炮：需準備兩份，一份女方祭祖用，另一份則作為女方的回禮，男方帶回祭祖。

iv.　蠟燭：需準備兩組，一組女方祭祖用，另一組則作為女方的回禮，男方帶回祭祖。

〔註73〕萬巒鄉五溝村 O11：「我嫁女兒的時候就有『奶母錢』了，講要給女生媽媽的，從誰開始流行的我也不知道。」，口述資料。

（4）牲禮類（雞、豬、魚合併稱爲一付）

i. 雞：全雞一隻。

ii. 豬：豬肉一塊。

iii. 魚：魚一尾。

（5）水果類（一般有三樣即可）

i. 香蕉：份量需爲雙數，象徵招子招孫招福氣，客語「蕉」與「招」發音相同。

ii. 蘋果：份量需爲雙數，象徵平安。

iii. 椪柑：份量需爲雙數，象徵新娘婚後肚子會很快「膨脹」起來。

iv. 西瓜：份量需爲雙數，象徵婚姻生活甜蜜。

（6）其他類

i. 糖果：冬瓜片、冰糖及喜糖等甜品各兩包。

ii. 菸：香菸兩條、四條或六條。〔註74〕

iii. 酒：酒兩瓶或啤酒半打、一打或一箱。

iv. 檳榔：檳榔兩盤，以奉茶的茶盤爲計算基準。

v. 乾貨、罐頭：香菇、鮑魚、魷魚、干貝及蓮子等乾貨或罐頭各兩份。

2. 女方「過定」回禮

（1）糕餅類（男方所送）

　　糕餅：女方會將男方於送來祭祖的中式大餅從中取十二塊、二十六塊或三十二塊的數量當作回禮送還回去。

（2）祭拜用品類（男方所送）

i. 金紙：金紙一份。

ii. 排香：排香一付。

iii. 紙炮：紙炮一份。

iv. 蠟燭：蠟燭一組。

（3）服裝類

i. 襯衫：襯衫一件。

ii. 西裝：西裝兩套或西裝布料兩塊。

〔註74〕麟洛鄉麟趾村 M2：「除了牲禮不能回之外，菸和酒也不能回給男方。」，口述資料。

iii. 領帶、領帶夾：領帶一條、領帶夾一只。

iv. 皮帶：皮帶一條。

v. 襪子：襪子一雙。

vi. 皮鞋：皮鞋一雙。

（4）文具類

文房四寶：筆兩支、墨兩條、紙兩卷與硯台兩付。

（5）植物類

i. 長命草：長命草兩束（需連根），象徵長命。

ii. 蓮蕉花：蓮蕉花兩束（需連根），象徵意義同香蕉。

iii. 茉草：茉草兩束（需連根），象徵驅邪除煞。

iv. 芋種：芋苗兩株（需連根），象徵綿綿不絕，一代傳一代。

v. 穀種：取在來米、糯米少許，裝於紅紙袋內，象徵豐收。

vi. 豆種：取黃豆、紅豆、綠豆或長豆等豆類種子少許，裝於紅紙袋內，象徵子孫代代，繁衍不絕。

（6）水果類（男方所送）

i. 香蕉：香蕉一串。

ii. 蘋果：蘋果一顆。

iii. 椪柑：椪柑一粒。

iv. 西瓜：西瓜一顆。

（7）其他類

i. 紙扇：紙扇兩柄。

ii. 炭：炭兩枚。

iii. 糖果：冬瓜片、冰糖及喜糖等甜品各一包。（男方所送）

iv. 乾貨、罐頭：香菇、鮑魚、魷魚、干貝及蓮子等乾貨或罐頭各一份。（男方所送）

「過定」禮完成後，雙方便會開始籌備「親迎」前後的各項事宜。由於「親迎」日期已提前告知女方，因此，中年組多數不再實行「送日子」，「完聘」也隨之消失，本該透過媒人送至女家的皮箱改向婚禮用品社租借，大澡盆則由女方自備。〔註75〕

〔註75〕美濃區合和里 M5：「『送日子』我們這裡還有。」，口述資料。

表3—8：六堆地區第一與第二時期「過定」儀節差異

儀　節 ＼ 時　期		第一時期	第二時期
過定	過定（小）	○	△（不分大、小聘）
	送日子	○	×
	完聘（大）	○	×
	宴客	○	○

註：○表示有行該項儀節，×則無，△實行方式或時序有差異。

資料來源：研究者整理。

（三）親迎

「親迎」是六禮中儀節最繁複、程序最瑣碎，同時也是最重要的一個環節。由於「親迎」儀節複雜且繁瑣，研究者在此處仍舊將敘述方式禮分為親迎前（男、女方）、親迎當天與親迎後（分項）。

1. 親迎前

（1）男家準備事宜

ⅰ. 安床：安床前，男家會先請算命先生選定吉時，並排好新床的擺放方位。安床時，則會延請村內好命的老翁或老婦（必須是夫妻俱在且健全以及多子多孫者）依算命先生親迎吉課表上的吉時替新床鋪上新的棉被，同時口誦吉祥話。新床安置好後，便算「新房」，到新娘入門以前，須由準新郎胞弟或晚輩男童陪同準新郎就寢，不能讓準新郎獨自留在房中。

ⅱ. 敬祖、拜神：由於六堆客家人秉持著「飲水思源」的精神，男子能順利長大成人，邁入人生的下一個階段，全仰賴祖先與神祇的庇佑，因此，男方在親迎前一天下午，會實行敬祖、拜神儀節。敬祖、拜神的順序分別為：（1）阿婆娘家祖先；（2）母親娘家祖先；〔註76〕（3）自家祖先；（4）村庄內土地公廟；（5）村庄內大廟。準新郎「敬外祖」時需準備金紙、線香、牲醴、紅粄及酒等祭祀物，商請八音樂隊、綵旗在前引導，抵達後，由準新郎替祖先牌位「掛紅西洋」、「插金花」。由外婆娘家、母親娘家長輩陪同準新郎上香，上香二次、敬酒三旬，禮畢，鳴炮、焚燒紙錢。隨後，準新郎需先回家「敬

〔註76〕（1）、（2）項通稱為「敬外祖」。

祖」，再前往村庄內「拜神」。〔註77〕

iii. 淨身：準新郎於親迎前一天的傍晚「淨身」，用意有二：一是爲晚間的「還神」儀式表示恭敬；二是象徵準新郎此後脫胎換骨，迎接人生的新階段。

iv. 還神：又稱爲「拜天公」。男方於親迎前一日子時，在自家祖堂前進行還神儀式。一般舉行「還神」儀式，大多是藉此答謝上天庇佑，讓準新郎長大成人。「還神」步驟繁複，大致可分爲三個階段：（1）結壇，傍晚時進行，在祖堂前用三張八仙桌，兩張高的長椅，兩張矮的長椅，面朝外架設上、中、下三界祭壇（現今多將中、下兩界合併）；（2）請神，禮生會在祭壇擺設完畢後，口誦請神咒語（三遍），拜請天地眾神降臨，共享香火；（3）送神，「還神」結束後，禮生會口誦送神咒語（二遍），拜請天地眾神各歸其位，並鳴炮、焚燒紙錢。「還神」至此結束。還神儀式結束後，部分較爲講究儀節的家庭，還會再請地理師行祭祖「三獻禮」。

v. 其他：綵旗（上頭綁青枝）、男燈一對（以甘蔗作柄）、米篩、延請「好命婆」、請託家族親戚、鄰居或朋友幫忙其他雜項事宜。

表3—9：六堆地區第一與第二時期男方「親迎前」儀節差異

儀　節＼時　期		第一時期	第二時期
親迎前	安床	○	○
	送阿婆肉	○	△（過定送，改現金）
	敬祖、拜神	○	○
	淨身	○	△
	還神	○	○

註：○表示有行該項儀節，×則無，△實行方式或時序有差異。

資料來源：研究者整理。

（2）女家準備事宜

i. 辦嫁妝：由於中年組受訪者多數已不收聘金，因此，嫁妝多由男方買辦，女方帶至男家的嫁妝僅是少數日常生活所需用品，每件需貼上紅紙剪成的喜字。以下將嫁妝物品分類作敘述：

〔註77〕美濃區合和里 M5：「『敬外祖』完了把牲禮的內臟拿回去，肉留給外家，舅公則包紅包給男家。晚上辦桌請客叫作『打八仙』。」，口述資料。

　　甲、家電類

　　（甲）收音機：收音機一台。

　　（乙）電扇：電扇一台。

　　（丙）電鍋：電鍋一個。

　　乙、寢具類

　　（甲）枕頭：枕頭一對。

　　（乙）棉被：棉被一件。

　　（丙）八卦：手工縫製藝品，一份。（美濃地區限定）

　　丙、日常用品類

　　（甲）大澡盆：準新娘需在盆中放置給男家的「墊腳鞋」與「下位鞋」。〔註78〕

　　（乙）皮箱：準新娘可將衣物放置其中。〔註79〕

　　（丙）臉盆：臉盆一只。

　　（丁）盥洗用具：牙刷二支、杯子一對、毛巾二條、香皂二塊，放置於
　　　　　臉盆中。

　　（戊）水桶：水桶一只。

　　丁、交通工具類

　　　　機車：機車一台。

　　戊、其他類

　　　　金飾：金手鐲一付、金鍊一條、金戒指一對、金耳環一對。

（3）其他：女燈一對（以甘蔗作柄）、子婆雞（未下過蛋的母雞）一隻、紅包、
　　贈與伴娘的禮物、花、紅粄、甜茶等等。

表 3—10：六堆地區第一與第二時期女方「親迎前」儀節差異

儀　節	時　期	第一時期	第二時期
親迎前	辦嫁妝	○	△（僅個人用品）
	上頭	○	×
	開面	○	△（過定送，改現金）

〔註78〕美濃區合和里鍾美梅：「大澡盆裡面要放小澡盆，叫作『大小同心』。」，
　　　　口述資料。
〔註79〕內埔鄉內田村鍾麗華：「女生這邊要放六套衣服在裡面。」，口述資料。

時期 儀節	第一時期	第二時期
開剪	○	△（過定送，改現金）
淨身	○	×
子婆雞	○	○

註：○表示有行該項儀節，×則無，△實行方式或時序有差異。

資料來源：研究者整理。

1. 親迎當天

（1）起媒：由於民國 50 年代以後迎娶已改用禮車，因此，新郎會將香菸二支、紅包放置於托盤上，請媒人先上車（前座），意謂尊重媒人，請媒人帶新郎前去迎娶新娘之意。

（2）迎娶：男方迎娶隊伍前往女家迎娶新娘，第二時期與第一時期搭乘轎車者迎娶隊伍差異不大，排序大致為：（1）綵旗（將青枝綁於紅旗上，懸掛於轎車兩側）（圖）；（2）八音樂隊；（3）男燈；（4）禮品；（5）禮車（媒人坐前座，新郎坐後座居左）；（6）同行人員，回程時則加上女燈及嫁妝（新娘坐後座居左），並於啓程後鳴炮。

（3）拜轎門：迎娶隊伍到達女家後，女家鳴炮，遣一男童將香菸、檳榔或甜茶、糖果放置於托盤上，拜請新郎下車，新郎則在托盤上放置一包紅包當作謝禮。迎娶隊伍接過新娘，抵達男家後也需行此儀節。

（4）祭祖（女方）：女方親友將男方帶來的牲禮及禮品，放置於祖先牌位前，並請新郎及新娘家中重要成員一同參拜，告知祖先今日新娘將要出嫁。

（5）拜別父母：祭祖後，新人會於廳堂拜別新娘父母。拜別父母意涵大致有二：一是新郎感謝岳父母將新娘拉拔長大；二是叮囑新娘該遵守的三從四德及該具備的四頭四尾，表示此後一切從夫，應以夫家為重。

（6）接女燈：新娘上車前，先由女家男性長輩點亮男燈、女燈，再接過女燈內的燈火，移至祖先牌位旁的蠟燭上，意謂女家的薪火不會隨著女子出嫁而消失。

（7）上轎（車）：新人結束女家一切儀節後，由好命婆高舉畫有紅色八掛的米篩，依照吉課表上良辰牽新娘上轎，將米篩與銅鏡、茉草、長命草（或是帶葉的芋種）、尺、剪刀與《大學》一書綁於後擋風玻璃上，子婆雞放

於腳踏墊上,新娘則手握一新一舊兩柄白扇。〔註80〕

（8）潑水：起轎時,女方會由新娘父親或好命婆向轎頂潑水,象徵嫁出去的女兒如同潑出去的水,永遠不要「大歸」。

（9）擲扇：起轎後,新娘會將舊扇丟出,象徵拋卻舊有的陋習與壞脾氣,新扇則象徵成婚以後的新氣象。

（10）打胭（鉛）粉：迎娶隊伍抵達男家且新娘未下車前,媒人會取化妝用的胭粉,塗抹於男家親友的臉上,象徵新娘與男家結緣,客語「胭粉」與「緣分」發音相近。

（11）進門：迎娶隊伍抵達男家後,由好命婆高舉米篩牽新娘下車入廳堂。入堂前,公公、婆婆與小姑等男家近親需先避開,不能與新娘直接面對,以免「對沖」,導致往後難以相處,同時也有新娘初至,公婆退讓一步的意思。另外,進門的時間往往會安排接近進房吉時,以免流程延宕讓新娘空等。

（12）進房：入廳堂後,好命婆會接著牽新娘進房,未到祭祖吉時,新娘不能出房。而肖虎以及與新娘生肖對沖者不可進房,以免新娘日後不孕。並將子婆雞安置於室外,銅鏡、茉草、長命草（或是帶葉的芋種）、尺、剪刀與《大學》等物則掛於新房門或牆上。

（13）坐褲：新人進房後,好命婆會在長板凳上放置一條長褲,褲中放錢幣,新郎坐褲頭,新娘坐褲尾,意謂婚後富貴,福氣能從頭到尾。

（14）剪卵：新人「坐褲」時,好命婆會端出成對的去殼雞蛋兩碗,請新人分別用筷子將蛋剪破,象徵「早生貴子」。

（15）祭祖（男方）：「坐褲」、「剪卵」儀節結束,吉時一到,媒人便會請新人到廳堂祭祖,敬告祖先自家子孫今日娶親,新娘今後將成為男家的一份子,與男方共同生活。

（16）進燈：祭告祖先後,男家會請新郎舅舅及叔伯等男性長輩將男燈與女燈懸掛於祖堂橫樑上,左右各一,先進男燈再進女燈。

〔註80〕內埔鄉地理師曾○昌：「新人上車順序也有講究,新郎要先上,坐到車後座左側,新娘再上車,坐右側,到男生家裡以後,新郎從左側下車,新娘跟著下,表示出嫁從夫的意思。」,口述資料。

美濃區合和里 M5：「我們這裡,美濃沒有在用米篩,也沒有用傘。不然我們美濃庄內,以前到現在沒在用米篩,老一輩的人也講沒用米篩。」,口述資料。

（17）謝媒：「進燈」結束後，新人手捧托盤，盤中放置香菸數支、檳榔數粒（皆需雙數）及紅包一包，藉以答謝媒人促成這樁親事，「謝媒」禮的金額會較「過定」時媒人禮的金額更豐厚。

（18）宴客：中午時分，男家會在「禾埕」設宴，宴請自家夥房親友、女方親友及村庄內左鄰右舍等賓客。與第一時期不同的是，宴客時新娘會列席其中，宴客當中，新人會起身向眾位賓客敬酒，新娘則會替男家女性親友插花，藉此機會熟悉彼此，受花者則以紅包回禮。

（19）拍照：宴客結束後，男女雙方親友便會在空曠處合照。

（20）扛茶食：回家後，男家夥房親戚或是平常來往較爲熱絡的親友，會待在廳堂等待新娘「扛茶」，藉此讓新娘更加熟悉男家的眾位親友長輩。新娘會先扛菸一巡，再扛茶一巡，受菸、茶的親友需在杯中放紅包「磧茶盤」。

表 3－11：六堆第一與第二時期「親迎當天」儀節差異

儀　節 ＼ 時　期		第一時期	第二時期
親迎當天	起媒	○	○
	迎娶隊伍	△	○
	拜轎門	○	○
	祭祖（女方）	○	○
	拜別父母	○	○
	上車	○	○
	接女燈	○	○
	潑水	○	○
	擲扇	○	○
	食朝	○	✕
親迎當天	打胭粉	○	○
	邏三朝	○	✕
	進門	○	○
	進房	○	○
	坐褲	○	○
	剪卵	○	○
	祭祖（男方）	○	○

時　期 儀　節		第一時期	第二時期
	進燈	○	○
	謝媒	○	○
	宴客	○	○
	拍照	○	○
	扛茶食	○	○
	鬧房	○	×

註：○表示有行該項儀節，×則無，△實行方式或時序有差異。

資料來源：研究者整理。

（四）轉門（親迎後）

「轉門」即所謂「歸寧」，是婚俗儀節當中最後一項，第一時期多選在三天（居多）、六天、九天或十二天「轉門」，中年組則改爲迎娶第二天「轉門」。「轉門」當天，女方會派新婦的兄弟姊妹前往男家邀請新婚夫婦回門，新婚夫婦會贈與舅子紅包，並帶著糕餅、糖果等甜點前往女家拜會岳父母。由於「過定」時已設宴，此時便不會再設「歸寧宴」。宴畢進入廳堂，由女婿「扛茶」請女家親友，受茶的親友同樣需在杯中放紅包「磧茶盤」，此舉除了向親友介紹女婿外，也讓女婿能更加認識女家親友。黃昏前岳父母會準備些許物品讓新婦帶回，分別是：發粄二十四個、帶路雞一對、帶葉的紅甘蔗一對與甜糯米糕。

表3—12：六堆第一與第二時期「親迎後」儀節差異

時　期 儀　節		第一時期	第二時期
親迎後	轉門	○	○
	宴客	○	×
	發粄	○	○
	帶路雞	○	○
	紅甘蔗	○	○
	糯米糕	○	○

註：○表示有行該項儀節，×則無。

資料來源：研究者整理。

三、富麗堂皇的簡略：民國 90 年代以後的婚姻禮俗（第三時期）

前面提及六堆地區第二時期的婚姻禮俗，因此，此處將以民國 90 年代以後（第三時期）結婚的受訪對象進行實地訪查後得到的結果爲主，並與第二時期的婚姻禮俗作比較。〔註 81〕依據訪問結果，第三時期的婚姻禮俗過程大致可分爲「講婚」、「過定」、「親迎」與「轉門」四個過程。

此次研究者訪問到一位廣東省嫁來的年輕配偶，得知當地仍有許多婚姻禮俗儀節與六堆不同，下文將於標題前用※作標示，不列入比較。

（一）說婚

「講婚」是客家婚姻禮俗當中的起始環節，青年組的「講婚」過程包含「自行認識」、「講聘」與「合婚」。

1. 自行認識：隨著社會風氣逐漸開放，資訊流通快速，男女之間也不像早期較爲封閉。因此，青年組的「講親」過程，幾乎已是男女之間自行認識後決定婚事，仍委託媒人或親友媒合、湊對者大幅減少。

2. 講聘：由於男女雙方見面頻繁，已不特別實行「看親」。經過一段時日的交往彼此意合，男方便會請媒人或是較有威望的長輩陪同前往女家，詢問女方聘金、禮餅以及婚禮過程中的開銷花費。
   ※男方首次見到女方及女方家長，要包「面花錢」。〔註 82〕

3. 合婚：「說聘」後，較爲傳統的男方家庭會向女方家長索取女子的生辰八字，請算命先生擬定「過定」、「親迎」等儀節的吉時良辰，「合婚」後男方會告知女方「過定」日期，日期需於「過定」前半年至一月，以利女方籌備「過定」相關事宜。

※4. 邏家門：白渡鎮至今仍留有「邏家門」儀節。〔註 83〕

〔註81〕 研究者調查第三時期婚姻禮俗時發現，熟知者依舊是第一或第二時期的長輩，如媒人、新郎新娘父母親或是婚禮企劃，年輕一輩當事人對於當時細節、物品及用意瞭解者甚少。

〔註82〕 內埔鄉內埔村吳○詩（原籍廣東省梅縣白渡鎮）：「我先生第一次和我見面有包禮給我，去見家長的時候，我們那邊叫『面花錢』，見面禮的意思。」，口述資料。

〔註83〕 內埔鄉內埔村吳○詩（原籍廣東省梅縣白渡鎮）：「見面之後要『邏家門』，先是女方去男方家，女方滿意了，男方再去女方家，要包個『滿堂紅』，見者都要。」，口述資料。

表 3—13：六堆第二與第三時期「講婚」儀節差異

儀　　節＼時　　期	第二時期	第三時期
講親	○	△（自行認識居多）
看親	○	×
查家門	×	×
講聘	○	○
開婚	○	△（僅討八字，少數）
合婚	○	△（少數）

註：○表示有行該項儀節，×則無，△實行方式、時序或人數有差異。

資料來源：研究者整理。

（二）過定

　　「過定」，即男方送聘禮至女家的儀節，女方接受，則婚約正式成立，「過定」儀式一般多在女家進行。當天，男方將聘禮、聘金放置於轎車或貨車上，由介紹人陪同準新郎、準新郎父母及男方男性親友（且郎）將禮品送至女家，整體人數以偶數為吉。聘禮、聘金送至女家後，女方需贈與同行人員「且郎錢」。女方家長點檢聘禮、聘金後，便會將其置於神案前，焚香點燭，敬告祖先與神祇，祭畢，鳴放紙炮，「過定」完成。男女雙方會在「過定」完成後，各包一包紅包贈與媒人（女方紅包數目為男方一半，或較男方少）。

　　祭祖完畢，準新娘需坐在後有靠，兩旁有扶手的椅子，並將雙腳抬高放置於小板凳上由準婆婆替準新娘掛上項鍊、手鍊，再由準新郎替準新娘戴上金戒指。隨後，眾人進入客廳坐定，媒人會向女方介紹隨同前來的男家親友，準新娘需在此時斟茶招待，稱作「食甜茶」，男方同樣要用紅包「磧茶盤」。中午時，女方會請男方、媒人與自家夥房親戚前往餐廳參加「過定宴」。宴畢，女方將回贈男方的「過定」禮品放回車上，由男方帶回。男方離開後，女方家長會「分餅」給關係較為緊密的至親或朋友，收到禮餅的親友，則需在結婚前準備金飾或現金替準新娘「添妝」。

　　不論男、女方，「過定」時送的禮品，都需貼上紅紙或用紅線圈住，象徵喜氣。禮品則依項目分類，一般稱為「過定六禮（或十二禮）」，以下將「過定」禮品依男、女方分別敘述：

1. 男方「過定」禮

（1）金錢、金飾類

i. 聘金：聘金數目視男方家庭經濟狀況而定，於「說聘」時決定，作為場面禮，女方多半不收。

ii. 奶母錢：男方為感念準新娘母親養育新娘所贈與。

※白渡鎮稱聘金作「奶漿錢」，意思同「奶母錢」。〔註84〕

iii. 豬仔錢：民國 50 年代以後依實用性及衛生考量已不送豬，改為現金。

iv. 阿婆肉：現金一萬元或一萬兩千元不等。

v. 開面錢：準新娘的化妝費用。

vi. 開剪錢：準新娘租借禮服的費用。

vii. 磧桌錢：依男方親友前來參加「過定」宴席的人數作計算。

viii.金飾：金手鐲、金戒指各一對，金項鍊一條。

（2）糕餅類

糕餅：「過定」當天，男方僅會攜帶少量的糕餅前去（約數十塊）。至於贈送女家親友的糕餅，則在「說聘」時先詢問過女方數量多寡，由男方準備足夠的現金，請女方自行訂做後送出。

（3）祭拜用品類〔註85〕

i. 金紙：需準備兩份，一份女方祭祖用，另一份則作為女方的回禮，男方帶回祭祖。

ii. 排香：需準備兩付，一付女方祭祖用，另一付則作為女方的回禮，男方帶回祭祖。

iii. 紙炮：需準備兩份，一份女方祭祖用，另一份則作為女方的回禮，男方帶回祭祖。

iv. 蠟燭：需準備兩組，一組女方祭祖用，另一組則作為女方的回禮，男方帶回祭祖。

（4）牲禮類（雞、豬、魚合併稱為一付）〔註86〕

〔註84〕內埔鄉內埔村吳○詩（原籍廣東省梅縣白渡鎮）：「我們那邊客家話叫『奶漿錢』，就是說爸爸媽媽還〔從〕小把你養大的意思。」

「我們那邊聘金不能包整數，譬如說 699、999（人民幣）啊」，口述資料。

〔註85〕女方家中如未奉祀祖先，則免除此項。

〔註86〕女方家中如未奉祀祖先，則轉為現金或免除此項。

i. 雞：全雞一隻。

ii. 豬：豬肉一塊。

iii. 魚：魚一尾。

（5）水果類（一般有三樣即可）

i. 香蕉：份量需為雙數，象徵招子招孫招福氣。

ii. 蘋果：份量需為雙數，象徵平安。

iii. 椪柑：份量需為雙數，象徵新娘婚後肚子會很快「膨脹」起來。

iv. 西瓜：份量需為雙數，象徵婚姻生活甜蜜。

（6）其他類

i. 糖果：冬瓜片、冰糖及喜糖等甜品各兩包。

ii. 菸：香菸兩條、四條或六條。

iii. 酒：酒兩瓶或啤酒半打、一打或一箱。

iv. 檳榔：檳榔兩盤，以奉茶的茶盤為計算基準。

v. 乾貨、罐頭：香菇、鮑魚、魷魚、干貝及蓮子等乾貨或罐頭各兩份。

1. 女方「過定」回禮

（1）糕餅類（男方所送）

　　糕餅：女方會將男方於送來祭祖的中式大餅從中取十二塊、二十六塊或三十二塊的數量當作回禮送還回去。

（2）祭拜用品類（男方所送）

i. 金紙：金紙一份。

ii. 排香：排香一付。

iii. 紙炮：紙炮一份。

iv. 蠟燭：蠟燭一組。

（3）服裝類

　　襯衫、西裝等：女方會將回禮給男方的服裝轉為現金，請男方自行籌辦。

（4）文具類〔註87〕

　　文房四寶：筆兩支、墨兩條、紙兩卷與硯台兩付。

（5）水果類（男方所送）

i. 香蕉：香蕉一串。

〔註87〕 文具類物品多由婚禮企劃準備或向婚禮用品社租借。

ii. 蘋果：蘋果一顆。

iii. 椪柑：椪柑一粒。

iv. 西瓜：西瓜一顆。

（6）其他類

i. 紙扇：紙扇兩柄。

ii. 炭：炭兩枚。

iii. 糖果：冬瓜片、冰糖及喜糖等甜品各一包。（男方所送）

iv. 乾貨、罐頭：香菇、鮑魚、魷魚、干貝及蓮子等乾貨或罐頭各一份。（男方所送）

「過定」禮完成後，雙方便會開始籌備「親迎」前後的各項事宜。皮箱則向婚禮用品社租借或改為拉桿行李箱，大澡盆則或省略。

表 3—14：六堆第二與第三時期「過定」儀節差異

儀　節 ＼ 時　期	第二時期	第三時期
過定	○	○
送阿婆肉（現金）	○	○
開面（現金）	○	○
開剪（現金）	○	○
宴客	○	○

註：○表示有行該項儀節，×則無，△實行方式、時序或人數有差異。

資料來源：研究者整理。

（三）親迎

「親迎」是六禮中儀節最繁複、程序最瑣碎，同時也是最重要的一個環節。與第一、二時期相比，青年組的「親迎」儀節雖已簡化許多，但為便於比較，以下仍依親迎前（男、女方）、親迎當天與親迎後（分項）作敘述。

1. 親迎前

（1）男家準備事宜

i. 安床：少數較為傳統的青年組家庭仍有「安床」儀節，過程與中年組大致相同。

ii. 敬祖、拜神：少數較為傳統的青年組家庭仍有「敬祖、拜神」儀節，過

程與中年組大致相同。

iii. 還神：當天下午有「敬祖、拜神」者，晚間多半會舉行「還神」，步驟與第一、二時期大致相同。總體而言，青年組實行「還神」者仍是少數，往往礙於過程繁複而省略。

iv. 其他：綵旗（上頭綁青枝）、男燈一對（以甘蔗作柄）、〔註88〕米篩、延請「好命婆」、請託家族親戚、鄰居或朋友幫忙其他雜項事宜。

表3—15：六堆第二與第三時期男方「親迎前」儀節差異

時期 儀節		第二時期	第三時期
親迎前	安床	○	△（少數）
	敬祖、拜神	○	△（少數）
	淨身	○	×
	還神	○	△（少數）

註：○表示有行該項儀節，×則無，△實行方式、時序或人數有差異。

資料來源：研究者整理。

（2）女家準備事宜

i. 辦嫁妝：由於青年組受訪者多數已不收聘金，且男女雙方於婚前便會著手製辦所需物品，因此，與中年組相比嫁妝更少，但每件仍需貼上紅紙剪成的喜字。以下將嫁妝物品分類作敘述：

※白渡鎮則是親迎當天由新娘舅媽或阿姨扛攦與籮篙至男家，當中有雞、肉、魚與少許糖果（類似「過定」禮品），男家則需回一半的禮品。〔註89〕

甲、日常用品類

（甲）行李箱：皮箱會改為行李箱，較為實用。

※用皮箱，除衣服外還需在箱內四個角落放錢幣，放好後鎖起來，連同鑰匙由準新娘兄弟保管，進門後婆婆要包紅包給舅子才能開箱。〔註90〕

〔註88〕 如未奉祀祖先者則免。

〔註89〕 內埔鄉內埔村吳○詩（原籍廣東省梅縣白渡鎮）：「舅媽扛的，沒有舅媽就叫阿姨，有車載到男生家裡，下車才扛進門。」，口述資料。

〔註90〕 內埔鄉內埔村吳○詩（原籍廣東省梅縣白渡鎮）：「皮箱裡面要放衣服，四

（乙）臉盆：臉盆一只。

（丙）盥洗用具：牙刷二支、杯子一對、毛巾二條、香皂二塊，放置於臉盆中。

（丁）水桶：水桶一只。

乙、交通工具類

（甲）機車：平時已在使用，一台。

（乙）汽車：平時已在使用，充當嫁妝，一輛。

丙、其他類

（甲）金飾：金手鐲一付、金鍊一條、金戒指一對、金耳環一對。

（乙）墊腳鞋、下位鞋：準新娘不準備大澡盆，便會將原先要送的鞋子改為現金，請男方自行購買。

ii. 其他：女燈一對（以甘蔗作柄）、〔註91〕子婆雞一隻、〔註92〕紅包、贈與伴娘的禮物、花、紅粄、甜茶等等。

※子婆雞，白渡鎮稱「帶子雞」，一對。〔註93〕

表3－16：六堆第二與第三時期女方「親迎前」儀節差異

儀　節 ＼ 時　期		第二時期	第三時期
親迎前	辦嫁妝	○	△（項目更少）
	子婆雞	○	△（象徵物代替）

註：○表示有行該項儀節，×則無，△實行方式、時序或人數有差異。

資料來源：研究者整理。

2. 親迎當天

（1）起媒：青年組結婚時仍會延請媒人或由長輩代媒人職，當天新郎仍會用托盤端紅包請媒人上車。

個角要放錢，要鎖住，新娘的弟弟要拿，到男方家的時候婆婆要拿紅包給弟弟拿鑰匙開皮箱。」，口述資料。

〔註91〕男家如未奉祀祖先者則免。

〔註92〕改為類似玩具的象徵物。

〔註93〕內埔鄉內埔村吳○詩（原籍廣東省梅縣白渡鎮）：「我們那邊叫『帶子雞』，就是要拿去下蛋的。」，口述資料。

（2）迎娶：男方迎娶隊伍前往女家迎娶新娘，青年組多數已省略綵旗、八音樂隊與男燈等項目。少數保留者迎娶隊伍排序大致為：（1）綵旗（將青枝綁於紅旗上，懸掛於轎車兩側）；（2）男燈；（3）禮品；（4）禮車（媒人坐前座，新郎坐後座居左）；（5）同行人員，回程時則加上女燈及嫁妝（新娘坐後座居左），並於啟程後鳴炮。

（3）拜轎門：迎娶隊伍到達女家後，女家鳴炮，遣一男童將香菸、檳榔或甜茶、糖果放置於托盤上，拜請新郎下車，新郎則在托盤上放置一包紅包當作謝禮，迎娶隊伍接過新娘，抵達男家後也需行此儀節。

（4）祭祖（女方）：女方親友將男方帶來的牲禮及禮品，放置於祖先牌位前，並請新郎及新娘家中重要成員一同參拜，告知祖先今日新娘將要出嫁。

（5）拜別父母：祭祖後，新人會於廳堂拜別新娘父母。拜別父母意涵大致有二：一是新郎感謝岳父母將新娘拉拔長大；二是叮嚀二人婚後要好好相處。

（6）上車：新人結束女家一切儀節後，由好命婆高舉畫有紅色八掛的米篩，依照吉課表上良辰牽新娘上車，將米篩於後擋風玻璃上，新娘則手握白扇。

※新娘上車時會打紅傘，上車後不能將紅傘完全闔上。〔註94〕

（7）潑水：車子發動時，女方會由新娘父親或好命婆向車頂潑水，象徵嫁出去的女兒如同潑出去的水，永遠不要「大歸」。

※新娘上車前將水潑在傘頂。

（8）擲扇：發動後，新娘會將扇丟出，象徵拋卻舊有的陋習與壞脾氣。〔註95〕

※迎娶隊伍離開後女家一般會「食朝」。

（9）進門：迎娶隊伍抵達男家後，由好命婆高舉米篩牽新娘下車入廳堂。入堂前，公公、婆婆與小姑等男家近親需先避開，不能與新娘直接面對。

※新娘下車後，媒人走在前方捧著方鏡，鏡面需對著新娘，新娘手上

〔註94〕內埔鄉內埔村吳○詩（原籍廣東省梅縣白渡鎮）：「我們這邊不用米篩，打紅傘，爸爸媽媽要灑水，而且上車傘不能闔起來，不能完全開著的話只能闔一點點，就是新娘要一直拿著那個傘。」，口述資料。

〔註95〕青年組有親迎當天男方不行儀節的例子。
佳冬鄉昌隆村張○良：「因為男生那邊顧慮孤鸞年，出嫁之後就直接去公證了。」，口述資料。

　　則有糖果、棗子與銅錢少許，用紅手帕包覆，進門時向後拋在門外。
〔註96〕

（10）進房：入廳堂後，好命婆會接著牽新娘進房，肖虎以及與新娘生肖對沖
　　　者不可進房。

　　　※進房後，銅鏡與嫁妝皆放在床上，早期會請舅子滾床三圈。〔註97〕

（11）坐褲：新人進房後，好命婆會在長板凳上放置一條長褲，褲中放錢幣，新
　　　郎坐褲頭，新娘坐褲尾，意謂婚後富貴，福氣能從頭到尾。

（12）剪卵：新人「坐褲」時，好命婆會端出成對的去殼雞蛋兩碗，請新人分
　　　別用筷子將蛋剪破，象徵「早生貴子」。

（13）祭祖（男方）：吉時一到，媒人便會請新人到廳堂祭祖，敬告祖先自家子
　　　孫今日娶親，新娘今後將成為男家的一份子，與男方共同生活。

（14）進燈：祭告祖先後，男家會請新郎舅舅及叔伯等男性長輩將男燈與女燈
　　　懸掛於祖堂橫樑上，左右各一，先進男燈再進女燈。

（15）謝媒：「進燈」結束後，新人手捧托盤，盤中放香菸數支、檳榔數粒（皆
　　　需雙數）及紅包一包，藉以答謝媒人。

（16）宴客：中午時分，男家會在餐廳設宴，宴請自家夥房親友、女方親友及
　　　村庄內左鄰右舍等賓客。宴客當中，新人會起身向眾位賓客敬酒，與第
　　　一、二時期不同的是，新娘不再「插花」。

（17）拍照：宴客結束後，男女雙方親友便會在空曠處合照。

（18）扛茶食：回家後，男家夥房親戚或是平常來往較為熱絡的親友，會待在
　　　廳堂等待新娘「扛茶」，藉此讓新娘更加熟悉男家的眾位親友長輩。

　　　※白渡鎮則由新人共同奉茶，稱為「四手茶」。〔註98〕

〔註96〕內埔鄉內埔村吳○詩（原籍廣東省梅縣白渡鎮）：「到男方家要下車的時候，
　　　　媒人要在前面捧一個鏡子，方塊鏡，比較古董的鏡，然後是要照著新娘進門
　　　　的。進門的時候手上有手帕，包著棗子、糖果和一些銅錢。」，口述資料。

〔註97〕內埔鄉內埔村吳○詩（原籍廣東省梅縣白渡鎮）：「會叫舅子上去滾床，滾
　　　　三圈。」，口述資料。

〔註98〕內埔鄉內埔村吳○詩（原籍廣東省梅縣白渡鎮）：「請客完後回家要泡茶給
　　　　親戚喝，會放紅包，我們那邊是要兩夫妻，客家話說『四手茶』。」，口述
　　　　資料。

表 3—17：六堆第二與第三時期「親迎當天」儀節差異

時　期 儀　節		第二時期	第三時期
親迎當天	起媒	○	○
	迎娶隊伍	○	△（少數）
	拜轎門	○	○
	祭祖（女方）	○	△（少數）
	拜別父母	○	○
親迎當天	上車	○	○
	接女燈	○	×
	潑水	○	○
	擲扇	○	○
	食朝	○	×
	打胭粉	○	×
	邏三朝	○	×
	進門	○	○
	進房	○	○
	坐褲	○	△（少數）
	剪卵	○	△（少數）
	祭祖（男方）	○	△（少數）
	進燈	○	△（少數）
	謝媒	○	○
	宴客	○	○
	拍照	○	○
	扛茶食	○	×
	鬧房	×	×

註：○表示有行該項儀節，×則無，△實行方式、時序或人數有差異。

資料來源：研究者整理。

（四）轉門（親迎後）

　　青年組與中年組相同，皆於迎娶第二天「轉門」。「轉門」當天，女方會派

新婦的兄弟姊妹前往男家邀請新婚夫婦回門，新婚夫婦會贈與舅子紅包，並帶著糕餅、糖果等甜點前往女家拜會岳父母。由於「過定」時已設宴，此時便不會再設「歸寧宴」，新婦帶回夫家的物品也出現轉變，除紅甘蔗未改變外，發粄、糯米糕已逐漸被省略，帶路雞也由原先的一對活雞改爲象徵物（圖3─36）。

　　※白渡鎮則無「帶路雞」。

圖3─36：帶路雞（象徵物）

資料來源：鍾美梅女士提供。

表3─18：六堆第二與第三時期「轉門」儀節差異

儀　節 \ 時　期		第二時期	第三時期
親迎後	轉門	○	○
	宴客	×	×
	發粄	○	×
	帶路雞	○	△（象徵物代替）
	紅甘蔗	○	○
	糯米糕	○	△（少數）

註：○表示有行該項儀節，×則無，△實行方式、時序或人數有差異。

資料來源：研究者整理。

第三節　婚姻禮俗器物及其象徵意涵

自周代創「六禮」後，各時期的婚姻禮俗儀節雖有實行差異，但也僅是從中進行增刪而已，整體仍未脫出「六禮」的基本架構，可見儀節稱得上是婚姻禮俗中最重要的一環。至於次要者，則要屬能配合各項儀節，卻又會隨著時代演進而改變的器物。倘若我們將婚禮儀節視為整套婚姻禮俗系統的骨幹，那器物便是與骨幹不可劃分，卻又會受到外在影響的血肉。因此，本節將著重於六堆客家婚姻禮俗中的器物進行探討，藉此得知其象徵意涵。

一、講婚階段

紅包（磧茶盤）

男方前往女家看親時，女子會盛妝打扮，並以茶、菸或檳榔招待男方。基於禮貌，男方多會在收回茶杯時於茶盤或杯中放上一包紅包，作為雙方的「見面禮」，以免讓女方產生不受尊重或男方過於吝嗇的負面印象，更藉此為這段關係奠下良好基礎。

紅色代表熱情、活力，五行當中屬「火」，有淨化一切的作用。自古以來，中國將紅色賦予喜慶、吉祥的意涵並廣泛運用，與象徵哀悼的白色相對。因此，婚姻禮俗過程中的一切禮金，都以紅色為包裝。

二、過定階段

過定時的器物是婚姻禮俗儀節中最多的，下文將依類別分項敘述：

（一）聘金、金飾類

歷來中國傳統的婚姻禮俗一向是由男方主導，加上女子的自我意識與地位也不如現今來的開放與平等，使得女子婚後往往成為男方的私有財產，而聘金的意涵便是這項交易中雙方談好的必要條件。隨著時代演進，聘金成為古代聘娶婚姻的遺風被保留下來，但其主要目的卻大不相同，已從衡量女子身價轉變為男方對於女方父母養育女兒成人的感恩與報答，更是女方置辦嫁妝的補貼經費。此外，聘金類還包括：豬仔錢，早期男方須於親迎前一至二天送一頭全豬前往女家，藉以感謝女家對於女子的養育之情，後因實用與衛生考量多轉為現金。奶母錢，閩南式聘禮，男方為感念女家母親養育、拉拔女子長大成人所贈與。

金飾一般多以金手鐲、金戒指各一對與金項鍊一條為主，是「過定」時

重要的禮品之一。由於金飾貴重的性質不受時代影響，因此成為男家向女子表達看重對方的象徵物。青年組多將金手鐲、金戒指、金項鍊改為水晶手環、鑽戒與水晶項鍊，除舊有意涵不變外，更有對自身婚姻與配偶堅定不移、明亮璀璨的期許。

（二）糕餅類

傳統中式大餅多以圓形為主，象徵婚姻圓滿、甜蜜，同時告知親友女子已是待嫁的準新娘。

（三）水果類

水果類一般以香蕉、蘋果、橘子或西瓜為主。因客語「蕉」與「招」同音，香蕉象徵婚後招子招孫招福氣。「蘋」與「平」同音，蘋果象徵平安。橘子又稱「椪柑」、「甘仔」，象徵新娘婚後肚子會很快「膨脹」起來。西瓜汁甜多子，象徵婚姻甜蜜、多子多孫。〔註99〕

（四）服裝類

即女方回贈男方的成套西服，包含禮帽、襯衫、西裝、領帶、領帶夾、皮帶、襪子與皮鞋等，部分較富有人家還會加贈鋼筆及手錶等配件。服裝配件須從頭到腳一應俱全，以象徵婚姻「有頭有尾」，另外，一身正裝則是女家對於男子在外能「有頭有臉」的期望。

（五）文具類

文具類多以文房四寶為主。筆、墨、紙、硯，象徵讀書認字，源於客家人崇尚文教的精神與考取功名的期許。

（六）植物類

女方「過定」回禮的植物類有五種，分別是：長命草、蓮蕉花、芋種、穀種與豆種。長命草取其「長命」意涵，象徵新人長命百歲。蓮蕉花與香蕉象徵意涵相同，皆是希望新人婚後能夠招子招孫招福氣。芋種須採用連根的芋苗兩株，由於芋頭生命力極強，落地便能生根，藉此象徵子孫綿綿不絕，一代傳一代。穀種以在來米、糯米等米類穀物為主，裝於紅紙袋內，象徵年年豐收。豆種則是黃豆、紅豆、綠豆或長豆等豆類種子，同樣裝於紅紙袋內，象徵子孫代代，繁衍不絕。

〔註99〕蕉、招，均音 zeu↗。

（七）其他類

其他類則有紙扇、炭與糖果、菝、發粄及乾貨、罐頭。「扇」與「善」同音，紙扇象徵該段婚姻男女雙方結下善緣。炭火燃燒時會發出響聲，象徵婚後男子能做出一番事業。糖果則有冰糖、冬瓜片以及少許散糖，象徵婚姻甜甜蜜蜜外，同時希望親友也能沾染新人的喜氣。客語「菝」與「緣」音近，送菝象徵雙方家庭結下好緣份。〔註100〕發粄取其名「發」的意涵，象徵婚後發財、發達。〔註101〕乾貨、罐頭內容以香菇、鮑魚、魷魚、干貝及蓮子等物居多，象徵婚後衣食無缺、富足有餘。

三、親迎階段

（一）肉品類

肉品類以阿婆肉為主，是一塊長條狀豬肉，其意涵為感念準新娘外婆養育準岳母，方能有今天待嫁的準新娘。民間認為，男方為了表示養育之恩無價，切阿婆肉時需一刀切下，而不以斤兩數秤重購買。

（二）動物類

動物類即子婆雞，未下過蛋的母雞一隻，腳上須綁紅線，出嫁當天置於轎底或轎車踏板帶到男家，成熟後與男家公雞交配，象徵新娘婚後替男家帶來新生兒。

（三）植物類

青枝與茅草，青枝是成支且帶葉的榕樹、龍眼樹或青竹，取其長青意涵，象徵掃除迎娶途中的煞氣，讓迎娶的新人與隊伍平安完成任務。茅草意涵與青枝相同，但主要在於袪除新娘身邊的穢氣，與銅鏡、剪刀及《大學》一起用紅線綑綁。

花卉，宴客時新娘替男家女性親友「插花」用，一般多以扁柏、雞冠花及千日紅為主，扁柏取其「長青」之意，祝福披戴者青春永駐、長生不老。雞冠花因花色為鮮紅色，而被視為吉利的顏色，同時雞冠花的花語為「不死」，有「長壽」之意。千日紅，色澤純紅且花期長達一年，加上花為圓形，客語稱作「圓粄花」，表示「圓滿」，其花語為「不朽、不滅」，有「長生」之意。

〔註100〕菝，音 ian ／；緣，音 ian ˇ。
〔註101〕發，音 fad ˋ，指發達，又音 bod ˋ、bog ˋ，象徵有錢。

（四）器物類

　　器物類有男燈、女燈與米篩（或黑傘）、剪刀、銅鏡與《大學》以及八卦。客語「燈」與「丁」同音，親迎當天，由男方攜帶男燈前去女家迎回女燈，象徵男家添丁，新娘早生貴子。〔註102〕

　　新娘上、下轎時需用米篩或黑傘（懷孕者）遮擋，以免與天相沖，懷孕者則因米篩上用朱墨繪製的八卦會殺傷胎兒，改用黑傘。銅鏡，象徵光明。剪刀，民間認為剪刀刀口與鳥喙相似，象徵四象之一的朱雀，而有除邪驅魔、正善立身的意涵。由於多數受訪對象對於《大學》使用意涵不甚了解，據此，研究者推測原因大致有二：一是《大學》當中體現的精神，「大學之道，在民民德，在親民，在止於至善」，〔註103〕彰顯自身所具屬於光明面的「德性」，再推己及人，使他人也能自新，精益求精，以達到最完善的程度並能維持。二是臺灣早期生活困苦，讀書求取功名實屬不易，能進入大學就讀者多為人中龍鳳，進而取書籍與學校同音作為新婚期望。不論《大學》的實質用意是取其精神或是同音期望，都充分顯現客家人「崇文重教」的精神。八卦則是美濃地區特有的器物，除了辟邪，還包含了夫妻婚後共組家庭的象徵意涵。

四、轉門階段

（一）食物類

　　食物類有發粄、甜糯米糕與紅甘蔗，發粄象徵婚後發財、發達。甜糯米糕象徵夫妻感情如同糯米一般如膠似漆。成支帶葉的紅甘蔗一對，則象徵夫妻有頭有尾、感情甜甜蜜蜜。

（二）動物類

　　主要指帶路雞，帶路雞須為一公一母，雙腳綁上紅線，象徵子孫繁衍不絕，並期許女兒不要忘了回娘家的路與既有的情份。

　　經田野調查獲得的資料加以比較，研究者發現，六堆地區婚姻禮俗的實行過程與方式大致相同，各地區間主要差異在於使用的器物，如美濃獨有的八卦，新娘上轎不用米篩或傘以及仍保存於佳多鄉的甜糯米糕等。

〔註102〕燈、丁，均音 den ˊ 。
〔註103〕〔宋〕朱熹：《四書章句集注》（臺北：大安出版社，1994 年），頁 4。

表 3—19：六堆各時期婚姻禮俗使用器物表

儀 節 ＼ 時 期		第一時期	第二時期	第三時期
講親階段	紅包（磧茶盤）	○	○	×
過定階段	聘金	○	○	○（不收）
	豬仔錢	○	○	○
	奶母錢	×	○	○
	金飾	○	○	○
	糕餅	○	○	○（西式較多）
	水果	△（因地制宜）	△（因地制宜）	○
	服裝	○	○	△（現金）
	文具	○	○	○
	植物類	○	○	○
	紙扇	△（高樹不用）	△（高樹不用）	○
	炭	○	○	○
	糖果	○	○	○
	乾貨	○	○	○
親迎階段	阿婆肉	○	△（現金）	△（現金）
	子婆雞	○	○	△（象徵物代替）
	青枝	○	○	○
	茉草	○	○	○
	花卉	○	○	×
親迎階段	男燈、女燈	○	○	△（少數）
	米篩（或黑傘）	△（美濃不用）	△（美濃不用）	△（美濃不用）
	銅鏡	○	○	○
	剪刀	○	○	○
	《大學》	○	○	○
	八卦（美濃地區）	○	○	○
轉門階段	發粄	○	○	×
	甜糯米糕	○	○	△（佳多）
	紅甘蔗	○	○	○
	帶路雞	○	○	△（象徵物代替）

第四章　客家婚姻禮俗變遷探討

由第三章三個時期的受訪資料可以得知，不同年齡層的婚禮儀節有其基本流程卻又不完全相同，部分儀節已開始出現合併、省略等變化。因此，本章將針對各時期婚禮儀節的異同處，依前述的「講婚」、「過定」、「送日子」、「親迎」與「轉門」等過程進行探討，藉此了解六堆客家婚姻禮俗的變遷情況。

第一節　媒妁之言到不媒而合：講婚變遷過程

「講婚」是客家婚姻禮俗中的起始環節，隨著時代與社會背景的變遷，「講婚」儀節產生了變化，本節透過歸納與整理田野調查資料後所得結果，列舉出實行「講婚」儀節與過程的變遷情況：

一、「講親」：婚配對象選擇權由被動趨於主動

據訪談結果得知，第一時期礙於當時保守的社會風氣，婚配對象多數於「講親」時即決定。由於男女雙方多數皆未曾謀面，經媒人介紹後，才由父母決定親事，使得當事人對於婚配對象並未有太大的空間可做選擇，近乎處於被動狀態。加上婚前碰面的次數極少，夫妻往往到了婚後才有相互認識、培養感情基礎的機會。

第二時期的婚配對象多數仍是透過媒人媒合、湊對，並於「講親」時決定，但也開始出現由男女雙方親友、老師或同事等，介紹自己認識且適合的親友子女以及少數於工作場合自行認識的例子。此時的父母親雖握有婚姻決定權，但仍會給予當事人自行交往的空間，倘若適合，再進一步談論婚事，此舉也有助於減少因父母果斷決定而導致婚後夫妻不合的情況。由此可見，

第二時期與第一時期的不同在於當事人的婚事自主權與婚配對象選擇權已不像早期完全處於被動，認識範圍也不侷限於「講親」。

相較於第一時期與第二時期，第三時期則因社會現代化、風氣開放及網際網路發達等因素，婚配對象由「他人介紹」轉爲「自行認識」居多。雙親也已不像早期堅持「父母之命，媒妁之言」去限制子女的人際交往，而是轉爲尊重當事人的決定，僅從旁提供建議。由此可見，第三時期對於婚配對象已有相當程度，甚至完全掌握的自主權，是不同於第一、第二時期的最顯著差異，同時也表示男女雙方婚配對象的選擇權由早期的被動漸趨於主動。

二、「看親」：實行方式與地點的轉變

第一時期的「看親」會因是否認識婚配對象而有差異。一般來說，雙方不相識，委託媒人介紹者，才會進行「看親」，如果是自家附近的庄內居民，由於曾見過面或是雙方家長早已認識，便不會特地進行「看親」。其實行方式大致有二：一是遵循傳統，「講親」後由媒人帶男子、男方家長或親友前往女家拜訪，女子盛妝打扮，以茶、菸或檳榔接待男方，男方如果欣賞女子，便會「礩茶盤」；二則是經媒人介紹後，男子或男方親友前往女家或工作場合以「偷看」的方式了解女子，認爲合適再前往女家拜訪，進一步討論婚事。此時期實行「看親」時地點多選在女家，陪同人員以男子、男方父母、男性親友及媒人爲主。

第二時期與第一時期「看親」方式的差異在於，不論是媒人介紹或是自行認識，都已不再「偷看」。「看親」地點也延伸至女家以外的場所，如餐廳或友人家等，此時女子便不再特別奉茶招待（如在女家則照舊），改由雙方吃飯聊天、聚會聯誼等較爲輕鬆的方式進行。陪同人員開始有女性出現。

第三時期則因社會現代化、風氣開放及網際網路發達等因素，男女雙方已自行熟識、自由戀愛，婚前也會出入對方家庭，在雙方父母對子女交往對象有初步了解且不多加干涉情況下，不再實行「看親」，「扛茶食」的儀節也已省略。

三、男女交往關係由保守趨於開放

第一時期因當時社會風氣保守，在「講親」、「看親」過後，鮮有交往機會，便直接「過定」。

　　第二時期當事人大部份都有外出工作、求學的經歷，即便雙方是透過媒人介紹、媒合，仍保有自行交往與戀愛的空間，可說是男女交往關係由保守逐漸走向開放的轉變階段。

　　受到社會風氣與社交圈擴大的影響，第三時期當事人大多嚮往自由戀愛，婚事的態度也轉為主動，不再被動讓父母安排。當事人對於早期男女交往的禁忌也已不避諱，與第一、第二時期相比，研究者在訪問過程中聽聞受訪者提及「奉子成婚」的比例也越來越多。

四、「查家門」：舊有習俗的消失

　　「查家門」的用意在於讓女方有機會探看男方的家庭狀況，如不適合，則有回絕婚事的空間，算是對女方多一層的保障作用。據訪問結果，「查家門」多只在第一時期當事人口中提及，且也非每人皆有，部分當事人因雙方居住距離不遠，可從鄰居、親友處得知對方家庭情形，或是雙方家長早已認識，彼此家境狀況也有了解，而不實行「查家門」。第二時期隨著男女雙方婚前交往風氣漸開，僅剩個別案例，〔註1〕第三時期則已不再實行。

五、「開婚」、「合婚」與「講聘」：傳統禁錮心理的鬆綁

　　第一時期經過「查家門」後，多數會實行「開婚」與「合婚」，即索取女方八字後，放置於灶君、神像或祖先牌位前，以求吉兆，得吉兆後再請算命先生「合八字」與擇定日期。對第一時期而言，當時的「開婚」與「合婚」是「講聘」前很重要的步驟，因為媳婦與丈夫契合與否，是家族興衰的重要關鍵，在男女雙方還未能深交的年代，僅能依靠八字去作判斷，另一方面則是當事人的父母（更老一輩）對於傳統信仰的依賴。「開婚」與「合婚」雖出自傳統禁錮心理，但研究者訪談過程中，卻未聽聞第一時期當事人因八字不合而拆散的例子。

　　第二時期男女雙方開始自行交往，由於有了感情基礎，「開婚」後多已不再將八字放置於灶君、神像或祖先牌位前求吉兆，「合婚」則簡化為以雙方八字去擇定「過定」與「親迎」日期。除此之外，第二時期與第一時期較顯著的差異在於「講聘」儀節改於「開婚」、「合婚」之前，可見家中長輩對於禁忌的程度已放寬許多。

〔註1〕萬巒鄉鹿寮村受訪對象M7：「結婚前我媽媽還有去『查家門』，了解我先生他們家的狀況。」，口述資料。

第三時期當事人由於工作繁忙，男女雙方居住距離拉遠，加上普遍不受八字相合與否的命理觀念影響，「講聘」後便從雙方許可的時間中挑選出較好的日子，直接成親。而部分保有傳統觀念的家庭，也僅將新人的八字作為擇定婚期用。至此，「開婚」簡化為向女方討取八字；「合婚」則是選定日期，早期看重八字的禁錮心理逐漸鬆綁。

六、媒人角色的虛化

婚姻禮俗當中，媒人角色的穿針引線極為重要，尤其是第一、第二時期，從男女雙方認識、「講聘」、「過定」到「迎娶」，都需經過媒人居中牽線與協調。第三時期則因男女自行熟識、戀愛的比例增加，婚事的促成已不再仰賴媒人，各項細節多由雙方家中較有威望的長輩或父母親談妥即可，於結婚當天再請媒人（現成媒人）前來協助完成各項儀式。〔註2〕由此可見，媒人角色從原有的「功能性」逐漸轉變為「象徵性」，已逐漸虛化。

七、晚婚風氣漸盛

第一時期，臺灣處於農業社會，許多農事與家務需要有足夠人手操持。因此，當事人普遍早婚，不論男、女，結婚年齡多在 20 歲以下，多數受訪者也提到需要及早娶媳婦回來幫忙農事。

隨著農業社會逐漸轉為工業化，第二時期當事人大部份都有外出工作、求學的經歷，與第一時期相比，結婚年齡有延後的趨勢。但此時仍處於保守至開放的過渡階段，當事人不免受到家中長輩影響，認為「男大當婚，女大當嫁」，即使婚齡延後，也盡量在 30 歲前完婚。

第三時期由於求學時間拉長、前往外地工作等因素，加上婚姻自主性的提高，使得男女雙方對於自身婚事考量的面向增多，相較於第一、第二時期，第三時期當事人的婚齡顯得更晚，30 歲以上結婚者逐漸增多，進而形成晚婚風氣。

第二節 相容並蓄與目不暇給：過定儀節的增加與器物差異

「過定」即男方送聘禮至女家的儀節，表示婚約成立。「過定」的變遷差

〔註2〕 現成媒人多數僅於結婚當天前來協助進行各項儀式，除延請自家較為年長的長輩外，為行禮方便也會延請專職媒人。

異可分為儀節與禮品兩部分，其中又以禮品因年代不同產生的變化更為明顯。本節將透過歸納與整理田野調查資料後所得結果，列舉出實行「過定」儀節的變遷情況與禮品差異：

一、從「轎」到「汽車」：載物工具改變

第一時期「過定」時採用的載物工具，會因結婚時代與距離而有所不同，民國 30 年代以前結婚者大多用轎，30 年代後開始將轎置於三輪車或腳踏車，部分通婚距離較近者仍用人力。〔註3〕50 年代前後，家境富裕的家庭才逐漸改用轎車、貨車，到了第二、第三時期「過定」時已全面改用汽車載物。

從早期用人力搬運的「轎」到中、後期依靠器械動力的「汽車」，不難發現載物工具隨著社會由農業轉向工業化後，傳統禮器已逐漸淘汰，載物工具更包含了交通接駁的功能。這代表六堆客庄的生活水準有提升的趨勢，也間接顯示男女雙方的通婚距離可能變長，對象不再像早期侷限於同一村庄或鄰近區域，可能是跨縣市。

二、「戴戒指」：西式儀節的融入

戴戒指，客語作「戴／掛禁指」。〔註4〕指由新郎替新娘戴上訂婚金戒，再由新娘替新郎戴上的儀節。

第一時期女方收下男方送來的「過定」禮後，便會直接將其放置於神桌前祭告祖先。因此，「過定」禮雖有一對金戒指，卻不會在「過定」時直接戴上，受訪者也未提及「過定」時有「戴戒指」儀節。

第二時期以後，實行「過定」時才出現「戴戒指」儀節，在祭拜完女家祖先後，準新娘需坐在後有靠，兩旁有扶手的椅子，並將雙腳抬高放置於小板凳上，由準婆婆替準新娘掛上項鍊、手鍊，再由準新郎替準新娘戴上金戒指，此時準新娘可將手指略微彎曲，讓戒指不易套入，象徵不讓男方套牢、完全掌握。此項儀節留存至今，現第三時期仍有「戴戒指」儀節，實行方式與第二時期大致相同，地點則視情況而定。

〔註3〕 高樹鄉廣福村受訪對象 O8：「我們這邊如果是庄內人（過定），都還是用人力。」，口述資料。
　　　　佳冬鄉六根村受訪對象 O5：「因為他（指先生）是庄內人，所以「過定」時候送東西來還用轎。」，口述資料。
〔註4〕 戴／掛禁指，音 dai／gua　gim　zii ╲／ji ╲。

　　透過訪談資料，研究者認為「戴戒指」應非六堆客家「過定」時的傳統儀節，而是受到外部文化影響導致。如劉薇玲於《屏東客家婚俗變遷之研究——以六堆中區為例》一文中引用了王灝的說法：「據說訂婚所戴的戒指是傳自西方，英國民俗學家威斯特馬克認為，它是原始掠奪婚的殘餘，因為象徵綑綁女子的繩子。這種說法，似乎也可以說明戒指為什麼有一個「戒」字的原因了，同時也可以和以往搶奪婚習俗的一些行為，互相來印證。」〔註5〕除此之外，陳霖於《關西地區客家婚俗變遷之研究》文中提及關西地區早期（約民國二十四年）「過定」時有「戴戒指」的個案出現，〔註6〕這點可能又與不同地區客家族群融入西方文化的時間進程有關。

三、「奶母錢」：閩南式聘禮出現

　　奶母錢，指男方為感念準岳母養育新娘所贈與。前述已提及，第一時期聘禮中除聘金、豬仔錢外，並未有其他金錢類聘禮出現，而相關文獻中也未詳細記載「奶母錢」的出現時間與原因。經研究者綜合各次訪談得出的結果發現，「奶母錢」約出現於民國 65 年以後的第二時期「過定」禮中。〔註7〕

　　第二時期實行「過定」時，聘金已無大、小聘之分，在「奶母錢」出現後，不收聘金，只收「奶母錢」的風氣開始盛行。〔註8〕第三時期則延續此項習俗，行「過定」時，女方大多數僅收「奶母錢」，將聘金轉作為場面禮用，並於「過定」後退還男方。〔註9〕綜上所述，研究者認為「奶母錢」的出現有可能是受到他文化的影響。〔註10〕

〔註 5〕 劉薇玲：《屏東客家婚俗變遷之研究——以六堆中區為例》（台南：國立台南師範學院鄉土文化研究所碩士論文，2003 年），頁 75。

〔註 6〕 陳霖：《關西地區客家婚俗變遷之研究》（新竹：國立新竹教育大學環境與文化資源學系社會學習領域教學碩士班碩士論文，2010 年），頁 96。

〔註 7〕 第一、第二時期受訪者表示自己嫁女兒或從他處聽聞有「奶母錢」時，多是民國 67、68 年左右，而民國 64 年以前結婚者未有此聘禮，因此，研究者認為「奶母錢」的出現時間應是民國 65 年以後。

〔註 8〕 傳統想法認為，收受聘金相當於將女兒「賣」給男方，第二時期結婚時，思想漸開，開始有不收聘金即不將女兒「賣」給男方的說法。

〔註 9〕 佳冬鄉昌隆村張○良：「『講聘』的時候我們有和男生說，不收聘金，收『奶母錢』就好，聘金用來作面子的，過後會再退還給他們。」，訪問資料。

〔註10〕 美濃區文史工作者謝○文：「客家人沒有『奶母錢』，『奶母錢』是閩南人的東西。就意義上來講，相當於客家人的『豬仔錢』，是後來受到閩南婚俗影響才加進來。」，口述資料。

四、「過定」禮品的變遷與差異

　　六堆客家人的「過定」禮一般稱為「過定六禮（或十二禮）」，本論文依訪談資料與文獻內容將眾多禮品畫分為金錢、金飾類、喜餅類、祭拜用品類、牲禮類、水果類及其他等六類。

　　第一時期男方實行「過定」時的禮品，以金錢、金飾類、喜餅類與祭拜用品為必須之物，一是象徵男家的經濟能力；二是為讓女家作為回禮。其中，又以聘金與喜餅過少，最容易遭受外人哂笑。收禮後，女方會將部分喜餅、祭拜用品、水果及其他類禮品連同男用服裝、文具與數種植物作為回禮贈與男方，象徵彼此有來有往，不占男方便宜。

　　第二時期男方實行「過定」時的禮品類別與第一時期大致相同，但內容已出現差異，其中又以金錢類與喜餅類差異最大。金錢類多了前述提及的「奶母錢」外，還多了感念準新娘外婆養育準岳母，方有準新娘的「阿婆肉（轉現金）」、準新娘行「開面」時的「開面錢」、製作或租用禮服的「開剪錢」，以及男方親友前來參加「過定」宴的「磧桌錢」等。喜餅類僅準備數十塊，以便女家祭祖用，其餘贈送親友的份數，於「講聘」時已先詢問女方，「過定」後由男方出資，請女方自行訂做後送出。當時雖有西式禮餅，但主要仍以中式糕餅為大宗，女方回禮則與第一時期大致相同。

　　第三時期不論男、女方，「過定」禮與第二時期大致相同，較為不同處在於喜餅類已普遍改用西式禮餅，女方回禮當中的男用服裝轉為現金，請男方自行籌辦。總的來說，「過定」禮的項目視各家經濟能力與女方要求而有所增減，至多只能算是約定俗成，並未硬性規定。

　　綜上所述，聘禮到了第二時期是變化最大的時期，主要原因大致有二：一、禮品轉為現金（簡化），第一時期「過定」禮多數為實體物品，除了讓雙方作足面子外，更能顯示男家經濟能力，而在較為清苦的早期農業社會，實體物品也是生活中用得上的。第二時期因肉品新鮮、衛生與實用性，以及「開面」、「開剪」儀節的省略等問題，禮品逐漸轉為現金，此時雙方主要的考量在便於行事，省去許多準備過程，同時也讓女方有更大的彈性運用空間。二、禮品漸趨西化，從第一時期女方回禮中的男用服飾為西裝、領帶等西方服飾，而不是舊有的長袍馬掛，傳統的中式糕餅也逐漸改為第二時期出現的西式禮餅，可見六堆客家人的「過定」禮已受到西方文化影響甚深而改變送禮方式。而在眾多禮品當中，有兩類並未被簡化或西化，分別是女方回禮中的植物類

與文房四寶類，研究者推測，由於這兩類物品每一項皆有象徵意義且取得方便，是至今仍留存於第三時期「過定」禮中的主要原因，同時也表示六堆客家人雖然受到西方文化影響，但在最細微的地方並未忘卻意義傳承的重要。

第三節　捨舊揚新的心理鬆綁：送日子儀節消失

「送日子」，由媒人或男方將「親迎」當天日課帖、親家帖及所需物品送至女家的儀節。隨著時代與社會背景的變遷，「送日子」是六堆客家婚姻禮俗中唯一被省略的主要過程。本節將透過歸納與整理田野調查資料後所得結果，列舉出「送日子」儀節省略的原因與後續影響：

一、「送日子」：主要過程的消失

第一時期經過「開婚」、「合婚」等步驟，才能決定「迎娶」日期，加上儀節中包含「完聘」，需在當天將日課帖、親家帖、大聘金、開剪錢、開面錢、木（皮）箱與大澡盆送至女家，因此，婚前時多會實行「送日子」。

第二時期則因「開婚」、「合婚」步驟的合併與簡化、聘金無大、小聘之分、「開面」、「開剪」儀節省略，費用轉為「過定」禮等因素，而不再實行「送日子」。「過定」後由媒人攜日課帖、皮箱等物前往女家即可，為了實用性考量，部分受訪者提及皮箱會直接向婚禮用品社租借，大澡盆則由女方自備。第三時期受訪者多數已不清楚「送日子」儀節的相關程序，[註11]物品除皮箱以租借方式，或改用實用性較高的拉桿行李箱外，其他已省略。

二、「過定」至「親迎」間的日期縮短

由於第一時期需經過「送日子」方能定下婚期，因此，從「過定」到「親迎」之間的日期最長可達二年，另一項原因則是早年農村生活清苦，婚事花費又高，往往需在作物收成或牲畜養大售出後經濟狀況較為寬裕，方能籌備結婚當天的諸多事物。

第二時期因產業轉型，家庭所得增加，間隔時間已較第一時期短，多在數月至半年間便完婚，也有到一年者，但比例不高。而第三時期當事人對婚

〔註11〕佳冬鄉昌隆村張○良：「我女兒結婚前，男生還有行『送日子』，拿日課、親家帖過來。」，口述資料。這是研究者訪談中唯一一組仍行「送日子」的第三時期案例。

期的自主性已不像第一、第二時期般受到婚姻禮俗儀節限制,「過定」與「親迎」日期全憑男、女雙方意願而定。

第四節　樸實無華到富麗堂皇：親迎過程著重排場

「親迎」是婚姻禮俗中儀節最繁複、程序最瑣碎,同時也是最重要的一個環節。本節將透過歸納與整理田野調查資料後所得結果,列舉出「親迎」儀節與過程的變遷情況:

一、「敬祖、拜神」：飲水思源精神延續

「敬祖、拜神」是三個時期皆會實行的儀節。由於第一時期多是同宗家族共居的三合院,家中普遍奉祀祖先牌位或神明,因此,男方會前往阿婆與母親娘家「敬外祖」,再回到家中「敬祖」,最後到庄內大廟「拜神」。第二時期開始出現離開大家庭的例子,但比例不高,大致仍依上述過程實行儀節。第三時期則因家庭結構受到社會變遷影響,許多三代同堂的大家庭逐漸轉變爲小家庭,而大部分新成立的小家庭未特別供奉祖先牌位或神明,因此,須於結婚前一天回到內、外家祠堂「敬祖」,再「拜神」。由此可見,在六堆客家人的觀念中,「敬祖、拜神」是不可或缺的儀節,顯示六堆客家人仍十分重視「飲水思源」的精神,更不忘感謝神靈對於自家孩子一路走來的庇佑與護持。

二、「還神」：重點儀式彈性化

「還神」可說是「拜神」儀節的延伸與擴充,藉由禮生引導,拜請各路眾神前來接受香火,以答謝上天對於準新郎的庇佑,因此,對於極爲重視飲水思源精神的客家族群而言,「還神」近乎蔚爲風氣。

第一時期因農業社會敬畏天地觀念與傳統信仰緣故,普遍家庭皆相當重視「還神」,即使是家境不富裕的家庭,仍會想方設法趕在男子結婚前舉行「還神」儀式;富裕人家更不在話下,「還神」祭壇規模與供品與清苦家庭呈強烈對比。

第二時期經濟狀況則較第一時期爲佳,一般家庭大多能進行基本規模的「還神」儀式。由於「還神」儀式照古禮須從晚間十一點開始進行至凌晨一點,第三時期礙於耗費人力與時間,多將儀式提前至九點舉行,十一點結束,以養足精神準備隔日前往女家迎娶新娘。儀式用牲禮也由全豬、全羊改爲麵豬、麵羊,以符合衛生與環保,全雞、水果及糖果等項目則照舊。「還神」前

特別用茉草、鴨蛋「淨身」的儀節已逐漸消失。

早期舉行「還神」需由當事人自行準備祭品、租借祭壇，後來逐漸演變由前來主持儀式的地理師或相關人員全程包套，以減輕主家負擔。

三、嫁妝項目改變

置辦嫁妝是「親迎」前女方最重要事項之一，一是嫁妝多寡與「過定」時男方聘金成正比，二則是反映女家是否有能力替女兒額外增添嫁妝。

第一時期迎娶當天的嫁妝是三個世代中最為多樣的，大致可分為家具類、家電類、寢具類、日常用品類、工作用具類與其他類。其中，生產時使用的「伏頭凳、生產凳」、配合八腳床的帳簾、帳帶、農事用的碎豬菜葉機到第二時期時已不復見，家電類則要到民國 50 年代以後結婚者才有。

相較於第一時期，第二時期由於社會變遷、產業轉型，嫁妝已少了許多，內容有家電、寢具、日用品、機車等。第三時期則因男、女當事人已於婚前添購家具及各項用品，嫁妝僅剩些許小品項的日常用品與機車，或是充當迎娶隊伍的汽車。

四、「開剪」、「開面」：舊有儀節消失與婚顧行業興起

第一時期「親迎」前多會由好命婆、挽面師及裁縫師替準新娘執行「開剪」、「開面」儀節。第二時期以後，已將「開面」、「開剪」費用合併於「過定」禮中，加上專業的化妝師與禮服公司，無需再特別挽面、製作禮服。迎娶前僅由母親、長輩或好命婆拿粉刷在準新娘臉上比劃，並取一塊完整的紅布剪上一刀作象徵，第三時期則不再實行。這也使得「開剪」、「開面」消失在現今客家婚姻禮俗過程當中。由此可見，上述兩項儀節的消失與婚顧相關行業的興起有很大的關係。

實際上，第一時期自行製作新娘禮服者已不多，多數向婚紗店租借，且樣式普遍受到西化影響，這點從「過定」禮中可略知一二。結婚當天，新郎以西式禮服（少數用長袍馬褂）搭配禮帽，新娘則以白紗為主（圖 4—1）。〔註12〕隨著時代演進，新娘禮服的樣式由簡單樸素演變為現今的精緻多樣，如不

〔註12〕 「新娘包裹式的頭紗是以鳳冠的造型簡化而來，婚紗長度拖地則象徵婚姻長長久久之意。」
　　　　蘇旭珺：《臺灣早期漢人傳統婚禮盛裝服飾》一文收錄於數位典藏觀察室，網址：http://content.teldap.tw/index/blog/?p=4097，日期：2016／4／11。

滿意更可以客製化，使得新娘對禮服的選擇空間擴大許多。顏色則由傳統的大紅、粉紅蓬蓬裙（圖4—2），轉爲合身的白紗，更加強調個人風格及流行時尚（圖4—3），禮服店也由早期的家庭式轉型成專業化的婚紗公司。隨著婚顧行業的興盛，近年來，婚紗公司甚至推出新娘秘書替新娘打點一切，甚至包含迎娶當天所有配件用品，舉凡婚紗照、禮服、彩妝、紙扇、鮮花、道具等均由婚顧業者全權負責，甚至可同時租借多件禮服於婚宴上做替換。

　　婚紗攝影也由早期面目嚴肅的黑白攝影轉變爲活潑奔放的彩色攝影，場景更由照相館、自家延伸至戶外著名景點或特殊地區。照片數量也由第一時期的簡單幾張到第二、第三時期的婚紗相本，甚至可拍上百張，採用數位技術保存。攝影業者也與婚紗、婚顧公司合作，推出全程包套的專案服務，使得籌備婚事的便利性大爲提高。

圖4—1：第一時期結婚服飾

資料來源：張郡庭小姐提供。

圖 4—2：第二時期結婚服飾

資料來源：張育良女士提供。

圖 4—7：第三時期結婚服飾

資料來源：李皇儀先生提供。

五、迎娶隊伍精簡化

第一時期受訪對象年齡達 85 歲以上者，可能受到清代嘉應州遺俗影響，新郎多不行「親迎」禮，而是委託媒人及男性親友前往，此時迎娶隊伍有：拖青、男燈、八音樂隊、媒人轎與新娘轎。80 歲以下者，除少數當事人距離較近用花轎外，多已使用轎車代替，同時省略拖青，改將青枝綁於綵旗上，負責男燈、禮品的且郎與八音樂隊乘坐於小貨車上，鳴砲、奏樂前導。第二時期與第一時期大致相同，主要差異在於能運用的車輛變多，新人乘坐的禮車也轉為較寬敞的房車。第三時期僅少數保留綵旗、八音樂隊與男燈，禮車方面，不再使用貨車，以轎車、休旅車為多數，八音改於雙方家中播放，車上則播放一般流行音樂。

綜上所述，迎娶隊伍與「過定」時的載物工具有一定程度的關聯，從早期需要人力的檻、花轎轉為器械動力的貨車，再轉為轎車、休旅車，所需的器物也逐漸精簡，象徵迎娶隊伍已從昔日的費時耗力演變成現今省時簡便的型態。

六、「拜轎門」：舊有習俗的遺留

「拜轎門」名稱源於早期迎娶用轎緣故，研究者推測，其意義是請初次來到男家的新娘下轎，主要在於禮遇新人。前述提及，第一時期從「過定」到迎娶時間長達兩年，礙於保守風氣，男、女雙方中間並無太多機會能互相走動。因此，女方到了男家後，透過拜請新娘下轎的習俗，讓新娘有受尊重感。直到民國 50 年代以後，迎娶工具由花轎轉為汽車，新郎陪同前來迎娶的緣故，「拜轎門」實行上才改成「拜車門」，但名稱與習俗卻不因迎娶工具改變而消失，即使是婚姻禮俗過程已受到西化的第三時期仍有保留，更是客家婚姻禮俗過程中少數遺留下來未被省略的習俗。此外，新娘下轎或是下車時，公婆、小姑等人必須迴避，屬虎、孕婦及服喪者也不得在旁觀禮。由此可見，除「拜轎門」外，下轎禁忌也為一般人所遵循。

七、「子婆雞」：象徵物由實轉虛

清代嘉應州遺俗，當時稱作「祖婆雞」，新娘母親會在轎子座位下放一隻腳上綁有紅線的母雞，抵達男家後移至床底下，成熟後與男家公雞交配，象徵「早生貴子」。

第一時期於新娘上轎時，新娘母親會在轎中座位下的空間放入一隻「子婆雞」，民國 50 年代，迎娶工具改為轎車後，便將「子婆雞」置於禮車內新娘腳邊。第二時期則因考量衛生問題改放置於貨車或其他禮車的後車廂。由於活雞易有便溺、掉毛等問題，清理起來諸多不便，加上已無適當空間可豢養，第三時期便將活雞改為小型的象徵飾物，並由婚顧公司一併提供，較第一、第二時期簡便許多。

「子婆雞」雖已由實物轉虛，但其象徵意義卻未曾改變，縱使是第三時期時期，研究者仍未曾聽聞省略的例子，可見「子婆雞」被客家族群視為有重要象徵意涵的物品，並未因時代變遷而消失。

八、「踢尿桶」：器物與意義的消失

第一時期因衛浴設備不如現今方便，多會在房間放置尿桶，以防夜半內急。由於迎娶當天多以步行為主，路途遙遠需花費更久的時間，加上新娘上轎後須遵守不可中途下轎的規矩，不管如何內急，都必須忍耐，因此，多數新娘離開房間前會踢尿桶三下，希望一路上不會產生尿意。民國 50 年代以後結婚的第一時期即使已由花轎換成汽車，仍會行此習俗。

第二時期以後，大部分的家庭都已具有現代的衛生觀念與衛浴設備，並不會直接於寢室內便溺，加上交通工具讓迎娶時間縮短，使得尿桶棄而不用後，該習俗也連帶消失。

九、「邐三朝」：舊有儀節的消失

「邐三朝」，古時稱作「三朝」，原意是婚後第三天，由新婦母親送魚、肉到男家給女兒，女方兄弟也陪同前來，主要在於探視新婦出嫁後的起居情況，此時男家須以禮款待。

第一時期受訪者對於「邐三朝」的了解與上述已不盡相同，實行時間也由「迎娶後」轉為「迎娶當天」，方式則有二：迎娶隊伍抵達男家後，隨即回程前往女家接送新娘父母、兄弟等女家親友，或是女方親友較迎娶隊伍慢出發前往男家。第二時期受訪者對「邐三朝」一詞近乎陌生，但仍記得印象中女方親友曾較迎娶隊伍慢出發前往男家，可見「邐三朝」已趨向形式化，第三時期更是完全消失。

研究者推測，「邐三朝」儀節隨著時代消失的原因有二：一、交通工具發

達，即使通婚處為外縣市，依舊能於喜宴前抵達；二、精簡化，第二時期正好是由農業轉變為工業化的過渡期，「邏三朝」已不符合當時的行事，進而與其它舊有儀節遭到人們省略而消失。

十、喜宴漸趨華麗

第一時期婚禮宴客時間多訂在中午，宴席的料理多是請鄰居、親友於婚前數日前來幫忙籌備，並於當日聘請廚師外燴烹煮。會場設於自家禾埕，入口設有紅包受付處，由男方家人負責紅包收受的工作。宴客時，新郎由且郎陪同向大家敬酒，新娘則不出房用餐，由親友端飯菜進房讓新娘果腹。宴客中途，媒人會進房將新娘帶入席間替男家女性親友插花。宴客完畢，許多賓客會前去新房看新娘。民國 50 年代以後，電器產品出現，婚宴更增加麥克風、音箱等音效設備，由在座親友、賓客向新人道祝賀詞，男方家人則報以答謝。

第二時期婚禮仍以午宴居多，但也有少數訂於晚宴，宴客的菜色仍是請外燴廚師包辦。喜宴會場除自家禾埕外，也延伸到了庄內大廟廣場、馬路旁，會場外擺有親友致贈的花籃，入口處則是新人的婚紗照。喜宴會場備有卡拉 OK 伴唱機，並聘請主持人主持。宴客前，由花僮（二男二女）隨新郎、新娘進入喜宴會場，與第一時期不同的是，宴客過程中新娘與新郎全程參與，先由主持人在台上向賓客介紹新人、雙方父母親及家世背景。新郎、新娘及雙親向台下賓客敬酒後，下台便與雙方家長與至親等同桌用餐。〔註 13〕宴客中途，新娘會進房更換禮服，再出來與新郎、公婆向各桌賓客敬酒。宴畢，新郎、新娘分持放有香煙及喜糖的禮盤，於喜宴會場入口處送客。

第三時期婚禮以晚宴居多，婚宴會場多選在餐廳或酒店，由店家同時包辦菜色。會場入口處除了設有紅包受付桌外，還設有簽名簿、彩球鮮花等裝飾物，一旁則有新郎、新娘的大型婚紗海報及小本婚紗專輯供欣賞翻閱，更有小禮物如特殊造型的筆、書籤或謝卡贈送賓客。宴客開始前，婚禮顧問多會安排特別橋段，如跳舞、熄燈、拉砲或奏樂等方式在進場時塑造氣氛，甚

〔註13〕宴席中，新人的桌次被稱為「主桌」、「上桌」或「親家席」，除新人與雙
　　　方父母外，多是祖父、祖母、舅舅、叔伯等血緣較近的至親。旁系或其他親
　　　戚則坐在主桌旁的「親友桌」，其次才是一般賓客。

至以吊籃或升降機讓新人以特別的方式入場，賓主盡興。宴客當中，則會用照片或影片搭配新人及家室背景介紹、敬酒等過程，新娘更換禮服的次數也較第二時期來得多，禮服多達三套以上。宴畢，新郎、新娘則持包裝精美的小禮品於喜宴會場入口處送客。

綜上所述，三個時期對於喜宴的辦理方式在時間、地點、菜色與過程上皆不相同。第一時期因風氣保守，新娘不出房敬酒，第二時期開始，賓客與新人的互動漸趨頻繁，第三時期則為加強喜宴的趣味與多樣性，在會場的設置及宴客過程上用盡巧思。此外，新娘的打扮、出場與禮服也逐漸成為喜宴中受矚目的焦點，可看出新娘角色分量加重與女性地位的提升。整體而言，喜宴過程由簡入繁，到後期甚至可用「華麗」形容，在在都顯示客家喜宴受西方及現代文化影響甚深。

第五節　本同末異的禮俗承襲：轉門差異甚微

一、「親迎」至「轉門」時間縮短

依照古禮，「轉門」需等新婚後一個月才能進行，如不按古禮，也要在婚後三日、六日、九日或十二日實行。

經過訪談，第一時期普遍已改為新婚後第二日行「轉門」禮，僅有少數於十二日內回門，稱作「邐十二朝」。第二、第三時期則多改為第二日，也有因通婚距離較遠，直接於新婚當天下午「轉門」的例子。如此，婚事流程的日數縮短，女家可直接利用新婚當天的吊飾及擺設等，省卻重新佈置的人力，同時也可提早結束婚禮的相關工作，讓新人早日進入家庭生活。

二、「轉門」攜帶物品的變化

新婚夫婦行「轉門」禮時，會贈與妻舅紅包，並攜帶糕餅、糖果等甜點禮回到女家，離去前，岳母也會備禮回贈，這類禮尚往來的精神，各世代皆有，但娘家的回禮卻會因時代變遷而有差異。第一時期娘家回禮包含發粄二十四個、帶路雞一對、帶葉紅甘蔗一對與甜糯米糕，第二時期則是發粄、帶路雞與紅甘蔗，〔註14〕第三時期僅剩帶路雞與紅甘蔗，而帶路雞也與「子婆雞」一樣由實轉虛，改為小型的象徵飾物。

〔註14〕目前得知美濃區、佳冬鄉第二、第三時期仍留有送甜糯米糕的習俗。

三、「歸寧」宴併入「過定」宴

　　第一時期岳父母會於自家擺設宴席款待新婚夫婦與女家夥房親友，稱爲「歸寧」宴。第二時期以後，爲了實行方便，多數人將「歸寧」宴併入「過定」時的宴客流程中，「轉門」後不再特別設宴。

第五章　客家婚姻禮俗中的祝福語與禁忌事項

　　中國人歷來實行禮儀與習俗時的各項環節往往帶有「趨吉避凶」的意涵，尤其是被稱作「大喜」的婚姻禮俗，相關人員更會盡可能將容易導致霉運、厄運的一切因素排除，期望新人與雙方家庭婚後和樂、平順。由此，進而衍生出祝福語與各種禁忌事項，希望藉著納吉同時也能避開凶事，六堆地區的客家族群至今仍保有這項觀念。正因如此，研究者在調查客家婚姻禮俗變遷的過程中，發現祝福語與禁忌事項是禮俗當中不可或缺的一環，因此加以記錄，希望成爲可用的參照資料，讓往後對該領域有興趣的研究者能深入研究與探討。

第一節　降个倈仔讀大學：祝福語與期望意涵

　　六堆客家族群的祝福語即是「講四句」，「『講四句』就是講好話、吉利話、吉祥話、祝福的話，是最純樸客家的民間文學，過去常廣泛地用於各種喜慶場合作爲贈言。」〔註1〕可見「講四句」的作用在於納吉與招來福氣，適用場合普遍以婚嫁或喜慶爲主。「四句」的創作多數源於民間，屬於民間文學的一種，作者配合婚姻禮俗中的各項環節，念誦具有吉利、祝福意涵的句子，往往帶有些許個人或族群色彩，普遍以口傳爲主。

　　「四句」的格式需要押韻與對句，用詞風格則不設限。其形式大致有四、五、六、七、八至九字的類別，其中又以四、五、七字較多，也有「三七」、「四七」或「五七」等前後句不同字數結合而成。「三七」句型如：「剃卵頭，

〔註1〕曾彩金總編輯：《六堆人講四句》（屏東：六堆文化研究學會，2007年），頁6。

世代兒孫出公侯。」「四七」句型：「凳仔長長，新娘坐等盡大方。」「五七」句型：「眠帳掛啊起，新人降子早中舉。」

　　句數則有一聯二句、四句、八句、十句或以上者，以一聯四句居多數。押韻以「一、二、四句押，第三句不押」為最多數，也有四句通押的例子。除此之外，部分「四句」用韻講究、對丈工整，可能是文人創作，有些則因讀音接近，將非鄰韻也借過來用，或許是當時隨機應變、即興發揮，只求順口。用詞風格方面從古意十足、粗俗有趣、文采優美、幽默戲謔到純樸直率皆有，有些則配合時代背景、民情風俗與生活經驗任意套用。〔註2〕此外，邱曉玲於《高屏六堆客家傳統婚禮之研究》一文中以中國傳統詩歌「賦、比、興」的表現手法針對客家「四句」進行探討。〔註3〕

　　據研究者訪談結果發現，「四句」的表現型式主要以念誦為主，極少有採用歌唱方式「唱四句」的例子，因此，「四句」多半不需配合音樂即可發揮。婚姻禮俗中的「四句」因結婚當天（正婚禮）禮俗儀節多且繁複，條目也最多，「講四句」的人員則以媒人、好命婆居多，其次則是雙方親友、禮生或司儀（地理師）。

　　下文將列出研究者田野調查及《六堆人講四句》書中收錄與婚姻禮俗相關的「四句」（不同句型為主）：〔註4〕

一、安床

　　客家人在婚前，會請算命先生選擇吉日，然後延請家族內或親友中長命富貴、子孫滿堂的「好命婆」，按照日課帖中的時辰安置新床，鋪上新的床罩，以求吉祥平安。

（一）眠床四四方，降个倈仔狀元郎；眠床四四角，降个倈仔滿間房。〔註5〕

（二）被單薄薄，降个倈仔讀大學；被單方方，降个倈仔狀元郎。〔註6〕

〔註2〕曾彩金總編輯：《六堆人講四句》（屏東：六堆文化研究學會，2007年），頁7。

〔註3〕邱曉玲：《高屏六堆客家傳統婚禮之研究》（台北：銘傳大學應用中國文學研究所碩士論文，2004年），頁202～206。

〔註4〕曾彩金總編輯：《六堆人講四句》（屏東：六堆文化研究學會，2007年），頁10～132。

〔註5〕音 min∨ cong∨ xi xi fong✓，giung ge lai e＼ cong ngian∨ long∨；min ∨ cong∨ xi xi fong✓，giung ge lai e＼ man✓ gian✓ fong∨。萬巒鄉五溝村涂淳貞女士提供。

（三）好時好日來安床，床鋪疊高子孫多；雙雙對對富貴年，降个倈仔中狀元。〔註7〕

（四）良辰安床，大吉大利；早生貴子，狀元及第。〔註8〕

（五）眠床升高高，子孫代代好；眠床四四方，子孫出英豪。〔註9〕

（六）眠帳掛啊起，新人降子早中舉；眠帳放啊下，新人降子中探花。〔註10〕

（七）起手攤床，大起吉昌；夫妻同枕，世代榮昌。長春不老，蘭桂騰芳；中間攤床，到老白頭。拜請床公、床婆、花公、花婆，請送子孫來，送著紅花千金子，送著白花狀元郎。〔註11〕

二、送阿婆肉

　　男方於結婚前一至二天會準備一塊十二斤左右的生豬肉，貼上紅紙後送至女家，女方再將豬肉分送給外祖母或舅舅。送肉的用意是飲水思源，並感謝女家願意將女子嫁給男方，同時有彌補女方家長心中的不捨及感恩的意思。

　　豬肉送來八九斤，多謝新人十分情；家娘家官愛孝順，祝你家和萬事興。〔註12〕

〔註6〕音 pi ˊ dan ˊ pog pog，giung ge lai e ˋ tug tai hog；pi ˊ dan fong ˊ fong ˊ，giung ge lai e ˋ cong ngian ˊ long ˇ。萬巒鄉鹿寮村利菊招女士提供。

〔註7〕ho ˋ sii ˇ ho ˋ ngid ˋ loi ˇ on ˊ cong ˇ，cong ˇ pu tiab go ˊ zii ˋ sun ˊ do ˇ；sung ˊ sung ˇ dui dui fu gui ngian ˇ，giung ge lai e ˋ zung cong ngian ˇ。內埔鄉竹圍村江陳庚妹女士提供。

〔註8〕音 liong ˇ siin ˇ on ˊ cong ˇ，tai gid ˋ tai li；zo ˋ sen ˊ gui zii ˋ，cong ngian ˇ gid ˋ ti ˇ。

〔註9〕音 ming ˇ cong ˇ siin ˇ go ˊ go ˊ，zii ˋ sun ˊ toi toi ho ˋ；min ˇ cong ˇ xi xi fong ˇ，zii ˋ sun ˊ cud ˋ in ˊ ho ˇ。

〔註10〕音 min ˇ zong gua a hi ˋ，xin ˊ ngiong ˇ giung zii ˋ zo ˋ zung gi ˋ；min ˇ zong biong a ha ˇ，xin ˊ ngiong ˇ giung zii ˋ zung tam fa ˊ。

〔註11〕音 hi ˋ su ˋ tan ˊ cong ˇ，tai hi ˋ gid ˋ cong ˇ；fu ˇ qi ˊ tung ˇ ziim ˋ，sii toi iung cong ˇ。cong ˇ cun ˊ bud ˋ lo ˋ，lan ˇ gui tin ˇ fong ˊ；zung ˊ gian ˊ tan ˊ cong ˇ，do lo ˋ pag teu ˇ。bai qiang ˋ cong ˇ gung ˊ、cong ˇ po ˇ、fa ˊ gung ˊ、fa ˊ po ˇ，qiang ˋ sung zii ˋ sun ˊ loi ˇ，sung do ˋ fung ˇ fa ˊ qien ˊ gim ˊ zii ˋ，sung do ˋ pag fa ˊ cong ˇ ngian ˇ long ˇ。

〔註12〕音 zu ˊ ngiug ˋ sung loi ˇ bad ˋ giu ˋ gin ˊ，do ˊ qia xin ˊ ngin ˇ siid fun ˊ qin ˇ，ga ˊ ngiong ˇ ga ˊ gon ˊ oi hau sun，zug ˋ n ˇ ga ˊ fo ˇ van sii hin ˊ。

三、女家祭祖、點燭

　　親迎當天，男家車隊到達女家後，由媒人或好命婆帶新娘到祖堂前祭祖、點燭，告知祖先今天孫女要出嫁，感謝祖先一路來的扶持與庇佑。

　　吉日良時來討親，點起燭火照門庭；今日過門從孝順，雙燭透尾發萬金。

〔註13〕

四、新娘上轎

　　新娘祭祖、拜別父母後，由媒人或「好命婆」牽引上車，同時鳴炮表示路途上大吉。

（一）上轎大吉，一路平安；尊敬公婆，和睦子嫂；百年偕老，子孫滿堂。

　　　　〔註14〕

（二）喜氣洋洋，來看新娘；八人大轎，十分風光。鬧鬧熱熱，新娘上轎；吉日過門，富貴天長。〔註15〕

（三）今日出嫁做新娘，愛敬家官搭家娘；公婆和氣美滿來，一生幸福好吉祥。〔註16〕

（四）莫嗷莫嗷，乖乖上轎；又有鑼鼓，又有花轎。歡歡喜喜，好上門轎，暗晡新娘公撩汝笑。〔註17〕

〔註13〕音 gid､ ngid､ liong／ sii／ loi／ to､ qin／，diam､ hi､ zug､ fo／ zeu mun／ tin／；gim／ ngid､ go mun／ qiung／ hau sun，sung／ zug､ teu mi／ fad､ van gim／。

〔註14〕音 song／ kieu tai gid､，id､ lu pin／ on／；zun／ gin gung／ po／，fo／ mug zii､ so､；bag､ ngian／ hai／ lo／，zii／ sun／ man／ tong／。

〔註15〕音 hi､ hi iong／ iong／，loi／ kon xin／ ngiong／；bad､ ngin／ tai kieu，siid fun／ fung／ gong／；nau nau ngiad ngiad，xin／ ngiong／ song kieu；gid､ ngid､ go mun／，fu gui tien／ cong／。

〔註16〕音 gim／ ngid､ cud､ ga zo xin／ ngiong／，oi gin ga／ gon／ dab､ ga／ ngiong／；gung／ po／ fo／ hi mi／ man／ loi／，id､ sen／ hen fug､ ho､ gid､ xiong／。

〔註17〕音 mog gieu mog gieu，guai／ guai／ song kieu；iu iu／ lo／ gu､，iu iu／ fa／ kieu。fon／ fon／ hi､ hi､，ho､ song／ mun／ kieu，am bu／ xin／ ngiong／ gung／ liau／ n／ seu。

五、拖青

　　男方迎親對伍中，最前方由拖青作為前導。「青」是帶有枝葉的成支龍眼樹、榕樹或青竹，用意在於掃除迎娶路途上的凶神惡煞，以免沖煞到新人。

（一）竹青青油油，公婆長長久；圓滿添貴子，榮華富貴有。〔註18〕

（二）迎青者：拖青先生博學家，四句講來吐蓮花；添後再添還嫌薄，想賺紅包做身家。

　　　　拖青者：紅包未可做身家，再來錦上又添花；新添新人增福壽，福壽雙全享榮華。〔註19〕

（三）迎青者1：來接青樹增吉祥，

　　　　迎青者2：歡歡喜喜做新郎；

　　　　親友：四門六親來接起，

　　　　拖青者：紅包大大福更長。〔註20〕

六、新娘下轎

　　迎親隊伍接過新娘回到男家後，男方會遣一男童用托盤托著糖果、香菸、檳榔或水果，拜請新娘下轎，新娘則回以紅包答謝。

（一）新娘真靈通，出手無相同；聽𠊎講四句，紅包加一封。〔註21〕

（二）今日轎門兩片開，金銀財寶做一堆；新郎新娘入洞房，生子生孫進秀才。〔註22〕

〔註18〕音 zug qiang qiang iu iu，gung po cong cong giu；ian man tiam gui zii，iung fa fu gui iu。

〔註19〕音 to qiang xin sang bod hod ga，xi gi gong loi tu lien fa；tiam heu zai tiam van hiam pog，xiong con fung bau zo siin ga。
　　　　fung bau vi ko zo siin ga，zai loi gim song iu tiam fa；sin tiam sin ngin zen fug su，fug su sung qion hiong iung fa。

〔註20〕音 loi jiab qiang su zen gid xiong，fon fon hi hi zo xin long；xi mun liug qin loi jiab hi，fung bau tai tai fug gien cong。

〔註21〕音 xin ngiong ziin lin tung，cud su mo xiong tung；tang ngai gong xi gi，fung bau ga id fung。

〔註22〕音 gim ngid kieu mun liong pien koi，gim ngiun coi bo zo id doi；xin long xin ngiong ngib tung fong，sen zii sen sun jin xiu coi。

七、打鉛粉（「鉛」與「緣」音近）

新娘下轎後，媒人會拿著鉛粉（現改為化妝用粉撲）沿著進入新房的路線在新房、廚房、餐廳以及男家家屬身上，灑下鉛粉，希望新娘往後能廣結人緣。另外，媒人也會將些許鉛粉灑入水缸，象徵家庭和樂，灑完後則放在缸蓋上，象徵「人未到，緣先到」。

（一）人盲到，緣先到；入大廳，得人緣。〔註23〕

（二）人盲到，緣先到，新娘來同大家結緣。〔註24〕

（三）阿公派佢打胭粉，來佢屋家有緣份；新娘好教又合群，子女發達大新聞。〔註25〕

八、進房

吉時一到，由媒人牽新娘進新房。

（一）新娘慢慢行，新郎笑哈哈；遽遽做阿姆，財寶滿廳下。〔註26〕

（二）新郎新娘入新房，新被新蓆新眠床；明年新娘生貴子，富貴榮華萬年長。〔註27〕

九、看新娘

新娘進房後，親友鄰居會帶著小朋友來看新娘，藉此互相認識。

（一）喜氣洋洋，來看新娘；八人大廳，十分風光。〔註28〕

（二）腳踏新娘間，富貴萬萬年；發財生貴子，文武兩狀元。〔註29〕

〔註23〕音 ngin ˇ mang ˋ do，ian ˇ xien ˇ do；ngip tai tang ˊ，ded ˋ ngin ˇ ian ˇ。內埔鄉竹圍村江陳庚妹女士提供。

〔註24〕音 ngin ˇ mang ˇ do，ian ˇ xien ˇ do，xin ˊ ngiong ˇ loi ˇ tung ˇ tag ˋ ga ˊ gied ˋ ien ˇ。佳冬鄉昌隆村藍琴梅女士提供。

〔註25〕音 a ˊ gung ˊ pai ngai ˇ da ˋ ian ˇ fun ˋ，loi ˇ ngai ˇ vug ˋ ga ˊ iu ˇ ian ˇ fun；xin ˊ ngiong ˇ ho ˋ gau ˊ iu hab kiun ˇ，zii ˋ ng ˋ fad ˋ tad tai xin ˊ vun ˇ。

〔註26〕音 xin ˊ ngiong ˇ man man hang ˇ，xin ˊ long ˇ seu ha ˋ ha ˊ；giag ˋ giag ˋ zo a ˊ me ˊ，coi ˋ bo ˋ man ˊ tang ˊ ha ˊ。

〔註27〕音 xin ˊ long ˇ xin ˊ ngiong ˇ ngip ˋ xin ˊ fong ˇ，xin ˊ pi ˊ xin ˊ qiag xin ˊ min ˇ cong ˇ；min ˊ ngian ˇ sin ˊ ngiong ˇ sen ˊ gui zii ˋ，fu gu iung ˊ fa ˇ van ngian ˇ cong ˇ。

〔註28〕音 hi ˋ hi iong ˇ iong ˇ，loi ˇ kon xin ˊ ngiong ˇ；bad ˋ ngin ˇ tai kieu，siib fun ˊ fung ˊ gong ˊ。

〔註29〕音 giog ˋ tab xin ˊ ngiong ˇ gian ˊ，fu gui van van ngian ˇ；fad ˋ coi ˇ

（三）踏入新娘間，財富萬萬年。金來、財來、玉來、寶來，賢子賢孫跈等
　　　來。〔註30〕

（四）新郎生著好人才，升官發財也應該；新娘係靚毋會醜，大家愛看跈偓
　　　來。〔註31〕

（五）門簾開開，年頭討年尾做哀；門簾圓圓，早生貴子中狀元。〔註32〕

十、坐褲、剪卵

　　新人進房後，好命婆會在長板凳上放置一條長褲，褲中放一元寶或錢幣，
新郎坐褲頭，新娘坐褲尾，意謂婚後富貴，福氣能從頭到尾。「坐褲」時，好
命婆會端出成對的去殼雞蛋兩碗，請新人分別用筷子將蛋剪破，象徵「早生
貴子」。

（一）雙雙對對，萬年富貴。〔註33〕

（二）剝卵頭，世代兒孫出公侯；剝卵啄，世代兒孫食天祿。剝開卵殼見卵
　　　衣，世代兒孫著朝衣；剝開卵衣見卵白，世代兒孫戴白石；剝開卵白
　　　見卵黃，世代兒孫狀元郎。〔註34〕

（三）長褲鋪凳平又平，新郎新娘好姻緣；新娘剪卵圓又圓，子子孫孫出狀
　　　元。〔註35〕

---

sen╱　gui zii╲，vun╲　vu╲　liong╲　cong ngian╲。

〔註30〕音 tab ngib xin╱　ngiong╲　gian╱，coi╲　fu van van ngian╲。gim╱　loi╲、
coi╲　loi╲、ngiug loi╲、bo╲　loi╲，hian╲　zii╲ hian╲　sun╲　ten╲　den
╲　loi╲。

〔註31〕音 xin╱　long╲　sang╱　do╲　ho╲　ngin╲ coi╲，siin╲　gon╱　fad╲　coi╲
ia╲　in goi；xin╱　ngiong╲　he jiang╲　m╲　voi cu╲，tai ga╲　oi kon ten╲
ngai╲　loi╲。

〔註32〕音 mun╲　liam╲　koi╱　koi╱，ngian╲　teu╲　to╲ ngian╲　mi╲　zo oi╱；
mun╲　liam╲　ian╲　ian╲，zo╲　sen╱　gui zii╲ zung cong ngian╲。

〔註33〕音 sung╱　sung╱　dui dui，wan ngian╲　fu gui。內埔鄉江陳庚妹女士提供。

〔註34〕音 bog╲　lon╲　teu╲，sii toi i╲　sun╲　cud╲　gung╱　heu╲；bog╲　lon╲
dug╲，sii toi i╲　sun╲　siid tien╲　lug╲。bog╲　koi╱　lon╲　hog╲　gian
lon╲　i╱；sii toi i╲　sun╲　zog╲　ceu╲　i╱；bog╲　koi╱　lon╲　i╱ gian
lon╲　pag，sii toi i╲　sun╲　dai pag sag；bog╲　koi╱　lon╲　pag gian lon╲
vong╲，sii toi i╲　sun╲　cong ngian╲　long╲。

〔註35〕音 cong╲　fu pu╱　den piang╲　iu piang╲，sin╱　long╲　xin╱　ngiong╲　ho
╲　im╲　ian╲；xin╱　ngiong╲　jien╲　lon╲　ian╲　iu ian╲，zii╲　zii╲
sun╱　sun╱　cud╲　cong ngian╲。

十一、男家祭祖、點燭

祭祖吉時一到，新人便會出房祭拜男家祖先，並依男左女右位置站立，敬告祖先自家子孫今日娶親，新娘今後將成為男家的一份子，與男方共同生活。

（一）長命富貴永吉祥，點起龍燭照廳堂；夫和妻順從孝義，世代子孫出賢郎。〔註36〕

（二）兩姓合婚，五世其昌；好命富貴，福祿綿長。〔註37〕

（三）女家好門風，來拜倕祖公，公婆心歡喜，歲歲年年豐。〔註38〕

（四）一拜一乾一坤，再拜兩姓合婚；三拜夫妻和合，百子好傳千孫。〔註39〕

（五）吉日良辰結新婚，新郎新娘訂乾坤；祖宗功德源流長，福路綿延傳子孫。〔註40〕

十二、進燈

男家會請新郎舅舅及叔伯等男性長輩將男燈與女燈懸掛於祖堂橫樑上，左右各一，先進男燈再進女燈。

（一）添丁進財，財丁兩旺；男添百福，女納千祥。〔註41〕

（二）進燈進得高，十子九登科；進燈進得平，十子九狀元。〔註42〕

（三）燈籠上得高，代代子孫就登科；燈籠上得穩，年年好竹出好筍。〔註43〕

〔註36〕音 cong∨ miang fu gui iun、 gid、 xiong∨，diam、 hi、 liung∨ zug、 zeu tang∨ tong∨；fu∨ fo∨ qi、 sun qiung∨ hau ngi，sii toi zii、 sun∨ cud、 hian∨ long∨。

〔註37〕音 liong、 xiang hab fun∨，ng、 sii ki∨ cong∨；ho、 miang fu gui，fug、 lug、 mien∨ cong∨。

〔註38〕音 ng、 ga ho、 mun∨ fung∨，loi∨ bai ngai∨ zu、 gung∨；gung∨ po∨ xim∨ fon∨ hi、，sui sui ngian∨ ngian∨ fung∨。

〔註39〕音 id、 bai id、 kian∨ id、 kun∨，zai bai liong、 xiang hab fun∨；sam∨ bai fu∨ qi、 fo∨ hap，bag、 zii、 ho、 con∨ qien∨ sun∨。

〔註40〕音 gid、 ngid、 liong∨ siin∨ giad、 xin∨ fun∨，xin∨ long∨ xin∨ ngiong∨ tin kian∨ kun∨；zu、 zung∨ gung∨ ded、 ngian∨ liu∨ cong ∨，fug、 lug、 mien∨ ian∨ con∨ zii、 sun∨。

〔註41〕音 tiam∨ den∨ zin coi∨，coi∨ den∨ liong、 vong；nam∨ tiam∨ bag、 fug、，ng、 nab qien∨ xiong∨。

〔註42〕音 jin den∨ jin ded、 go∨，siib zii、 giu∨ den∨ ko∨；jin den∨ jin ded 、 piang∨，siib zii、 giu∨ cong ngian∨。

〔註43〕音 den∨ lung∨ song、 ded、 go∨，toi toi zii、 sun∨ qiu den∨ ko∨； den∨ lung∨ song、 ded、 vun、，ngian∨ ngian∨ ho、 zug、 cud、 ho 、 sun、。

（四）燈樑上燈照華堂，雙雙拜祖天地長；預祝來年生貴子，百子千孫狀元郎。〔註44〕

十三、謝媒

由新人手捧托盤，盤中放置香菸數支、檳榔數粒及紅包一包，藉以答謝媒人促成這樁親事。

（一）喊𠊎做媒人，一口就答應；洞房花燭夜，子孫滿門庭。〔註45〕

（二）一對新人好人才，結成夫妻來謝媒；祝福生子做博士，明年添丁並進財。〔註46〕

十四、宴客

中午時分，男家會於「禾埕」設宴，宴請自家夥房親友、女方親友及村庄內左鄰右舍等賓客。宴客當中，新人會起身向眾位賓客敬酒。

（一）新娘來到富家門，朋友六親增光榮；夫唱婦隨從孝順，家門昌盛永興隆。〔註47〕

（二）茶香酒香，子孫滿堂；百年偕老，五世其昌。〔註48〕

十五、送客

宴客結束，由新郎捧香菸、新娘捧糖果於宴客會場外歡送親友。

新娘實在真有禮，食飽分汝請菸枝；祝汝早日生貴子，公婆雙竹透到尾。

〔註49〕

〔註44〕音 den ⌃ liong ⌄ song ⌄ den ⌃ zeu fa ⌄ tong ⌄，sung ⌃ sung ⌃ bai zu ⌄ tien ⌃ ti cong ⌄；i zug ⌄ loi ngian ⌄ sen ⌃ gui zii ⌄，bag ⌄ zii ⌃ qien ⌃ sun ⌃ cong ngian ⌄ long ⌄。

〔註45〕音 hem ⌃ ngai ⌄ zo moi ngin ⌄，id ⌄ kieu ⌄ qiu dab in；tung fong ⌄ fa ⌄ zug ⌄ ia，zii ⌄ sun ⌃ man ⌄ mun ⌄ tin ⌄。

〔註46〕音 id ⌄ dui xin ⌃ ngin ⌄ ho ⌄ ngin ⌄ coi ⌄，giad ⌄ siin ⌃ fu ⌃ qi loi ⌄ qia moi ⌄；zug ⌄ fug ⌄ sen ⌃ zii ⌄ zo bog ⌄ sii，min ⌄ ngian ⌄ tiam ⌃ den ⌃ bin jin coi ⌄。

〔註47〕音 xin ⌃ ngiong ⌄ loi ⌄ do fu ga ⌄ mun ⌄，pen ⌄ iu ⌄ liug ⌄ qin ⌄ zen gong ⌄ iung ⌄；fu ⌄ cong fu sui ⌄ qiung ⌃ hau sun，ga ⌄ mun ⌄ cong ⌄ siin iun ⌄ hin ⌄ lung ⌄。

〔註48〕音 ca ⌄ hiong ⌃ jiu ⌄ hiong ⌃，zii ⌄ sun ⌃ man ⌄ tong ⌄；bag ⌄ ngian ⌄ hai ⌄ lo ⌄，ng ⌄ sii ki ⌄ cong ⌄。

〔註49〕音 xin ⌃ ngiong ⌄ siid cai ziin ⌃ iu ⌄ li ⌄，siid bau ⌄ bun ⌄ ng ⌄ qiang ⌄

十六、扛茶食

回家後，男家夥房親戚或是平常來往較爲熱絡的親友，會待在廳堂等待新娘「扛茶」，藉此讓新娘更加熟悉男家的眾位親友長輩。

（一）新娘捧茶，踏入廳下；雙竹透尾，富貴榮華。〔註50〕

（二）杯仔圓圓，降个倈仔中狀元；紅包薄薄，降个倈仔讀大學。〔註51〕

（三）新娘捧茶來，新郎好將才；明年降貴子，兩家都發財。〔註52〕

（四）新娘捧茶對面來，眉清目秀笑容開；孝順家官搭家娘，子孫賢孝富貴來。〔註53〕

十七、鬧房

一切流程結束後，部分留在男家的親友會在新房內「鬧新娘」，慫恿二人做一些較爲親密的舉動。

（一）新郎新娘眞誠意，這杯酒佢（同佢 tung ˇ i ˇ 連讀）食落去；食到醉醉養元氣，暗晡兩人好做戲。〔註54〕

（二）喜鬧洞房，婚姻久長；白頭偕老，瓜瓞綿長。〔註55〕

（三）新娘眞生趣，鬧久會受氣；大家歸來去，分佢做把戲。〔註56〕

從上述列舉的「四句」中不難發現，除了部分詞語因實行儀節需要，名

---

ian ˇ gi ˇ ；zug ˋ ng ˇ zo ˋ ngid ˋ sen ˇ gui zii ˋ，gung ˇ po ˇ sung ˇ zug ˋ do teu mi ˇ。

〔註50〕音 xin ˇ ngiong ˇ bung ˋ qa ˇ，tab ngib tang ˇ ha ˇ；sung ˇ zug ˋ teu mi ˇ，fu gui iung ˇ fa ˇ。

〔註51〕音 bi ˇ e ˋ ian ˇ ian ˇ，giung ge lai e ˋ zung cong ngian ˇ；fung ˇ bau ˇ pog pog，giung ge lai e ˋ tug tai hog。

〔註52〕音 xin ˇ ngiong ˇ bung ˋ ca ˇ loi ˇ，xin ˇ long ˇ ho ˋ jiong coi ˇ；min ˇ ngian ˇ giung gui zii ˋ，liong ˋ ga ˇ du ˇ fad ˋ coi ˇ。

〔註53〕音 xin ˇ ngiong ˇ bung ˋ qa ˇ dui mien loi ˇ，mi ˇ qin ˇ mug ˋ xiu seu iung koi ˇ；hau sun ga ˇ gon ˇ dab ˋ ga ˇ ngiong ˇ，zii ˋ sun ˇ hian ˇ hau fu gui loi ˇ。

〔註54〕音 xin ˇ long ˇ xin ˇ ngiong ˇ ziin ˇ siin ˇ i，ia ˋ bi ˇ jiu ˋ ti ˇ siid log hi；siid do zui zui iong ˇ ngian ˇ hi，am bu ˇ liong ˋ ngin ˇ ho ˋ zo ˋ hi。內埔鄉江陳庚妹女士提供。

〔註55〕音 hi ˋ nau tung fong ˇ，fun ˇ im ˇ giu ˋ cong ˇ；pag teu ˇ hai ˇ lo ˋ，gua ˇ died ˋ mien ˇ cong ˇ。

〔註56〕音 xin ˇ ngiong ˇ ziin ˇ sen ˇ qi，nau giu ˋ voi su hi；tai ga ˇ gui ˇ loi ˇ hi，bun ˇ i ˇ zo ba ˋ hi。

—176—

稱有所替換外，其餘詞語類型的差異並不大。而這些詞語類型又以「早生貴子」與「狀元及第」相關的用詞篇幅占最多數，且同時出現，不難發現家族與社會對於新人婚後的最大期望仍是以「傳宗接代」為最優先，同時希望孩子長大後能考上功名。其餘則是「孝順公婆」、「夫唱婦隨」、「家族興盛」、「富貴昌盛」、「圓滿長壽」等祝賀語。「孝順公婆」、「夫唱婦隨」則表示新娘過門後須依男家規矩行事，達到孝敬公婆、受教合群等要求，這類要求雖突顯出傳統婚姻對於女性較為壓抑的一面，但依舊是希望婚後新婦與男家能和諧相處，進而營造「家族興盛」、「富貴昌盛」的榮景。由此可見，「四句」充分反映了客家人對於婚後美好願景有所期許的心理。

第二節　非禮勿言，非禮勿動：禁忌事項與示警作用

禁忌事項的存在，在於告知人們行事的底線，違反禁忌的行為可能會招來厄運或災禍。而婚姻禮俗象徵著一段新關係的開始，人們對於禁忌的態度顯得更為保守，且遵行不悖，不因「大喜」而有所鬆懈，與招福、納吉的「講四句」呈現明顯且強烈的對比。

一、講婚

（一）同姓不婚、特定姓氏不婚

中國自古便有同姓不得結婚的規定，與婚姻「六禮」相同，最早可追溯至周代。〔註 57〕對於繼承中國傳統觀念且作風較為保守的客家族群而言，同姓結婚更是第一時期長輩絕對堅持的禁忌，雖說社會觀念隨著時代演進、資訊普及與醫療知識增加已開放許多，但第二、第三時期仍有家庭對於同姓結婚抱持顧忌與猜疑。

就科學角度而言，同姓不婚其實是接近「優生學」的概念，主要原因不外乎是同姓的二人極有可能出自同一宗族、祖先，這種情形下二人血統自然相近，而近親生下的後代，其基因序列往往留有缺陷，使得遺傳病或身體殘缺出現的機率增加，影響後代子嗣。〔註 58〕早期農村社會，如生下畸形兒會

〔註 57〕　「總的看來，周代是堅持同姓不婚制，並成華夏族的一條原則貫徹下來。」
王貴民：《中國禮俗史》（臺北：文津出版社，1993 年），頁 52。

〔註 58〕　「同姓相婚，父母的遺傳基因相同，即使能生育，也容易把父母的遺傳缺陷給孩子，所生子女多會出現痴呆、畸形或虛弱。」
林掘之等編著：《優生揭秘》（臺北：國際村，1997 年），頁 33。

遭受鄉里間的非議，重症兒則容易拖垮家庭的經濟。

　　相較於同姓不婚的禁忌，另一項則是特定姓氏不婚。特定姓氏不婚的原因大致有二：一是兩家姓氏原先屬於同一宗族，後因故分脈而出，一旦通婚等同同姓結婚，容易造成後代子嗣身體機能不全，如：姜姓、呂姓、邱姓與丘姓。〔註 59〕二則是兩家祖先過往有糾紛或嫌隙，發誓告誡後代子孫不可與該宗族進行來往、通婚。

（二）看親禁忌

1. 人數忌單：實行看親時，男方前往女家的人數忌奇數，由於婚姻注重成雙成對，奇數象徵「孤單、孤獨」，並非吉兆而有所避諱。人員取偶數又以六人為佳，客語「六」音同「祿」，象徵福祿，又有「六六大順」之意。

2. 男女雙方長相與儀態不佳：實行看親時，男女兩家須仔細觀察男子與女子的談吐、儀態或面相，以得知是否穩重、端莊或是面有凶相。

（三）開婚、合婚禁忌

1. 開婚不吉：男方取回女子八字後，需將八字連同一碗（杯）清水放置於祖先牌位、神案或灶君前，以敬告祖先與神祇。三天內，家中並未發生口角、破財、疾病、摔破碗盤或牲畜受病等不祥徵兆或重大事故者。而85 歲以上的長輩，清水更要求不受到蜘蛛、蟑螂或壁虎等居家生物影響，才算得吉。

2. 合婚相剋：延請算命師推算雙方八字，判斷是否相剋，相剋者除婚姻有阻礙外，嚴重者還會影響家族運勢。

二、過定

（一）聘禮禁忌

1. 聘禮忌用奇數：男方於過定當天送至女家的聘金、聘禮數量不得為奇數，

〔註 59〕 呂、邱與丘姓出自姜姓。
　　　　「呂，炎帝姜姓之後，虞夏之際封呂，……太公號呂望」，太公為炎帝子孫原姓姜，先祖封呂地後改以地號為氏。
　　　　「齊太公封於營邱，支孫以地為姓。」姜太公建齊國後，設都於營邱，其子呂木以都號為氏。丘姓則由邱姓省略「阝」偏旁而來。
　　　　〔唐〕林寶撰：《元和姓纂》；〔清〕紀昀等總纂，臺灣商務印書館編審委員會主編：《文淵閣四庫全書‧子一九六》（臺北：臺灣商務，1983 年），頁800。

原因與同行人員忌奇數相同，象徵「孤單、孤獨」。

2. 水果類忌用水梨或鳳梨：男方聘禮中的水果不可用水梨、鳳梨等有「梨」字的水果，客語「梨」音同「離」，象徵婚事不成。

3. 準新娘忌食聘禮：男方送來的禮餅、水果或糖果等食物，準新娘不可食用，食用則象徵未出嫁前便先吃掉自身的福氣與喜氣。

（二）祭祖禁忌

雙方於女家廳堂祭祖時，如香已插下，即使歪斜香灰容易掉出，仍忌諱將香拔起重插，一旦重插則有重婚的可能。

三、送日子

送日子方面的禁忌，主要指擇日禁忌

1. 忌女家不可抗力之原因：男方擇期前須考慮女家百日內是否有喪、結婚當天重要親友能否及時趕到。

2. 忌農曆五、六、七月：〔註60〕農曆五月時值端午，天氣炎熱，彼此容易心浮氣躁，致使兩家不和睦或婚事失約。六月恰好是該年過了一半，象徵婚姻容易中斷，不能到老。七月則是俗稱的「鬼月」，諸事不宜。

3. 忌歲數逢「九」（虛歲）：客家人認為「九」是歲數的門檻，過了逢九的歲數才表示安全邁入下一個十年。

4. 忌年分逢「寅」：逢「寅」年即是虎年，虎在生肖中屬較為凶狠的動物，主刑殺（煞、傷），該年結婚容易對沖；另一說則是「孤鸞年」。〔註61〕

四、親迎

（一）開剪、開面

1. 傳統觀念中，肖虎與喪夫婦女象徵「孤獨」。因此，行「開剪」禮時，忌諱肖虎與喪夫婦女參與。

〔註60〕王世禎：《中國各省婚俗》（臺北：星光出版社，1981年），頁85。

〔註61〕據研究者了解，中國傳統命理或流年方面並未有「孤鸞年」的禁忌，且「孤鸞年」與虎年也未有直接的關係。吳尤敏於《新娘秘書執行婚嫁禮俗其諮詢角色功能之研究——以高屏地區為例》一文中提及，「孤鸞年」由來源於日本，臺灣極有可能是受到日據時期日人的影響而沿用至今。

吳尤敏：《新娘秘書執行婚嫁禮俗其諮詢角色功能之研究——以高屏地區為例》（高雄：樹德科技大學應用設計研究所碩士論文，2009年），頁65～66。

2. 行「開面」禮後，象徵準新娘去除一身汙穢與陋俗，有全身潔淨、脫胎換骨之意，此時爲恐沾染汙濁穢氣，應避免出門。

（二）安床

又分爲床位禁忌與身分禁忌。床位禁忌有：

1. 忌新床上有樑：「安床」時，新床忌諱置於房內橫樑下，風水上稱作「樑壓床」，準新郎如同囚犯帶枷一般受到壓迫，容易導致心神不寧、生活不順。

2. 忌新床對桌、櫥：新床除了不能放置於樑下，還需注意不可與房內書桌或衣櫥相對，更要視夫妻八字、主屋走向與祖先牌位而定。

身分禁忌則有：

1. 忌準新郎獨處：新床安置好後，到新娘入門以前，須由準新郎胞弟或晚輩男童陪同準新郎就寢，不能讓準新郎獨自留在房中過夜。

2. 忌其他新人：新房忌諱新婚未滿四個月的新人進房，否則容易相沖。

3. 忌肖虎、喪夫婦女：由於肖虎與喪夫婦女象徵「孤獨」，因而忌諱該身分者進房。

（三）著衣

又分爲新娘禮服與新人禮服。新娘禮服有：

1. 新娘禮服忌有口袋：新娘禮服不可縫製口袋，有口袋象徵分走娘家的福氣與財富。

2. 新娘禮服忌重穿：新娘禮服穿上後不可換下重穿，一旦重穿有重婚可能。

3. 新娘禮服忌整理：新娘禮服穿上後忌諱前後整理或攤開甩平，否則有流產的可能。

新人禮服則有：

1. 新人禮服忌用二種布料：不論男、女，新婚禮服忌諱使用二塊不同的布料，否則容易導致重婚。

（四）下轎、進門

1. 下轎應使用米篩或黑傘（懷孕者）遮擋：新娘下轎時，須用米篩，以免與天相沖。懷孕者則因米篩上用朱墨繪製的八卦會殺傷胎兒，改用黑傘。

〔註62〕

〔註62〕佳冬鄉昌隆村受訪對象 O8：「要用黑傘的原因，就是說米篩上面的八卦會傷

2. 公婆、姑嫂應迴避：新娘進門前，公婆、姑嫂須先迴避，以免與新娘喜氣對沖，造成往後彼此不和。

3. 忌踩門檻：新娘進門時須跨過門檻，不能踩踏，否則會觸怒門神。新郎前往女家迎娶時亦同。

（五）進房

又分為使用禁忌、身分禁忌與其他。使用禁忌有：

1. 忌坐床沿：新娘進房後，忌諱坐在床邊，易與床母相沖，導致日後不易受孕或流產。

2. 忌提前開鏡時間：嫁妝當中的梳妝台或是鏡子，須經過四個月後才能撕開紅紙使用。〔註63〕

身分禁忌有：

1. 忌肖虎、喪夫婦女：同「安床」禁忌。

2. 公婆、姑嫂應迴避：同「下轎、進門」禁忌。

其它則有：

1. 男家且郎須為雙數。

2. 新娘梳妝鏡、嫁妝等器物應避免借與第三者使用。

3. 新人於結婚前後忌諱參加喪禮，以免「大喪」與「大喜」相沖，對新人不利。

4. 服喪者忌諱觀禮、進新房等一切有關事項。

綜上所述，禁忌事項中以「身分」相關的禁忌為多數，研究者認為或許與新人關係尚未穩定有關，如不小心沖犯到，便有可能導致婚後出現不合、無法順利懷孕或是生育男胎等等。由於觸犯禁忌的後果並非直接顯現，可見禁忌是一種象徵性的示警作用，而這項作用又與早期的禁錮心理有相當程度的關聯。隨著時代變遷，人們講究從科學角度來看待事物，年輕一輩逐漸將禁忌歸類為迷信，對此，值得我們思考的是，既然禁忌的存在其來有自，那是否該去了解禁忌背後的意涵，而非一昧的否定，單純認為禁忌僅是迷信，或許示警作用的另一面，隱藏著社會、家庭對於新人新婚的期許與長久未來的展望。

到小孩。」，口述資料。

〔註63〕高樹鄉廣福村受訪對象 O6：「鏡子要貼紅紙，四個月以後才能用，還沒四個月不要拆開，叫『開鏡』，不用看時辰。」，口述資料。

第六章　結　論

　　研究者自幼生長在屏東縣長治鄉（前堆），家中雙親皆是客家人，時日一久，在耳濡目染下對客家文化產生了濃厚興趣。十年前，親舅舅結婚前夕的「還神」儀式，更是啓發了研究者想研究客家婚姻禮俗的契機，同時對於客家婚姻禮俗的由來、源起、內涵等等，萌發深究的興趣，期盼藉由此次撰寫研究論文的機會透過田野調查方式來探討六堆地區的客家婚姻禮俗及其所代表的文化意涵，進而了解六堆地區客家婚姻禮俗因時間遞嬗而產生的變遷與發展。

　　本論文的目的在於探討六堆地區客家婚姻禮俗、儀節與器物的由來，並了解不同地區、世代間變遷概況，希望還原客家先祖在婚姻禮俗中蘊藏的文化意涵，並爲六堆客家族群的文化留下紀錄。因此，研究者採用基辛（R.Keesing）《文化人類學》書中的方法進行田野調查，〔註1〕透過文獻分析法先針對六堆客家婚姻禮俗等主題廣泛蒐集資料，將文獻資料加以熟讀，了解文章眞義，以具備足夠相關知識，提供後期參與觀察和深度訪談時有基本內容、思想的釐清與了解，再實地參與觀察，並選定已婚婦女爲主要研究對象，對六堆地區實行田野調查，對此，研究者將受訪對象依結婚時間劃分爲民國30～60年代（第一時期）、民國60～90年代（第二時期）與民國90年以後（第三時期），並以第一時期的受訪對象作爲對照組。

　　當手邊已蒐集到了適量的田調資料時，便該開始將各堆受訪者提供的口述資料做縱橫兩個面向的比較。縱向比較，將一堆地區中三個世代的訪問資

〔註1〕 基辛（R.Keesing）著，張恭啓、于嘉雲譯：《文化人類學》（臺北，巨流，2004年）。

料做比對，找出在同一堆區域內，因時間的不同而使得婚姻禮俗出現了怎樣的變化？橫向比較，將六堆中同一個世代的訪問資料做比對，找出在年齡相近情況下，因地域關係的不同，使得結婚時所採用的婚姻禮俗是否有所異同？最後透過紙本文獻及田野調查時取得的口傳資料與影像爲依據進行歸納、分析，除藉此了解婚姻禮俗的變遷及影響外，更期望能還原客家傳統婚姻禮俗的眞實面貌。

依據三個時期受訪對象的口述資料，研究者歸納後發現「不同年齡層的婚禮儀節有其基本流程卻又不完全相同，部分儀節已開始出現合併、省略等變化。」整體而言，婚姻禮俗的變遷概況大致可分爲二部分，以下將依儀節、器物分別敘述。

儀節方面，婚配對象選擇權由被動趨於主動，第一時期礙於當時保守的社會風氣，婚配對象多數於「講親」時即決定。第二時期的婚配對象多數仍是透過媒人媒合、湊對，並於「講親」時決定，但也開始出現由男女雙方親友、老師或同事等，介紹自己認識且適合的親友子女以及少數於工作場合自行認識的例子。第三時期則因社會現代化、風氣開放及網際網路發達等因素，婚配對象由「他人介紹」轉爲「自行認識」居多。

看親方式與地點轉變，第一時期的「看親」會因是否認識婚配對象而有差異。一般來說，委託媒人介紹者，才會進行「看親」，如果是自家附近的庄內居民，由於曾見過面或是雙方家長早已認識，便不會特地進行「看親」。第二時期則不不再「偷看」，地點也延伸至女家以外的場所，如餐廳或友人家等。第三時期男女雙方已自行熟識、自由戀愛，婚前也會出入對方家庭，在雙方父母對子女交往對象有初步了解且不多加干涉情況下，不再實行「看親」。

「查家門」、「邏三朝」的消失，「查家門」多只在第一時期受訪對象口中提及，且也非每人皆有，部分當事人因雙方居住距離不遠，可從鄰居、親友處得知對方家庭情形，或是雙方家長早已認識，彼此家境狀況也有了解，而不實行。第二時期以後隨著男女雙方婚前交往風氣漸開幾乎不再實行。「邏三朝」實行方式有二：迎娶隊伍抵達男家後，隨即回程前往女家接送新娘父母、兄弟等女家親友，或是女方親友較迎娶隊伍慢出發前往男家。第一時期受訪者仍有實行邏三朝儀節，第二時期中，約民國 70 年以後結婚的受訪者對於「邏三朝」已完全陌生。該項儀節隨著時代消失的原因有二：一、交通工具發達，即使通婚處爲外縣市，依舊能於喜宴前抵達：二、精簡化，第二時期正好是

由農業轉變爲工業化的過渡期，「邏三朝」已不符合當時的行事，進而與其它舊有儀節遭到人們省略而消失。

「查家門」習俗的消失，使得「開婚」、「合婚」的禁錮心理也逐漸鬆綁。對第一時期而言，「開婚」與「合婚」是「講聘」前很重要的步驟，因爲媳婦與丈夫契合與否，是家族興衰的重要關鍵，在男女雙方還未能深交的年代，僅能依靠八字去作判斷。第二時期男女雙方開始自行交往，由於有了感情基礎，「開婚」後多已不再將八字放置於灶君、神像或祖先牌位前求吉兆，簡化爲以雙方八字去擇定「過定」與「親迎」日期。第三時期當事人由於工作繁忙，男女雙方居住距離拉遠，加上普遍不受八字相合與否的命理觀念影響，「講聘」後便從雙方許可的時間中挑選出較好的日子，直接成親。

戴戒指儀節的融入，第一時期女方收下男方送來的「過定」禮後，不會在「過定」時直接戴上，受訪者也未提及「過定」時有「戴戒指」儀節。直到第二時期行「過定」時才出現「戴戒指」儀節，第三時期實行方式則與第二時期大致相同。

主要儀節「送日子」的消失，第一時期決定「迎娶」日期後，男方會將日課帖、親家帖、大聘金、開剪錢、開面錢、木（皮）箱與大澡盆送至女家，稱爲「送日子」。第二時期以後，隨著「開婚」、「合婚」等儀節的省略，不再實行「送日子」，「過定」後由媒人攜日課帖、皮箱等物前往女家即可。

「拜轎門」習俗的遺留，「拜轎門」名稱源於早期迎娶用轎緣故，民國50年代以後，迎娶工具由花轎轉爲汽車，「拜轎門」實行上才改成「拜車門」，但名稱與習俗卻不因迎娶工具改變而消失，即使是婚姻禮俗過程已受到西化的第三時期仍有保留，更是客家婚姻禮俗過程中少數遺留下來未被省略的習俗。

器物方面，載物工具由早期人力搬運的「櫨」轉變爲後期依靠器械動力的「汽車」。「過定」禮品當中也出現了可能由閩南文化傳來的「奶母錢」，而「過定」禮品又以第二時期的變化最大，原因大致有二：一、禮品轉爲現金（簡化），第一時期「過定」禮多數爲實體物品，除了讓雙方作足面子外，更能顯示男家經濟能力，第二時期則因肉品新鮮、衛生與實用性，以及各項儀節的省略，禮品逐漸轉爲現金，此時雙方主要的考量在便於行事，省去許多準備過程，同時也讓女方有更大的彈性運用空間。二、禮品漸趨西化，從第一時期女方回禮中的男用服飾爲西裝、領帶等西方服飾，而不是舊有的長袍

馬褂，傳統的中式糕餅也逐漸改為第二時期出現的西式禮餅，可見六堆客家人的「過定」禮已受到西方文化影響甚深而改變送禮方式。

「子婆雞」、「帶路雞」由實物轉為象徵器物，第三時期以後由於活雞易有便溺、掉毛等問題，清理起來諸多不便，加上已無適當空間可豢養，當事人便將活雞改為小型的象徵飾物，並由婚顧公司一併提供，較前二個時期簡便許多。

隨著儀節的消失與器物簡化，六堆客家婚姻禮俗大致出現了幾點較為明顯差異：一、男女交往關係的開放，第二時期以後，當事人大部份都有外出工作、求學的經歷，即便雙方是透過媒人介紹、媒合，仍保有自行交往與戀愛的空間。而第三時期當事人受到社會風氣與社交圈擴大的影響，大多嚮往自由戀愛，婚事的態度也轉為主動，不再被動讓父母安排。二、媒人角色的虛化，由於交往關係開放，婚事的促成已不再仰賴媒人，於結婚當天再請媒人（現成媒人）前來協助完成各項儀式。媒人角色從原有的「功能性」逐漸轉變為「象徵性」，已逐漸虛化。三、喜宴漸趨華麗，第一時期因風氣保守，新娘不出房敬酒，第二時期開始，賓客與新人的互動漸趨頻繁，第三時期則為加強喜宴的趣味與多樣性，在會場的設置及宴客過程上用盡巧思。此外，新娘的打扮、出場與禮服也逐漸成為喜宴中受矚目的焦點，可看出新娘角色分量加重與女性地位的提升。整體而言，喜宴過程由簡入繁，到後期甚至可用「華麗」形容。

綜上所述，不難發現第一時期當事人對於婚姻禮俗的態度處於保守、被動，不論男、女，雙方並未有太大的自由空間選擇婚配對象，多數是經由媒人介紹後，才由父母決定親事，加上雙方碰面的次數極少，可說是在未經交往情況下決定未來的伴侶。因此，雙方為確認當事人是否契合，便會在婚前先實行「查家門」、「開婚」與「合婚」等儀節，一來是受到傳統禁錮心理的影響，二則是藉此機會稍稍消減雙方內心對於新成員的陌生感。此時期實行的婚姻禮俗儀節繁複，相關器物也較第二、三時期來的多樣。第二時期是婚姻禮俗的轉變期，這段期間的婚姻禮俗隨著當事人有外出工作、求學的經歷，男女關係逐漸由原先的媒人介紹轉為自行交往，「查家門」習俗的消失、「開婚」與「合婚」的簡化，也顯示此時期對於傳統的禁錮心理已逐漸鬆綁。交通條件的改善也使得結婚日程縮短，許多器物也由實物轉為現金或象徵物，以利雙方運用。此外，還有疑似受到他文化影響出現的儀節與器物，分別是

西式的「戴戒指」以及閩南的「奶母錢」。第三時期的婚姻禮俗隨著資訊傳播
快速、現代化觀念普及，男女雙方已不再如同第一時期保守且被動，間接影
響傳統媒人角色逐漸虛化。加上當事人講求簡便與效率，轉而將相關事務委
託婚顧行業辦理，致使許多儀節遭到省略，取而代之的是漸趨華麗、注重排
場的婚宴。

　　此外，本篇論文與文獻探討中提及劉薇玲《屏東客家婚俗變遷之研究——
——以六堆中區爲例》、吳俞霈《屏東萬巒地區客家婚俗之研究》與邱曉玲《台
灣高屏六堆客家傳統婚禮之研究》差異分別在於：一、研究地區的擴大，劉
薇玲以六堆中區（長治、麟洛、竹田、內埔與萬巒）爲研究區域，統整出了
六堆客家人實行婚姻禮俗的主要過程，但文中未涉及美濃、高樹或佳冬等較
爲偏遠的地區，也未探究六堆客家婚禮的脈絡，尤其美濃爲六堆中禮俗與器
物較他處差異較爲明顯的地區。吳俞霈以萬巒八村爲研究區域，其田調資料、
研究方法及論文架構與劉薇玲差異不大。二、研究重心的不同，邱曉玲的研
究重心主要在於「傳統婚禮」，並未著墨於變遷概況，但文中對於六堆客家傳
統婚禮的記錄詳實且豐富。

　　俗先於禮，禮本於俗，禮俗之所以存在且留存至今，在於體現了民間生
活習慣中所具有的行爲規範。綜觀三個時期的受訪對象，研究者發現第一時
期對於婚姻禮俗的態度最爲愼重，不論是各項儀節實行原因或是禮俗、器物
背後的象徵意涵都有相當程度的認知，正因如此，該階段也最能突顯客家婚
姻禮俗的眞實面貌。第二時期雖處社會變遷與男女關係逐漸開放的漸變階
段，但因家中年長一輩的主導與堅持，普遍仍保留了客家婚姻禮俗的基本雛
型，部分受訪者對於禮俗、器物的象徵意涵也能侃侃而談。相較之下，第三
時期對於婚姻自主權掌握度高、長輩不再嚴格要求年輕一輩恪守舊有的禮俗
規範、將相關事宜委由婚顧業者全權包辦等因素，在在使得當事人對於婚姻
禮俗各項儀節的實行、器物與背後的象徵意涵幾乎全然不知，造成客家婚姻
禮俗原有的面貌已不復見。

　　回顧本論文撰寫時，面臨幾項研究上的問題：一、訪問前對於受訪對象
的原生地不易掌握，研究者原先期望能完整且客觀的陳述「六堆」中不同地
區實行婚姻禮俗的差異，但幾經訪問後發現，受訪者的原生家庭有可能是已
探訪過的地區，由此推測，受訪者結婚時實行的禮俗應是以原生地爲主，如
此一來，該位受訪者便不足以成爲該地區婚姻禮俗的代表。二、同一世代的

受訪者可能出現因結婚時間不同產生禮俗實行上的歧異。三、第三時期受訪者對於婚姻禮俗相關細節熟悉者少之又少，且與他族群通婚情況普遍。

有鑒於此，針對上述幾項問題，研究者採取的方法如下：一、同一地區內訪問一位以上的受訪者，對象盡可能以本地人為主，期望能透過樣本數的增加，得到較佳的研究成果，尤其是作為對照組的第一時期受訪者。二、以同一世代多數受訪者的口述資料為主要依據，釐清因結婚時間不同造成的歧異。三、訪探第三時期當事人時，盡可能同時訪問父母親或家中長輩，並放寬原有的研究限制。綜上所述，研究者雖盡可能排除田野調查會遭遇到的困難，但總體而言仍有不足之處，期望後續能有更充裕的時間與人力資源進行更深入的探究，以彌補此次研究中有所缺漏的部分。

研究者訪問過程中曾經歷受訪者驟逝，不免感嘆隨著年長一輩逐漸逝去，能諮詢的對象寥寥可數，加上第三時期當事人受現代化影響既不了解也不願再實行舊有禮俗的情況下，更加速了客家傳統婚姻禮俗的崩解，就現今趨勢來看，未來六堆客家婚姻禮俗恐遭現代化的西式婚禮所取代，最終面臨消失的命運。對此，研究者認為，第一線的婚禮相關從業人員或是文史工作者能試著將客家婚姻禮俗作與時俱進的修正，省去與現今時空背景不符的儀節，讓年輕一輩對於傳統儀節不至於感到厭煩，且能對婚姻禮俗有更深入的認識，進而了解禮俗背後所蘊含的文化深意，使生活在這塊土地上的人們不至於忘卻客家禮俗背後的深厚意涵，並願意保存與流傳。近年來，客家意識的抬頭與各項薪傳活動遍地開花，也期許往後能有更多對該領域有興趣的研究者投入其中，針對客家婚姻禮俗的發展與變遷進行探究並寫下保存紀錄。

參考文獻

一、古籍

1. 〔先秦〕《禮記》，王夢鷗註譯：《禮記今註今譯》（臺北：臺灣商務，1984 年）。

2. 〔先秦〕《詩經》，江陰香譯注：《詩經譯註》（臺北：明文書局，1987 年）。

3. 〔先秦〕《儀禮》，韓碧琴：《儀禮鄭註句讀校記》（臺北：國立編譯館，1996 年）。

4. 〔東漢〕班固：《白虎通義》（臺北：藝文印書館，1970 年）。

5. 〔唐〕杜佑：《通典》（臺北：新興，1965 年）。

6. 〔唐〕林寶撰：《元和姓纂》；〔清〕紀昀等總纂，臺灣商務印書館編審委員會主編：《文淵閣四庫全書·子一九六》（臺北：臺灣商務，1983 年）。

7. 〔宋〕朱熹：《家禮》；〔清〕紀昀等總纂，臺灣商務印書館編審委員會主編：《文淵閣四庫全書·五禮通考二六二》（臺北：臺灣商務，1983 年）。

8. 〔宋〕朱熹：《詩集傳》（臺北：藝文印書館，1974 年）。

9. 〔宋〕朱熹：《四書章句集注》（臺北：大安出版社，1994 年），頁 4。

10. 〔清〕王瑛曾：《重修鳳山縣志》（臺北：大通書局，1957 年）。

11. 〔清〕溫仲和總纂：《嘉應州志》（臺北：成文出版社，1968 年）。

12. 〔清〕黃釗：《石窟一徵》（臺北，臺灣學生書局，1970 年）。

13. 〔清〕藍鼎元：《平臺紀略》（臺北：臺灣銀行經濟研究室，1958 年）。

14. 〔清〕章壽彭等修，陸飛纂：《歸善縣志》（臺北：成文書局，1967 年）。

15. 〔清〕陳壽祺等纂：《福建通志》（臺北：華文書局，1968 年）。

16. 〔清〕盧兆鰲等修，歐陽蓮等纂：《平遠縣志》（臺北：成文出版社，1974年）。

17. 〔清〕《永定縣志》，永定縣志編輯委員會：《永定縣志》（臺北，永定會刊社，1982年）。

18. 〔清〕張祖基等：《客家舊禮俗》（臺北，眾文圖書，1986年）。

二、今人專著

1. 王世禎：《中國各省婚俗》（臺北：星光出版社，1981年）。

2. 王育德：《臺灣──苦悶的歷史》（臺北：自立晚報，1993年）。

3. 王東：《那方山水那方人：客家源流新說》（上海：華東師範大學出版社，2007年）。

4. 王東：《客家學導論》（上海：上海人民出版社，1996年）。

5. 王貴民：《中國禮俗史》（臺北：文津出版社，1993年）。

6. 阮昌銳：《中國婚姻習俗之研究》（臺北：臺灣省立博物館，1989年）。

7. 周文賢、李宏達：《市場調查與行銷策略研擬》（臺北：華泰，1992年）。

8. 周何：《古禮今談》（臺北：萬卷樓圖書公司，1992年）。

9. 周金水：《禮俗通識：客家民風禮俗全書》（桃園：文大圖書，1993年）。

10. 房學嘉、宋德劍、鍾晉蘭等：《客家婦女社會與文化》（廣州：華南理工大學出版社，2012年）。

11. 房學嘉：《客家源流探奧》（臺北：武陵，1996年）。

12. 房學嘉：《粵東客家生態與民俗研究》（廣州：華南理工大學出版社，2008年）。

13. 林正慧：《臺灣客家的形塑歷程──清代至戰後的追索》（臺北：臺大出版中心，2015年）。

14. 林掘之等編著：《優生揭秘》（臺北：國際村，1997年）。

15. 林衡道：《臺灣歷史民俗》（臺北，黎民文化，1988年）。

16. 邱彥貴、吳中杰：《台灣客家地圖》（臺北：貓頭鷹出版，2001年）。

17. 姚漢秋：《台灣婚俗古今談》（臺北，臺原出版，1991年）。

18. 馬之驌：《中國的婚俗》（臺北：經世書局，1981年）。

19. 高月娟：《婚嫁禮俗》（北京：中國鐵道出版社，2015）。

20. 陳支平：《客家源流新論》（廣西：廣西教育出版社，1997年）。

21. 陳運棟：《台灣的客家人》（臺北，臺原出版，1989年）。

22. 陳運棟：《台灣客家禮俗》（臺北，臺原出版，1991年）。

23. 曾彩金、張春菊編撰：《六堆客家地區祭拜入門》（屏東：屏東縣六堆文

化研究學會，2004 年）。

24. 曾彩金總編輯：《六堆人講四句》（屏東：六堆文化研究學會，2007 年）。

25. 曾彩金總編纂：《六堆客家社會文化發展與變遷之研究》（屏東：六堆文教基金會，2001 年）。

26. 曾喜城：《臺灣客家文化研究》（臺北：國立中央圖書館臺灣分館，1999 年）。

27. 黃有志：《社會變遷與傳統禮俗》（臺北：幼獅文化，1991 年）。

28. 董強編著，張迪譯：《婚嫁卷》（合肥：安徽人民出版社，2013 年）。

29. 鄭惠美：《藍衫與女紅：客家女子的衣飾美學》（新竹：臺灣客家文化中心籌備處，2006 年）。

30. 劉善群：《客家與石壁史論》（北京：方志出版社，2007 年）。

31. 劉善群：《客家禮俗》（福建，福建教育出版社，1995 年）

32. 謝金汀：《客家禮俗之研究》（苗栗，中華文化復興推行委員會，1989 年）。

33. 謝重光：《客家文化與婦女生活：12～20 世紀客家婦女研究》（上海：上海古籍出版社，2005 年）。

34. 謝重光：《客家源流新探》（臺北，武陵，1999 年）。

35. 謝樹新主編：《中原客家禮俗實用範例》（苗栗：中原苗友雜誌社，1973 年）。

36. 鍾壬壽：《六堆客家鄉土誌》（屏東，常青出版社，1973 年）。

37. 簡炯仁：《屏東平原的開發與族群關係》（屏東：屏東縣立文化中心，1999 年）。

38. 魏英滿、陳瑞隆編著：《台灣嫁娶禮俗》（臺南：世峰出版社，2007 年）。

39. 羅香林：《客家研究導論》（臺北：南天發行，1992 年）。

40. 羅香林：《客家源流考》（臺北：臺灣文藝出版社，1984 年）。

41. 〔日〕伊能嘉矩：《臺灣文化志中譯本》（臺北：臺灣書房，2011 年）。

42. 〔日〕松崎仁三郎：《嗚呼忠義亭中譯本》（屏東：六堆文化研究學會，2011 年）。

43. 〔美〕科塔克（Conrad Phillip Kottak）著，徐雨村譯：《文化人類學》（臺北，麥格羅希爾，2009 年）。

44. 〔紐〕基辛（R.Keesing）著，張恭啟、于嘉雲譯：《文化人類學》（臺北，巨流，2004 年）。

45. 〔瑞典〕帕波（Svante Pääbo）著，鄧子衿譯：《尼安德塔人：尋找失落的基因組》（新北：夏日出版，2015 年）

三、期刊、論文

（一）期刊

1. 李文獻：〈台灣漢人傳統締結婚姻時在倫理和禮法上的禁忌〉，《桃園創新學報第三十三期》（桃園：桃園創新技術學院，2013 年），頁 331～356。

2. 莊金德：〈清代台灣的婚姻禮俗〉，《臺灣文獻 第 14 卷 第 2 期》（臺北：國立臺灣圖書館，1963 年），頁 4554～4855。

3. 馮清春：〈由六堆忠義祠史略談起〉，《六堆風雲 120 刊》（屏東：六堆風雲雜誌社，2006 年），頁 14～17。

4. 劉煥雲：〈臺灣客家婚姻禮俗變遷之研究〉，《贛南師範學院學報 第五期》（贛州：贛南師範學院，2009 年），頁 16～22。

5. 羅煥光：〈清末民初的臺灣客家婚姻禮俗〉，《國立歷史博物館學報 第 2 期》（臺北：國立歷史博物館，1996 年），頁 69～83。

6. 羅肇錦：〈客語源起南方的語言論證〉，《語言暨語言學 客語專號 第二期》（桃園：國立中央，頁 545～568。

（二）論文

1. 王梅素：《客家婚俗的辟邪文化：以高雄市美濃區「八卦」爲例》（高雄：國立高雄師範大學臺灣歷史文化及語言研究所碩士論文，2013 年）。

2. 向元玲：《苗栗地區客家婚俗研究——以苗栗市、公館鄉、銅鑼鄉爲例》（臺中：國立中興大學中國文學研究所碩士論文，2000 年）。

3. 江俊龍：〈東勢客語有關婦女婚嫁生產之生命禮俗詞彙的文化內涵〉，《103 年度「客語詞彙的文化底蘊」專題研究計畫》（臺北：行政院科技部，2014 年）。

4. 林正慧：《清代客家人之拓墾屏東平原與六堆客家庄之演變》（臺北：國立臺灣大學歷史研究所碩士論文，1996 年）。

5. 林竹貞：《六堆忠義祠六堆客家社會文化發展之研究》（屏東：國立屏東教育大學客家文化研究所碩士論文，2009 年）。

6. 邱曉玲：《台灣高屏六堆客家傳統婚禮之研究》（臺北：銘傳大學應用中國文學研究所碩士論文，2004 年）。

7. 吳尤敏：《新娘秘書執行婚嫁禮俗其諮詢角色功能之研究——以高屏地區爲例》（高雄：樹德科技大學應用設計研究所碩士論文，1999 年）。

8. 吳俞霈：《屏東萬巒地區客家婚俗之研究》（高雄：國立高雄師範大學國文學系碩士論文，2013 年）。

9. 吳煬和：《鍾壬壽與六堆鄉土誌》（臺北：行政院客家委員會，2011 年）。

10. 吳翠松：《文字／電子時代的口傳技藝表演——以客家婚禮口傳的四句聯爲例》（苗栗：國立聯合大學客家語言與傳播研究所碩士論文，2012年）。

11. 翁素杏：《關廟地區的婚俗研究》（臺南：國立臺南大學鄉土文化研究所碩士論文，2003年）。

12. 張添雄：《高屏六堆客家的歷史文化與民情風俗》（臺東：國立臺東大學教育研究所碩士論文，2003年）。

13. 陳家麒：《清代六堆地區族群關係之研究》（臺北：國立臺灣師範大學歷史學研究所在職進修班碩士論文，2012年）。

14. 陳智揚：《茄萣地區婚姻禮俗之研究》（臺南：國立臺南大學台灣文化研究所碩士論文，2008年）。

15. 陳霖：《關西地區客家婚俗變遷之研究》（新竹：國立新竹教育大學環境與文化資源學系社會學習領域教學碩士班碩士論文，2010年）。

16. 廖素菊：《台灣客家婚姻禮俗之研究》（臺北：中國文化學院家政所碩士論文，1966年）。

17. 劉薇玲：《屏東客家婚俗變遷之研究——以六堆中區爲例》（臺南：國立臺南師範學院鄉土文化研究所碩士論文，2003年）。

四、其他

（一）調查報告

1. 《93年度全國客家人口基礎資料調查研究》（臺北：行政院客家委員會，1994年）。

2. 《97年度全國客家人口基礎資料調查研究》（臺北：行政院客家委員會，1998年）。

3. 《99年至100年全國客家人口基礎資料調查研究》（臺北：行政院客家委員會，2001年）。

4. 各鄉鎮公所區域面積調查報告。

（二）網路資料

1. 鍾鐵民：〈晴耕雨讀美濃人〉，一文收錄於樹德科技大學客家文化研究暨推廣中心，網址：http://hakka.zzd.stu.edu.tw/content.php?id=10052。日期：2015／9／19。

2. 羅烈師：〈台灣地區二十年來客家博碩士論文簡述〉，一文收錄於客家委員會網站中的客家論文導讀，網址：http://www.hakka.gov.tw/ct.asp?xItem=7696&ctNode=1883&mp=1869。日期：2015／9／19。

3. 蘇旭珺：《臺灣早期漢人傳統婚理盛裝服飾》一文收錄於數位典藏觀察室，網址:http://content.teldap.tw/index/blog/?p=4097。日期：2016／4／11。

4. 中央研究院臺灣史研究所檔案館：《百年偕老（一）：從圖像資料看婚禮服飾的演變》。網址：http://herhistory.ith.sinica.edu.tw/Story02.html。日期：2016／4／11。

5. 六堆客家鄉土文化網：六堆鄉土簡介——地理位置。網址：http://liouduai.
tacocity.com.tw。日期：2015／9／19。

6. 行政院客家委員會數位臺灣客家庄部落格（2004 年）網址：http://archives.hakka.gov.tw/blog/t121081584/articleAction.do?method=doViewBlogArticle&articleId=Mjg2Njk=。日期：2015／9／19。

7. 客家委員會網站——六堆的移民故事。網址:http://www.hakka.gov.tw/ct.asp?culem=12776&mp=1&ctNode=1123。日期：2015／9／19。

附錄一：受訪對象資料表

堆　別	前　堆			
時　期	第一時期	第二時期		第三時期
代　號	（O1）	（M1）	（M2）	（Y1）
受訪者	徐○春	吳○珍	徐○眞	徐小姐
年　齡	80 歲	58 歲	56 歲	33 歲
結婚時間	民國 47 年	民國 72 年	民國 72 年	民國 100 年
認識經過	媒人媒合	自行認識	媒人媒合	自行認識
訪談時間	105／2／5	104／8／23	105／2／14	104／8／23

堆　別	後　堆				
時　期	第一時期			第二時期	第三時期
代　號	（O2）	（O3）	（O4）	（M3）	（Y2）
受訪者	江陳○妹	戴○貞	鍾李○妹	鍾○華	鍾○翠
年　齡	85 歲	77 歲	69 歲	48 歲	32 歲
結婚時間	民國 38 年	民國 51 年	民國 56 年	民國 84 年	民國 103 年
認識經過	親友介紹	媒人媒合	親友介紹	親友介紹	親友介紹
訪談時間	104／8／13	104／8／24	105／2／10	105／2／10	105／2／5

受訪對象資料表（續）

堆　別	左　堆			
時　期	第一時期		第二時期	第三時期
代　號	（O5）	（O6）	（M4）	（Y3）
受訪者	賴○英	藍○梅	曾○蘭	張○芳
年　齡	77 歲	72 歲	55 歲	35 歲
結婚時間	民國 46 年	民國 51 年	民國 74 年	民國 97 年
認識經過	親友介紹	親友介紹	媒人媒合	親友認識
訪談時間	105／3／4	105／2／27	105／2／27	105／2／27

堆　別	右　堆			
時　期	第一時期		第二時期	第三時期
代　號	（O7）	（O8）	（M5）	（Y4）
受訪者	李○娣	李○香	鍾○梅	林○君
年　齡	83 歲	66 歲	50 歲	33 歲
結婚時間	民國 42 年	民國 58 年	民國 76 年	民國 98 年
認識經過	媒人媒合	媒人媒合	父母約定	自行認識
訪談時間	105／5／1	105／2／18	105／5／1	105／5／9

堆　別	中　堆		
時　期	第一時期	第二時期	第三時期
代　號	（O9）	（M6）	（Y5）
受訪者	劉○妹	張○蘭	陳○君
年　齡	72 歲	47 歲	39 歲
結婚時間	民國 56 年	民國 86 年	民國 102
認識經過	媒人介紹	親友介紹	親友介紹
訪談時間	104／10／5	104／11／2	105／2／1

堆　別	先鋒堆					
時　期	第一時期		第二時期			第三時期
代　號	（O10）	（O11）	（M7）	（M8）	（M9）	（Y6）
受訪者	利○招	涂○貞	林○騰	劉○枝	劉○苓	邱○琳
年　齡	85 歲	75 歲	52 歲	51 歲	49 歲	30 歲
結婚時間	民國 42 年	民國 49 年	民國 78 年	民國 77 年	民國 78 年	民國 100 年
認識經過	媒人媒合	親友介紹	自行認識	親友介紹	自行認識	自行認識
訪談時間	105／2／24	105／2／22	105／2／24	105／2／22	105／2／22	105／2／10

其他受訪對象：屏東市　曾○昌先生

長治鄉　邱○賢先生

內埔鄉　陳○富先生、吳○詩小姐

佳冬鄉　鍾○明、張○良先生

美濃區　謝○文先生

附錄二：各時期婚姻禮俗比較總表

時　期 儀　節		第一時期	第二時期	第三時期
講婚	講親	○	○	△（自行認識居多）
	看親	○	○	×
	查家門	○	×	×
	開婚	○	△	△ （僅討八字，少數）
	合婚	○	△	△（少數）
	講聘	○	△（時序提前）	○
過定	過定（小）	○	△（不分大、小聘）	△
	送日子	○	×	×
	完聘（大）	○	×	×
	宴客	○	○	○
親迎前 （男方）	安床	○	○	△（少數）
	敬祖、拜神	○	○	△（少數）
	淨身	○	△	×
	還神	○	○	△（少數）
親迎前 （女方）	辦嫁妝	○	△（僅個人用品）	△（項目更少）
	上頭	○	×	×

時　期／儀　節		第一時期	第二時期	第三時期
親迎前（女方）	開面	○	×（花費轉爲現金）	×
	開剪	○	×（花費轉爲現金）	×
	淨身	○	×	×
親迎當天	起媒	○	○	○
	迎娶隊伍	△	△	△
	拜轎門	○	○	○
	祭祖（女方）	○	○	△（少數）
	拜別父母	○	○	○
	上車	○	○	○
	接女燈	○	○	×
	潑水	○	○	○
	擲扇	○	○	○
	食朝	○	×	×
	打胭粉	○	○	×
	邏三朝	○	×	×
	進門	○	○	○
	進房	○	○	○
	坐褲	○	○	△（少數）
	剪卵	○	○	△（少數）
	祭祖（男方）	○	○	△（少數）
	進燈	○	○	△（少數）
	謝媒	○	○	○
	宴客	○	○	○
	拍照	○	○	○
	扛茶食	○	○	×
	鬧房	○	×	×

儀　節 ＼ 時　期		第一時期	第二時期	第三時期
親迎後	轉門	○	○	○
	宴客	○	×	×

註：○表示有行該項儀節，×則無，△實行方式或時序有差異。

附錄三：日課帖全文

迎鸞帖

迎鸞吉課

主婚人○○生人

乾造○○生人 ×月×日○時生　陽煞○○

坤造○○生人 ×月×日○時生　陰煞○○　男女○○

真妻○○　命祿○宮　夫妻○宮

真夫星○○　真天官星○○　真天嗣星

課取○○年×月×日○時　理髮大吉

課取○○年×月×日○時安床合帳凡有××歲避吉利

課取○○年×月×日○時遣床凡有××歲避吉利

課取○○年×月×日　送聘大吉

登○○坤地

天○○造支

貴○三三

人○○合朋

課取○○年×月○○日○時　上午　×點　×分　登轎車

迎鸞于歸○時下轎車連時進房以及拜祖大吉

本日轎車位以及房內禮席棹宜坐△△向△△方登下轎車大吉

時中××　歲姙娠之婦勿接新人勿送嫁避吉利

日××

內埔村新安堂　古漢清兒　炳明　選

○表干支、×表數字、△表方位

親家帖

端　肅

寅詹農曆○○年○○月○○日中午○時

筵設：（地點）

潔觴奉迓

翁
姻　大駕
母

伏冀聯袂

光臨祗聆

鴻誨曷勝

榮幸之至

右啓

上

大德望某府
懿範某

翁尊姻翁老先生老大人閣下

尊姻母　太孺人　姻次

忝姻

某某某（男）　鞠躬
某某某（女）　肅容拜

中華民國○○年○○月○○日

附錄四：「還神」祭文

請眾神式

伏以

日吉良辰，天地開張，抵頭下拜。立地焚香，香煙沉沉，神必降臨，香煙繞起，神通萬里。拜請　年值功曹、月值功曹、日值功曹、時值功曹、功曹史者、是日傳香童子、奏事童郎，傳奏　昊天金闕玉皇大帝陛下暨週天滿漢星斗星君陛下、九天玄女先師、皇宮天子、皇后夫人、東極青華大帝、西極昊靈大帝、南極長生大帝、北極紫微大帝、中極無量大帝、上元一品賜福天官、中元二品赦罪地官、下元三品解厄水官。再來拜請　太陽、太陰星君，南、北二斗星君、值年太歲星君、羅喉計都星君、太乙紫微星君、金木水火土五行星君、注福注祿星君、注壽注命星君、救苦救難星君、交運脫運星君、本命元辰星君、消災解厄星君、大小運限星君、移星轉斗星君、移花接木星君、三台華蓋星君、二十八宿星君、三十六禽星君、六十花甲星君、七十二耀星君、週天三百六十五度滿漢星斗星君、一切三十三天靈運吉運星君、天兵天將、岳兵岳將、風伯雨師、雷公雷母列位，文武兵將各請降臨。再來拜請　中界南無大慈大悲觀世音菩薩、觀音佛母、玉封五顯靈官大帝、五穀神農黃帝、三界伏魔大帝、敕封天上聖母娘娘、梅溪助國功王、平山漢帝王、三山國王、延平明聖王、關聖帝君、北極玄天上帝、文昌帝君、太上老君、清水祖師、張蕭劉連法師公、中壇元帥、五府千歲、萬府千歲一切仙師。再來拜請　堯舜禹湯文武、周公、孔子各大聖人、諸子百家、前傳口教、祖本宗師、千里眼、順風耳、福德正神、司命灶君、招財童子、進寶郎君各請降

臨。再來拜請　本省本縣城隍爺爺、山川社稷、五祀之神，上至溪源，下至水口，河伯水官、列位尊神，各請降臨。再來拜請　本境福德正神、伯公、伯婆、伯子伯孫、門神戶位、籤前使者、井灶龍君，值日虛空過往，見聞等眾，暨列尊神一切神祇，有事通請，無事不敢亂請。今據，臺灣省屏東縣長治鄉○○庄值年爐主○○○、沐恩信士○○○叨蒙上天神力庇佑、祿馬扶助，敬捐於○年○月○日，今合庄人、家人等，個個誠心誠意，當空設立香壇、點起爐內清香寶燭、煎起高山玉水濃茶、黃禾美酒、齋蔬果品、饒　粄果、金香寶錠、長錢表文、燈座擺列臺前不敢貪便。上有齋戒，下有葷戒，一豬一羊、豬首五牲，一請理當二請，二請理當三請，二請理當三請，三請以吉，四請以週，伏望在天者騰雲駕霧，在地者推車駕馬，在路者快馬搖鞭，在水者搖船駕槳，在宮者離宮出宮，宮宮俱多，殿殿通聞，遠遠到來，遏開雲頭，含香降駕，到來壇前座位開壺斟酒。

　　請神未到，自有快馬相報，請得東來東座、西來西座、南來南座、北來北座，中央結起蓮花大寶座。大神座高，小神座下，神多盞小，合座相容，萬神共杯，列座以吉，到座以週，一來到座，二來領受，領受香燭茶酒、齋蔬果品、長錢燈座、表文一切，再來酌上第二巡酒槳。

　　昊天金闕玉皇大帝陛下暨週天滿漢星斗星君陛下，下界諸位尊神，抵頭飲酒，起頭庇佑，庇佑合庄、合家人等，個個平安，老者老是青山不動，少者少是江水長流，男添百福，女納千祥，否去泰來，百事大吉，萬事如意，國泰民安，風調雨順，五谷豐收，六畜興旺，再來酌上第三巡酒槳，合庄人等虔具表文一封到壇宣讀。

　　打開財庫紅火化燒，未曾燒了是白紙，燒了白紙變黃金，紙錢腳下自有分錢童子童郎，分得神神有份，份份無鶴，強者不得盡取，弱者不得全無，再來酌上尾滿酒槳，年有十二月、酒有二三巡，巡巡甘過，碗碗甘嘗，一點落地尊神皆醉，小小酒宴不敢久留，來有三請，去當一送，今來奉送，天神歸天，地神歸地，列位有宮歸宮，無宮歸壇，無壇歸位，來則留恩，去則降福，稽首奉送，各歸原位。

（以上節錄自邱清賢先生手稿）

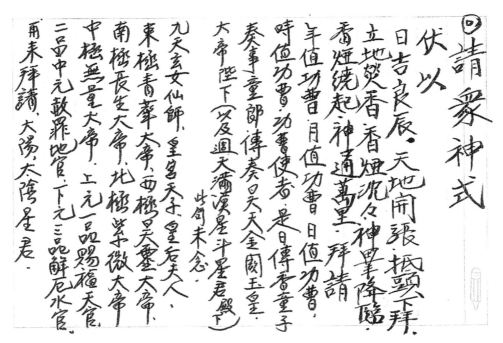

資料來源：邱清賢先生提供。

表文

伏以

帝德巍峨，萬物同資化育；皇恩浩蕩，四民共荷生成。

緬庇護之有年，斯報酬于是日也。今據下界臺灣省南部屏東縣萬巒鄉○
○村○○路○○號居住蟻民○○○，率男○○○暨合家人等咸沾吉慶，老幼
共獲康寧，感戴　鴻恩，追思報達，茲當孟春端月節屆之候，景色悠揚之際，
適逢蟻男○○受室，合家人等，誠心誠意，乞向　蒼穹之下，對揚碧落之中，
凌兢上瀆，戰慄陳詞。上界虔具燈座、長錢、齋蔬果品、表文一通，下界敬
備齋蔬粄果，不腆菲儀，聊伸寸念，略表微忱，誠惶誠恐，稽首頓首。伏乞　過
往神祇、夜遊神將、功曹使者、監察靈官、傳香童子、奏事童郎為民傳奏于　昊
天金闕玉皇大帝陛下暨週天滿漢星君，伏冀鑾車下降，登鳳輦而遙臨。鑒蟻
微虔寸敬，享余魯酒蔬筵；赦蟻既往愆尤，錫余將來福祉，更期鴻恩疊錫，
大德頻施，佑蟻夫婦身強體健、益壽延年，俾合家吉慶、老幼安康，所謀遂
意，遇險呈祥，財丁茂盛、物畜興昌，令來新婦孝順溫良、夫妻好合、百歲

和鳴。此日歌關雎四句；他年咏麟趾三章，是則蟻與合家人等，不勝沾感激切之至，而戴德靡涯矣，謹拜表恭進以

聞

天運○○年○月○日屏東縣萬巒鄉○○村○○路○○號居住蟻民○○○，率男○○○暨合家人等，百拜上申。

（以上節錄自曾育昌先生手稿）

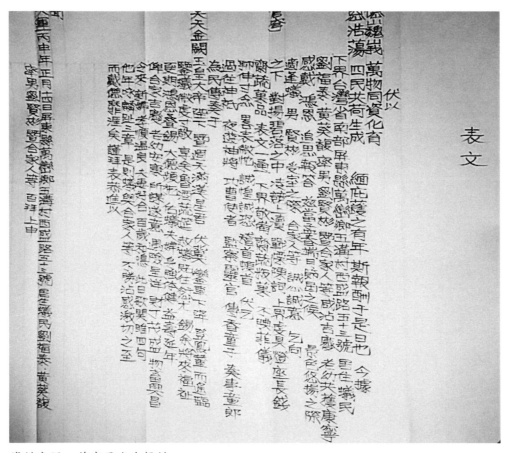

資料來源：曾育昌先生提供。

附錄五：客家婚姻禮俗相關圖片 〔註1〕

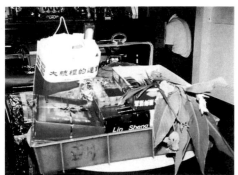

女家收到的聘禮

資料來源：張育良女士提供。

還神牌位與祭壇

資料來源：曾育昌先生提供。

〔註1〕 排序方式先依儀節實行先後，器物次之。

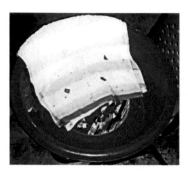

祭壇旁的清水與甘蔗 〔註2〕

資料來源：曾育昌先生提供。

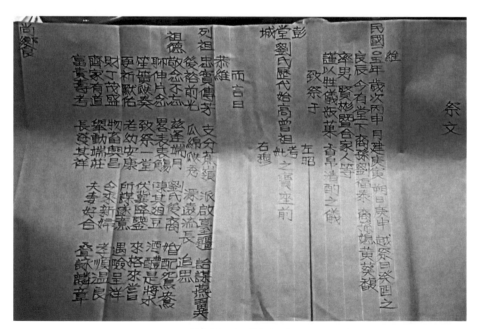

還神後祭祖表文

資料來源：曾育昌先生提供。

〔註 2〕 清水用意在於讓遠道而來的神靈梳洗，兩旁的甘蔗則是希望自身所求能夠上
達天聽。

親迎時女家祭祖

媒人提籮篙

資料來源：張育良女士提供。

資料來源：張育良女士提供。

拜轎門（新娘抵達男家）

資料來源：張育良女士提供。

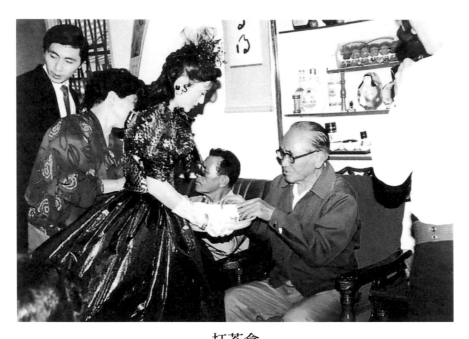

扛茶食

資料來源：張育良女士提供。

新人與親友合影

資料來源：張育良女士提供。

安西爺（音譯）〔註3〕
資料來源：藍琴梅女士提供。

三倍相公（音譯）〔註4〕
資料來源：研究者合成。

民國初年結婚服飾

資料來源：流轉年華·臺灣女性百年檔案特展。〔註5〕

〔註3〕 佳冬鄉昌隆村藍琴梅：「先拿一個空的奶粉罐，罐子裡面放米，再在中間插上一枝尺，尺的前面用一支剪刀倒插，用紅洋巾蓋著，尺和剪刀要用黑色的線纏七圈。在親迎前一天放在男生阿公婆牌位的左邊，用燙過的魷魚、豬肉與豆子拜，主要就是說能讓新娘嫁過來以後可以住得久。」，口述資料。

〔註4〕 佳冬鄉昌隆村藍琴梅：「新娘下轎的時候，抓三隻鯉嫲放在新娘走的路上，娶姓林的人才有。」，口述資料。

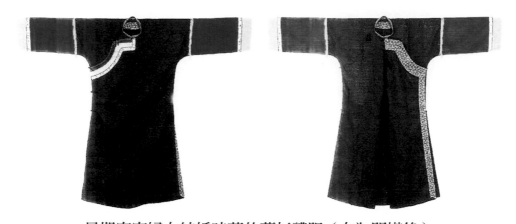

早期客家婦女結婚時著的藍衫禮服（右為開襟後）

資料來源：《藍衫與女紅：客家女子的衣飾美學》，頁 102。〔註6〕

早期燭臺

資料來源：六堆客家文物館。

〔註5〕 中央研究院臺灣史研究所檔案館：《百年偕老（一）：從圖像資料看婚禮服飾的演變》。網址：http://herhistory.ith.sinica.edu.tw/Story02.html。日期：2016／4／11

〔註6〕 鄭惠美：《藍衫與女紅：客家女子的衣飾美學》（新竹：臺灣客家文化中心籌備處，2006年）。

產盆、產帶與產服

資料來源：六堆客家文物館。